교직 생활을 한 지 10년이 넘어가는 지금, 내가 행하고 있는 교육이 바른 방향으로 가고 있는지 늘 의문이 든다. 교사는 교육으로 사람의 빛깔을 만드는 성직인데, 내게 그에 어울리는 자질과 능력, 철학과 세계관이 있는지 늘 고민한다. 이런 내게 많은 통찰을 주는 책이다. 기독교적 가르침, 학교 교육, 민주 교육 등 다양한 주제를 언급하면서 그리스도인 교사로서 고민해야 할 질문들을 다시금 찾게 하고, 이에 대한 적절한 답을 준다. 내게 루이스는 기독교 변증학자이자 소설가였는데, 이제 연륜 있는 '선배 교사'라는 직함을 하나 더 추가해야 할 것 같다.

김태현 백영고등학교 교사, 좋은교사 수업코칭연구소 부소장, 『교사, 삶에서 나를 만나다』 저자

이 책은 35년간 교사로 생활하면서 내가 고민해 온 모든 문제를 고스란히 담고 있다. 인격 교육, 교육의 중립성, 학교에서의 영성 교육, 자유와 평등 교육, 성교육, 민주주의와 시민 교육, 학생 평가 등 현안을 다룰 뿐만 아니라, 교사의 인격과 자질, 리더십에 관한 논의까지 아우른다. 나를 비롯한 모든 교사와 학부모에게 귀한 통찰을 전해 주고, 지혜의 선물이 되어 줄 것이다.

신병준 소명중고등학교 교장, 좋은교사운동 이사장

교육자이기도 했던 C. S. 루이스는 '인간 번영을 위한 교육'을 모색하는 이들에게 예기치 못한 보고(寶庫)다. 교육학자이자 루이스 연구자인 저자는 다양한 장르의 저작에 흩어져 있는 교육 관련 통찰들을 능숙하게 종합하여, 루이스를 인성, 시민권, 영성 등 우리 시대의 교육 문제로 고민하는 이들이 경청할 '목소리'로 제시하고 있다. "깨어나라, 사랑하라, 생각하라, 말하라!" 아슬란의 포효가 실현되는 교육 현장을 꿈꾸게 하는 책이다!

이종태 기독교 영성학 박사, 『순전한 기독교』(공역), 『고통의 문제』 역자

루이스가 교육에 관한 책을 쓴 적은 없다. 나도 교육에 대한 도움을 얻으려고 루이스를 읽지는 않았다. 하지만 루이스를 접한 지 10여 년, 교육에 대한 내 생각 중 루이스의 영향을 받지 않은 것이 있을까. 교육은 '어떤 삶을 살 것인가'라는 문제를 다루고 기독교가 삶에 대한 질문과 답이라면, 기독교와 삶에 대해 깊이 있게 파고든 루이스는 결국 모든 책에서 교육과 관련한 이야기를 하는 셈이다. 하지만 루이스를 처음 접한 사람이 그 많은 책에서 교육에 대

한 단서들을 찾아내기란 쉽지 않다. 그런 상황에서도 루이스의 교육 철학을 배우기 위한 가장 좋은 방법은 그의 책들을 직접 읽는 것이겠지만, 이 책은 그 지난한 전체 작업을 대단히 수월하게 만들어 줄 것이다. 과거의 스승은 '인간이 되라'고 했지만 오늘의 교사는 '네 꿈을 이루라'고 한다. 과거의 부모는 '인간을 만들어 달라'고 했지만 오늘의 부모는 '내 아이의 재능을 계발해 달라'고 한다. 왜 이런 일이 벌어졌을까. 무엇이 문제일까. 이런 생각을 하는 사람이라면 부탁하건대 이 책을 꼭 펼쳐 보기 바란다.

정인영 소요초등학교 교사, 『아이들과 함께 떠나는 나니아 여행』 공저자, 『루이스가 나니아의 아이들에게』 역자

『C. S. 루이스의 순전한 교육』은 학교 교육에서 성품 교육이 차지하는 중요성을 강조하는 책으로 논증을 건실하게 전개할 뿐 아니라 가독성 또한 높다. 이 책은 일차적으로 서구의 상황에서 주목을 받겠지만, 다양한 배경을 지닌 교육 관련자들에게도 흥미를 불러일으킬 것이다. 이 책은 루이스가 제시했던 교육에 대한 신선한 관점, 신앙에 관한 명쾌한 주장, 우리 시대의 정치적 올바름에 대한 꼭 필요한 도전, 변치 않는 진리에 대한 설득력 있는 증언 등을 당신에게 열어 보여 줄 것이다.

토머스 리코나 뉴욕 대학교 교육학 교수, 『인격 교육론』 저자

기독교 변증가이자 아동 문학가로 칭송받던 C. S. 루이스가 기독교적 교육자이기도 했음이 이 책을 통해 분명해진다. 이 책에 담긴 루이스는 진실로 예언자와 같이 독자들에게 다가갈 것이다.

레슬리 프란시스 워릭 대학교 종교학 및 교육학 교수

저자는 루이스가 인간으로서 가져야 할 중요한 도덕적·정치적·지적 덕목들을 어떻게 옹호했는지 보여 줄 뿐만 아니라, 기독교가 인간 번영을 이루기 위한 교육 철학이 형성되기까지 할 수 있고 해야 할 분명한 기여들을 현명하게 밝힌다. 현대의 교육적 흐름에 비추어 보아도, 루이스는 가치를 매길 수 없을 만큼 훌륭한 비평가이자 안내자이며 예언자다.

페리 글랜저 베일러 대학교 교육 재단 교수

이 놀라운 저작은 루이스가 쓴 방대한 양의 소설, 편지, 산문들을 종합하여 그의 교육 사상을 체계적으로 연구한 최초의 책으로, 루이스의 사상 중에 현대의 학교 교육에 적용할 지점들이 풍성하다는 점을 잘 보여 준다.
마크 핼스태드 허더즈필드 대학교 교육학 명예교수

고무적이고 포괄적이며 도전적이고 어디에든 적용 가능한 이 책은 전인격적 자유 교육에 대한 자양분을 제공하는 논의를 담고 있다.
모니카 힐더 트리니티 웨스턴 대학교 영어학 부교수, *The Feminine Ethos in C. S. Lewis's Chronicles of Narnia* 저자

C. S. 루이스의
순전한 교육

IVP(InterVarsity Press)는
캠퍼스와 세상 속 하나님 나라 운동을 지향하는
IVF(InterVarsity Christian Fellowship)의 출판부로
생각하는 그리스도인을 위한 문서 운동을 실천합니다.

Mere Education
ⓒ Mark A. Pike, 2013
This Translation is published by arrangement with The Lutterworth Press
P.O. Box 60, 52 Kingston Street, Cambridge, CB1 2NT, England
All rights reserved.

Korean edition ⓒ 2017 by Korea InterVarsity Press
156-10 Donggyo-Ro, Mapo-Gu, Seoul 04031, Korea

C. S. 루이스의
순전한 교육

시민 사회를 사는 그리스도인의 교양

마크 파이크 | 송은정 옮김

Ivp

차례

감사의 말 11
서문: 순전한 교육 15

1부 / 옷장 문의 경첩: 핵심 가치, 성품, 기독교 21
    1. 성품 교육: 평생 배워야 할 것 23
    2. 기독교 교육: 자유를 주는 믿음, 소망, 사랑 47
    3. 영성 교육: 지도를 보면서 해변 걷기 71

2부 / 집에 놓인 가구: 자녀의 학교 교육 87
    4. 자유 교육: 자유 사회에서 잘 살려면 89
    5. 성교육: 절제와 구매 저항 105
    6. 성경 교육: 자유의 기초 119

3부 / 교수 루이스: 교육자를 위한 문화 해석자 143
    7. 문화 교육: 기초 이해하기 145
    8. 시민 교육: 생각 형성하기 157
    9. 민주 교육: '바보 만들기'를 피하려면 169

4부 / 교수의 집: 학교의 기풍과 교육의 수월성 이끌기   185

    10. 교사 교육: 탁월한 교사가 되려면   187

    11. 리더십 교육: 탁월한 지도자가 되려면   209

    12. 미래의 교육: 예언   225

주   237

참고 문헌   263

성구 찾아보기   276

찾아보기   278

나에게 나니아로 통하는 문을 열어 주고

그곳에서 함께 모험해 준 아내 뱁즈와

나와 함께 C. S. 루이스가 창조한 등장인물들에게서 배운

나의 아이들

루크, 리디아, 젬에게

감사의 말

이 책 작업에 많은 가족과 친구와 동료의 도움을 받았다. 먼저 루터워스 출판사의 박학하고 꼼꼼한 편집자 베서니 처차드와 발행인 에이드리언 브링크가 이 작업을 신뢰하며 전문적인 조언을 아끼지 않았기에 이 책이 출간될 수 있었다. 또한 웨이드 센터의 크리스토퍼 미첼 교수와 마조리 램프 미드 교수, 로라 슈미트 교수에게 특히 감사의 인사를 드리고 싶다. 나는 이들의 열정과 전문 지식과 지원에 힘입어 이 책을 쓸 수 있었다. 그리고 내 질문에 세심하고 자세한 답변을 써 준 월터 후퍼에게 감사를 전한다. 내가 '교육 가치관과 교육학' 부교수로 재직했던 잉글랜드 리즈 대학교의 교육학과에서는 이 책을 쓰는 동안 맞이한 2번의 여름철에 휘튼 칼리지 웨이드 센터에 방문할 수 있도록 연구 투자 기금을 지원해 주었다. C. S. 루이스 재단에서는 옥스퍼드 외곽에 위치한 C. S. 루이스 자택인 킬른스에 출입하도록 허락해 주었고, 큰 연못으로 가는 길을 알려 주었다. 폴 블랙 교수는 런던 킹스 칼리지의 강의를 마치고 온 내게 적절히 시행된 학습 평가가 어린이의 자존감에 미치는 영향을 보여 주었다. 브렌다 앨몬드 교수는 5장에서 소개하는 '동성애 혐오'와 관련해 특히 유용한 방향을 제시해 주었다. 모니카 힐더는 루이스의 작품에 관해 전문적인 조언을 해 주었다. 루이스가 조이 데이빗먼을 처음 만났던 옥스퍼드의 이스트게이트 호텔에서 『나니아 행성』(Planet Narnia)의 저자 마이클 워드 박사는 이 책 출간에 대해 격려를 아끼지 않았고, 우리는 고무적인 대화를 나누었다. 또한 루이스와 교육에 관한 나의 열정을 함께 나눈 존 윈치, 학교 리더십에서 성품이 갖는 의미를 설명해 준 이안 브루, 학교 교육이 희망의 교육이 될 수 있다는 영감을 준 줄리 맥고니글 박사에게 감사를 드린다. 토머스 리코나 교수는 이 책의 원고를 읽고 의견을 제시해 주었으며, 기독교적 성품 교육에 관해 귀중한 통찰을 제공해 주었다. 『C. S. 루이스의 신학』(Mere Theology)의 저자이자 휘튼 칼리지에서 함께 식사 교제를 했던 윌 바우스는 루이스의 작품들을 토대로 그를 교육자로 조명하는 글을 쓰도록 격려해 주었다. 네덜란드 드레이스타르 에드카티프 사범대학의 책임자 피트 뮈르는 내가 이해한 네덜란드어 meer의 의미를 다듬어 주었고, 우리는 그 외에도 교수·학습에 관해 흥미로운 대화를 나누었다.

　많은 친구와 가족들이 이 책 작업을 격려해 주었고 조언을 아끼지 않았다. 스티브 스콧과 존 커쇼 덕분에 자녀 양육에 인터넷이 미치는 영적·도덕적·실제적 영향을 고려해 볼 수 있었다. 또한 피트 실리와 샌디 실리 부부, 존 케이브와 루스 케이브 부부 덕분에 힘든 시간을 버틸 수 있었다. 클레트 인터내셔널 출판사의 전직 편집자이자 나의 장인 헬무트 호이스는 내 원고를 읽고 친절한 조언을 해 주셨다. 나의 부모님이신 루스와 노옴은 어릴 적 내게 신앙을 가르치셨고, 교육과 성품의 중요성을 알려

주셨다. 물론 나의 가장 친밀한 조력자는 아내 뱁즈와 아이들 루크, 리디아, 제레미다. 아이들은 어린 독자로서 나와 함께 루이스의 소설을 즐겨 읽었고, 자신의 소감을 이 책에 싣게 해 주었다. 아내 뱁즈는 원고를 읽고 함께 토론하고 조언도 해 주었으며 원고 편집과 입력을 도와주었다. 하지만 무엇보다도 나를 사랑해 주고 나에게 루이스를 처음 소개해 준 것에 가장 큰 고마움을 느낀다.

서문
순전한 교육

C. S. 루이스는 아동 소설의 저자로 가장 잘 알려져 있을 것이다. 그의 작품으로는 『나니아 연대기』(Chronicles of Narnia)에 포함된 일곱 편의 소설 『마법사의 조카』(The Magician's Nephew, 1955), 『사자와 마녀와 옷장』(The Lion, the Witch and the Wardrobe, 1950), 『말과 소년』(The Horse and his Boy, 1954), 『캐스피언 왕자』(Prince Caspian, 1951), 『새벽 출정호의 항해』(The Voyage of the 'Dawn Treader', 1952), 『은 의자』(The Silver Chair, 1953), 『마지막 전투』(The Last Battle, 1956)가 있으며, 이 중 몇 편은 장편 영화로 제작되기도 했다. 그는 20세기 최고의 기독교 변증가이자, 『순전한 기독교』(Mere Christianity, 1942-1944)와 『스크루테이프의 편지』(The Screwtape Letters, 1942)의 저자로도 잘 알려져 있다. 또한 『호빗』(The Hobbit, 1937)과 『반지의 제왕』(The Lord of the Rings, 1937-1949)의 저자 J. R. R. 톨킨의 절친한 친구이며 그의 도움으로 그리스도인이 되었다. 그리고 "잃어버린 학습 도구"(1947)의 저자 도로시 세이어즈(Dorothy Sayers)와도 교류했다. 하지만 그가 죽은 지 50여

년이 흐른 후에도(루이스는 1963년 미국 존 F. 케네디 대통령이 암살당한 같은 날 사망했다) 그에게 청소년 교육 및 학교 교육에 관한 놀랍고 때로 예언자적인 통찰이 있었다는 사실은 그리 많이 알려지지 않았다.

친구들에게 잭이라는 애칭으로 불렸던 루이스는 영감을 주고 틀에 박히지 않은 (누군가에게는 기이해 보였을) 교사였다. 그는 대학에서 가르쳤을 뿐만 아니라 교육 및 학교 교육 분야(더 넓은 의미의 교수·학습)에도 기여했다. 루이스는 제2차 세계대전으로 암울했던 시기에 라디오 방송을 통해 온 나라 국민들을 교육했고 대영제국을 종횡무진하며 군사 기지의 군인들에게 강연을 들려주고 삶의 의미에 관해 묻는 그들의 질문에 답했다. 그는 중등 교육에 지대한 관심을 보였는데, 중등 교육 과정을 마친 학생들을 대학에서 가르치기 전에 이따금 가르칠 기회가 있었기 때문이었다. 교육자로서 루이스는 학교 교육의 존재 이유와 목표, 학교 교육이 청소년에게 미치는 영향, 학생들이 추론과 사고를 배우는 방식에 관심을 가졌다. 그는 교과서와 교사가 전달하는 가치뿐만 아니라, 그것이 학생들이 졸업을 한 후에도 오랫동안 그들의 신념과 사명감에 어떤 영향을 주는지 깊이 인식하고 있었다.

'문제'는 루이스가 사망한 지 50년이 흘러서 부모와 교사와 학교 지도자 등 현대 독자들 대부분이 그의 교육 사상에 쉽게 접근할 방법을 찾지 못한다는 것이다. 루이스는 다작하는 작가였고, 그의 교육 사상은 다양한 장르로 출판된 수많은 책에 흩어져 있다(참고 문헌을 보라). 예를 들어, 리더십 윤리와 교육 기관 운영에 관한 놀랍고 심오한 통찰은 성인을 대상으로 한 3부작 과학 소설 『침묵의 행성 밖에서』(*Out of the Silent Planet*, 1938), 『페렐란드라』[*Perelandra (Voyage to Venus)*, 1943], 『그 가공할 힘』(*That*

Hideous Strength, 1945)에 담겨 있다. 평가의 실행과 교사가 학생의 활동을 채점하는 방식에 관한 비판은 그가 쓴 편지『루이스가 나니아의 아이들에게』(Letters to Children, 1958)에서 찾을 수 있다. 루이스는 아이들에게서 편지를 받으면 항상 답장을 썼다. 많은 아이들이 편지에 학교 과제를 넣어 의견을 묻기도 했다. 교육 과정, 능력 중시 관행, 개별화된 교육, 직업 교육, 학업의 수월성, 도덕 교육, 사립 및 국립 학교 교육, 선택과 정부의 통제에 관한 통찰은『납득할 만한 이유』(Compelling Reason, 1996)와 같은 윤리와 정치에 관한 에세이 모음집에서 찾을 수 있다. 루이스가 발표한 교육 분야의 주요 저서는『인간 폐지』(The Abolition of Man, 1943)이며, 중학교나 고등학교의 교수·학습을 다루고 있지만 훨씬 넓은 범주에 적용할 수 있다. 하지만 교육에 관한 새로운 시각을 담은 책이라 해도 현대 독자들이 접근하기는 쉽지 않다. 교육에 종사하는 독자도 마찬가지다. 그래서 이 책의 목표는 소설이든 비소설이든 광범위한 루이스의 저서에서 교육에 적용할 수 있는 점을 끌어내고 종합하여 접근하기 쉬운 형태로 펴내는 것이다. 또한 루이스의 교육 비전을 제시하여 학교 지도자, 교사, 부모, 학생 등 폭넓은 층의 독자들에게 도움을 주는 것이 이 책의 목표다.

　루이스는 21세기 독자들에게 교육 및 학교 교육에 관한 신선한 통찰을 제시한다. 그는 자신의 요지를 설명하려고 잊지 못할 이미지를 사용하는데, 대부분 놀랍고 때로 충격적이기도 하다. 그는 30년간 옥스퍼드 대학 모들린 칼리지의 석좌 교수였고, 케임브리지 대학의 모들린 칼리지에서는 중세와 르네상스 시대 영어를 가르쳤다. 또한『실낙원 서문』(Preface to Paradise Lost, 1942),『옥스퍼드 영문학사』(Oxford History of English Literature, 1944) 중 한 권,『단어 연구』(Studies in Words, 1960) 등 중요한 문학 비평을 썼는데, 이 중 많은 부분이 우화에 초점을 맞추고 있다. 뒤에서 더 자세히 다루겠지만, 그는 우화와 상징을 사용하여 교육 및 학교 교육을 분석하는 데 능했다. 루이스는 세계적인 중세 영어[지금의 잉글랜드 지역에서 12세기까지 말과 글로 쓰이던 고대 영어(앵글로색슨어) 이후에 등장하여 1470년대 후반 캑스턴이 인쇄기를 도입하기 전까지 통용되던 언어] 전문가였다. 이 책 제목(*Mere Education*)의 'mere'는 중세 영어의 의미로 쓰였으며, '순전한, 완전한, 다른 것이 섞이지 않은' 등의 뜻을 담고 있다. 옥스퍼드 교외에 있는 루이스의 자택 킬른스 주변에는 흥미롭게도 면적이 약 30평방킬로미터 되는 큰 연못 혹은 작은 호수가 여전히 남아 있다. 그러나 애석하게도 호수에는 점차 퇴적물이 쌓이고 있다. 이 책에서는 혼탁함을 피하려고 모든 노력을 다했지만, 우리는 '퇴적물이 쌓인' 21세기의 관점으로 교육 및 학교 교육을 바라볼 때가 많고 적어도 그렇게 시작할 때가 많다는 점을 인식해야 한다. 이 책은 당연한 것으로 여겨지는, 널리 용인되고 인기를 끄는 많은 통념에 대해 이의를 제기한다. 이 책은 루이스처럼 어떤 부분에서는 인기를 끌지 못할 수도 있다. 교육 및 학교 교육을 되찾고자 하는 책이기 때문이다.

    루이스는 평생 바다를 사랑했는데, 고대 영어를 사용하던 지역에서는 육지와 바다의 경계를 중요시한다. 잉글랜드에서 'mere'는 호수처럼 물이 고인 곳을 의미한다. 영국에서 가장 크고 잘 알려진 예는 레이크 디스트릭트의 윈더미어(Winder*mere*) 호다. 21세기 독일에서 *meer*는 '바다'를 의미하고, 네덜란드에서는 '호수'를 가리킨다. 내가 소장하고 있는 1933년 판 「내셔널 지오그래픽」(*National Geographic*)지는 아이셀메이르(Ijssel*meer*) 댐을 만들어 비링어메이르(Wieringer*meer*) 간척지의 물을 빼 드넓은 육지가 네덜란드에 생겼다는 내용을 싣고 있다. 어떤 사진은 어느 농부의 농

경지를 보여 준다. 이제는 해변에서 몇 킬로미터나 떨어진 내륙이 되었는데, 곡식 밭의 한가운데에는 어선 한 척이 놓여 있다. 한때 '바다'였던 곳이 이제는 작물이 자라는 농경지가 된 것이다. 고대 영어 'mere'의 어원은 언어학자들이 인도유럽조어라 부르는 고대 언어까지 거슬러 올라간다. 이 언어는 티그리스강과 유프라테스강 사이 비옥한 초승달 지대에서 6천여 년 전에 사용하던 것으로 모든 언어의 근원이며, 여기에서 'mey-'는 '울타리를 치다'라는 의미다. 오늘날 네덜란드의 유제품과 튤립은 모두 간척지에서 생산된다. 하지만 「내셔널 지오그래픽」 기사에서는 책임지고 육지와 바다를 각각 보존하려는 주민이 있다면 '네덜란드 공공사업부에서 해안가의 땅을 기꺼이 제공할 것'이라고 밝히고 있다. '중세와 현대'라는 두 방식으로 경계를 지키려는 노력이 다시 드러난 것이다.¹ 이 책은 부모, 교사, 학교 지도자가 경계를 세워, 교육의 통합성과 순수성을 약화시키려고 밀려오는 이념의 잠식이라는 파도에서 학교와 학교 교육을 보호할 수 있도록 돕고자 한다. 최근에 차를 타고 네덜란드를 지날 때 함께 있던 네덜란드인 친구가 우리가 있는 이 길은 원래 해수면 아래 있었다고 알려 주었다. 이 나라에서는 댐이 제 역할을 못하면 곧바로 바닷물이 육지로 들이친다. 이 책은 밀려오는 파도에 대비해 보루를 세우려고 쓴 책이다. 독자들로 하여금 교육 및 학교 교육의 토대에 주목하도록 함으로써 교수법, 리더십, 교육 과정, 평가의 수월성을 도모하도록 돕는 책이다.

이 책의 제목은 다른 측면에서도 의미가 있다. 호수 또는 바다에서 물이 빠져나가 모래로 된 바닥이 공기에 노출되면 이내 생산력을 잃고 사막처럼 된다. 방대한 관개 작업으로만 이런 사막을 비옥하게 만들 수 있다. 일곱 편의 소설로 구성된 『나니아 연대기』의 첫 번째 편인 『마법사의 조카』에서 디고리와 폴리는 시간을 거슬러 생명 없는 불모의 세계에 도착한다. 이런 곳은 어린이나 청소년은 물론 누가 살기에도 안전하지 않다. 이 책은 사막의 본질, 사막에 물을 대야 하는 이유와 방법 그리고 그 결과를 집중적으로 다룬다. 루이스는 '사막에 물을 대는 것'이 현대 교육자의 과제라고 말한다. 교사가 '올바른 정서를 심어 주면'² 학생들의 **윤리 의식**이 살아나고 **훌륭한 성품**이 길러진다는 의미로 한 말이다. 이 책의 과업은 그 일을 어떻게 시작할지 보여 주어 "사막이 기뻐하고 장미처럼 피어나게" 하는 것이다.³

1부

옷장 문의 경첩:
핵심 가치, 성품, 기독교

1. 성품 교육
평생 배워야 할 것

> 옳은 행동을 계속 실천하다 보면 마침내 어느 정도 수준의 성품을 갖게 된다.
> - C. S. 루이스, 『그리스도인의 행동』[1]

성품이 훌륭한 사람

부모, 교사, 학교 지도자 대부분은 자녀들과 어린 학생들이 기술과 지식을 습득하도록 돕는 것 이상의 큰 책임감을 느낀다고 말한다. 시험에 합격하고 높은 점수를 받는 것도 중요하지만, 훌륭한 교육은 그 이상의 것임을 우리는 알고 있다. 훌륭한 교육은 훌륭한 성품(character, 인격)을 기르는 일과 관련된다. 우리는 자녀들과 어린 학생들이 시험에만 합격하면 삶에서는 낙제점을 받아도 좋다고 생각하지 않는다. 학업과 성품이라는 두 영역에서 최선을 성취하기를 바란다. 훌륭한 부모는 자녀가 훌륭한 사람이 되도록 돕고, 자녀가 학교에 있을 때는 교사가 부모 대신 (부모의 위치에서) 이 역할을 한다. 교사와 부모가 정직, 정의, 친절, 용서, 자기 훈련, 존중, 공손, 예의, 책임감, 결단력 등을 가르친다면 훌륭한 성품의 기초를 형성하는 가치를 교육하고 있는 것이다.

부모, 교사, 학교 지도자가 학생에게 개인의 최선을 이루는 것, 친절하고 관대하게 행동하는 것, 포기하지 않고 해내는 것을 가르친다면 학업 성취도까지 높일 수 있는 성품 교육을 하고 있는 것이다. 성품이 학교 공부는 물론 학교생활의 다른 영역에서도 길러진다는 점은 마땅히 강조해야 한다. 성품 교육은 나머지 교육 과정과 동떨어져 있지 않다. 성품과 학교 공부는 상호의존적이다. 집 짓는 사람의 훌륭한 성품이 고객을 정성스럽게 섬기고 약속 시간을 지키며 자기 기량을 다해 벽을 세우는 것으로 드러나듯, 학생도 학교 공부와 교내 관계, 학교에서의 행동을 통해 성품을 발달시킨다. 생각이 올바른 사람이라면 자녀들과 어린 학생들이 자기만 알고 고집불통이며 무례하고 게으른 사람이 되기를 바라지는 않을 것이다. 우리는 자녀가 그들이 될 수 있는 가장 훌륭한 어른으로 자라기를 바란다. 훌륭한 학교는 훌륭한 성품을 기르고자 하며, 훌륭한 성품이란 '한 사람이 지닌 덕목의 집합'으로 정의할 수 있다. 간단히 말해, 성품 교육은 학생의 "덕을 기르고자 의식적으로 노력하는 것"이다.[2] 그런데 실제로 많은 학교에서 성품을 우선순위에 두고 있는가? 훌륭한 성품은 어떻게 기르는 것인가? C. S. 루이스는 이 두 질문에 대해 예리한 통찰을 제시한다.

루이스가 살펴본 바에 따르면, 학교 교육 제도는 학업 성취를 위해 머리 또는 뇌를 교육하지만 도덕과 성품 교육에는 별로 관심을 보이지 않는다. 교육 및 학교 교육에 대한 루이스의 책 『인간 폐지』는 교사를 대상으로 한 강의 내용을 엮은 것으로, 1장 제목은 "가슴 없는 사람"이다. 머리(지성)가 가슴(성품)보다 훨씬 비대해 보이는 학생을 빗댄 말이다. 현재 학교 교육에서는 성품을 충분히 훈련시키지 않아 학생의 성품이 미숙해지는 '가슴 위축' 현상이 종종 발생한다.[3] 그러나 루이스가 사망한 지 50

년이 흐른 지금, 성품 교육에 힘을 쏟으려는 노력이 되살아나고 있다.[4] '가슴', 즉 윤리 의식을 제대로 교육하는지 진지하게 질문하고 있다. 우리는 모두 욕구(배)에만 충실한 동물이나 단순한 지성(머리)보다는 더 나아간 존재다. 우리는 윤리 의식과 성품(가슴)을 지녔기 때문이다. 루이스에 따르면, 우리를 인간답게 하는 것은 도덕적 성품과 '올바른 정서'이며, 이것이 부족하면 '인간 폐지' 즉 인간성의 종말로 이어질 수 있다.

루이스가 『인간 폐지』[5]에서 인간의 본성과 학교 제도에 대해 제기한 심각한 문제들은 공상 과학 소설 『그 가공할 힘』[6]에 담겨 있다. 담력이 센 독자들은 이 소설에서 생생하게 묘사한 '가슴 없는 사람'을 보고 싶을 것이다. 머리 하나가 목 아래는 잘린 채 벽에 걸려 있고, 펌프와 튜브로 음식을 받아먹으며 '살아 있는' 상태를 유지한다. 가슴은 물론 목 아래 부분은 모두 사라졌다. 기괴하고 불편한 이미지다. 우리는 '뇌' 또는 '머리' 그 이상의 존재이기에 교육 및 학교 교육이 지성만 추구한다면 학생, 가족, 지역 사회에 해를 입힐 것이다. 따라서 이 책에서는 '목 윗부분'만이 아닌 영, 혼, 육의 전인격을 기르는 교육을 살펴본다.

옷장 문의 '경첩': 성품 교육의 기본 덕목

가장 잘 알려진 루이스의 작품은 일곱 편의 이야기로 구성된 아동 소설 『나니아 연대기』다. 『사자와 마녀와 옷장』 편에서 피터, 수잔, 에드먼드, 루시가 디고리 커크 교수의 집 옷장을 통해 나니아로 들어가는 장면은 아동 문학을 통틀어 가장 인상적인 그림으로 오랫동안 기억될 것이다.[7] 나니아에 도착해 정의를 위해 싸우라는 도전을 받아들이는 과정에서 페번시 가(家) 아이들은 성품이 형성되는 것을 경험한다. 자기만 생각하던 피터와 수잔은 하얀 마녀에게서 에드먼드를 구출하기로 결심하고, 마침내 불의와 싸워 나니아 주민들을 압제와 폭압에서 해방시키라는 도전을 받아들인다. 나니아 주민들이 두려움 없이 살면서 번성하고 번영하도록 그들을 해방시키는 영광스러운 목적을 추구하면서 아이들은 용기를 기르고 결단력을 보인다. 페번시 가 아이들이 나니아에서 겪는 교육적 경험의 토대는 올바른 가치이며, 그 결과 그들은 덕과 훌륭한 성품을 기른다. 협동하고 두려움에 맞서며 큰 용기를 내야 하기 때문이다.

나니아에서 아이들은 기술과 지식을 습득할 뿐만 아니라 훌륭한 **성품**을 기른다. 나니아에서 아이들은 위대한 사자 아슬란을 만난다. 배신자 에드먼드를 구하려고 대신 죽는 아슬란은 그리스도를 형상화한 것이며 이 이야기가 기독교 메시지를 담았다는 사실은 잘 알려져 있다. 하지만 『나니아 연대기』의 독자는 그리스도인에만 한정되지 않는다.[8] 마찬가지로 이 책도 그리스도인만을 위해 쓴 것은 아니다. 『나니아 연대기』는 루이스가 기독교 신앙을 중요하게 여긴다는 사실을 보여 주기도 하지만, 그리스도인이 아니어도 그가 교육 및 학교 교육에 공헌한 바에 크게 공감하는 사람은 많을 것이다. 성품 교육은 그리스도인만을 위한 것이 아니다. 페번시 가 아이들의 덕과 훌륭한 성품은 옷장 문을 열고 나니아에서 스스로를 발견하면서 길러지지만, 처음에 아이들이 나니아에 가게 된 것은 우연이 아니다. 옷장은 디고리 커크 교수 집에 있는 가구들 중 일부다. 커크 교수는 아이들을 가르칠 올바른 신념과 최고의 학습 방식을 '전문으로 하는' 교육 전문가다. 아이들의 배움은 그의 집에서 시작된다. 훌륭한 가정과 좋은 학교가 있으려면, 우수한 스승과 지도자가 있어야 한다(교육과 학교 리더십은 4부에서 더 언급할 것이다).

'기본적'(cardinal)이라는 단어는 '경첩'을 뜻하는 라틴어 *cardo*에서 파생되었다. 나니아의 세계로 향하는 문은 모두에게 '중심'이 되는 '기본 덕목'이라는 경첩에 달려 있다. 모든 것이 이러한 기본 덕목에 '달려 있다.' 도덕적 삶도 마찬가지다. 루이스는 분별, 절제, 정의, 용기라는 '기본적' 덕목이 훌륭한 성품의 토대가 된다고 보고, 이러한 덕목을 실제적이고 명쾌하게 설명한다. 분별이란 상식이나 올바른 사고로서 지성과 지혜를 올바르게 사용하는 것을 의미한다. 절제는 어떤 일을 적절한 정도로 하는 것이며, 루이스는 옷이나 골프, 오토바이, 반려견을 삶의 중심에 두는 사람은 취할 때까지 술을 마시는 사람만큼이나 무절제할 수도 있다고 일깨운다. 정의는 공정, 정직, 신용, 약속 준수와 같은 말로 요약된다. 의연함은 도덕적 힘에서 나오는 배짱이다. 루이스는 이 마지막 덕목을 추구하지 않으면 아주 오랫동안 다른 덕목들도 실천할 수도 없다고 냉철하게 지적한다.[9]

루이스는 "어느 문화에서든 이같이 대체할 수 없는 평범한 가치를 만날 것"이라고 말한다.[10] 예를 들어, 당신이 세계 어느 곳에 있든지 이기심은 환영받지 못한다. 어떤 아이가 '그것은 공정하지 않다'고 말한다면 우리에게 내재된 감각인 정의감에 호소하는 것이다. 루이스는 "어떤 사람이 자신에게 가장 친절했던 모든 사람을 배신했다고 자랑스러워하는" 전혀 다른 도덕성이 나타난다면 어떨지 상상해 보라고 말한다.[11] 이런 행동을 용납할 수 없다면 우리가 옳고 그름을 분별하는 공통된 내적 감각을 지녔다는 증거가 된다. 가령, 축구를 할 때 '합의된 규칙이 없다면 어떤 선수가 반칙을 했다고 말할 수도 없다'는 것이다.[12] 우리는 삶이라는 '경기'에서 누가 '반칙'을 범했는지를 보는 순간 본능적으로 안다. 루이스는 이렇게 인상적인 선언을 남긴다. "인간의 정신은 새로운 원색을 상상하거나 새로운 태양과 하늘을 창조할 능력이 없을 뿐 아니라, 마찬가지로 새로운 가치를 만들어 낼 능력도 없다."[13]

루이스는 자연법(또는 도덕률)을 추구하려는 의지를 성품과 도덕 교육의 토대라고 생각한다.[14] 루이스는 플라톤, 아리스토텔레스, 스토아학파, 기독교, 동양 사상과 관계없이 이러한 개념을 도(道)라고 칭했다. 한자어로 가장 위대한 것이나 실재를 뜻하기 때문이다. "도는 자연이고 나아갈 길이며 과정이다."[15] 그는 전통적인 한자어를 선택함으로써 도덕률이 기독교에서만 통용되는 것이 아닌 인류 보편의 것임을 시사한다(2장에서는 기독교인들이 어떻게 도덕률을 "마음에 새겨진" 하나님의 법으로 보는지 설명한다). 이러한 개념을 진리 주장이나 다른 종교들의 신념과 혼동해서는 안 된다. 나니아 이야기에서는 "인류가 지닌 위대한 도덕 전통의 일부이자 루이스가 『인간 폐지』에서 도라고 일컫는 것"을 교훈으로 얻을 수 있다.[16] 루이스는 의로움, 올바름, 질서, 진실과 같은 말로 도를 나타내고, '자연법'이라는 용어를 사용하여 모든 사람이 '선천적으로' 이 법을 알고 있음을 시사한다.[17] 자연법은 내재적이고 보편적이어서 모든 학교에서 행하는 도덕 교육의 토대를 이룰 수 있다. 이 법칙은 물리학에 있는 중력 법칙과 비슷하지만 한 가지 중요한 차이가 있다. 바로 그 법을 따를지 말지를 선택할 수 있다는 점이다. 루이스는 『순전한 기독교』에서 "위대한 스승의 조언을 따르지 않은 것은 우리다.…지난 4천 년 동안 훌륭한 조언이 부족한 적은 없었다"고 지적한다.[18]

도를 법이라고 할 수 있는 이유는 어떤 행동은 허용하고 어떤 것은 허용하지 않기 때문이다.[19] 우리는 "부모와 교사, 친구와 책으로부터 바람직한 행동 규칙을 배우지만" 인간 본성의 법칙 혹은 자연법은 객관적 실재가 있는 실제적 진리다.[20] 루이스는 사람들의 믿음과 관계없이 존재한다는 면에서 자연법을 뉴욕시에 비유한다.[21] 좋든 싫든 매력을 느끼든 거부감을 느끼든 뉴욕시는 존재한다. 이것은 학교 교육의 맥락에서 중요한 개념이다. 미국의 정치적 수사에 등장하는 국가의 이미지는 '용광로'가 아닌 '여러 조각을 이어 붙인 천'이다.[22] 상당수의 세계 나라가 그렇듯, 영국에서도 "가치는 지속적으로 변화하기에, 옳고 그른 것에 대한 모든 종류의 의견을 아이들에게 제공하고 접하게 한다."[23] 다양한 가정과 지역 사회 출신 학생들이 모인 학교에서는 어떤 가치를 가르쳐야 하는지 물음이 생기는데, 이때 자연법이라는 객관적 실재가 근본적으로 중요해진다. 루이스는 다양한 지역 사회가 동의할 수 있는 도덕 교육의 토대를 제시한다. 『인간 폐지』의 부록에서 보듯이, 고대 이집트, 바빌론, 고대 스칸디나비아, 중국, 인도, 유대, 로마, 그리스, 아메리카 대륙 원주민 등 다양한 문화와 전통에 공통으로 적용되는 여덟 가지 예를 들어 도(자연법 또는 도덕률)를 설명한다. 다음의 간략한 설명을 통해 도덕과 성품 교육의 토대가 되는 자연법을 이해할 수 있다.

여덟 가지로 정리한 도

1. 일반 선행의 법: 부정문의 형식으로 나타내면, 살인을 하지 않는 것 또는 남에게 어떤 형태로든 고통과 괴로움을 주지 않는 것이다. 탐욕을 부리지 않고 잔인하게 행동하지 않으며 거짓말을 하지 않는 것도 포함된다. 이 법을 지키려면 정직하고 남을 미워하지 않으며 타인을 가난하거나

슬프게 만들지 않아야 한다. 긍정문의 형식으로 표현하면, 친절과 선의를 표하고 악이 아닌 선을 행하며 사회와 사람 사이의 교제를 기뻐하고 타인을 자기 자신처럼 사랑하는 것 등이 있다.

2. 특별 선행의 법: 이 법은 첫 번째 법과 유사하지만 통치자뿐만 아니라 형제와 자매, 남편과 아내, 자녀의 의무를 명시한다는 점에서 '특별'하다. 우리는 인간으로서 특별한 의무를 지니며, 특히 좁고 넓은 의미의 가족 구성원들을 돌볼 의무가 있다.

3. 부모, 조부모, 조상에 대한 의무: 부모와 자녀 사이의 바람직한 관계를 설명한다. 부모를 부양함으로써 공경하고 돌보며, 살아 계실 때는 물론 돌아가셨을 때도 적절히 존경을 표현하여 자녀의 의무를 다하는 것에 대해 서술한다.

4. 자녀와 후손에 대한 의무: 결혼하고 자녀를 낳는 것과 관련된 의무가 여기에 포함된다. 어린 자녀를 교육하고 자녀를 존중하는 것이 핵심이다.

5. 정의의 법: 관계 속에서의 정직과 정의를 강조한다. 우리는 모두 배우자에게 충실하고 혼외 관계를 맺지 않아야 한다. 다른 사람의 물건을 훔치지 않고, 모든 사람의 권리를 존중해야 한다. 같은 방식으로 사유 재산도 존중해야 한다. 뇌물을 받거나 "거짓 증언을 하지" 않아야 한다. 법률 제도는 공평해야 하며 가난한 사람을 부당하게 대하지 않아야 한다.

6. 선의와 진실의 법: 사기와 속임수와 거짓말을 금지하는 법이다. 위증이 경멸의 대상이 되는 이유는 말과 행동이 다르기 때문이다. 선의의 의무를 다하고 약속을 지키는 것이 이 법의 필수 요소다.

7. 자비의 법: 가난한 자, 병든 자, 장애가 있는 자, 약한 자를 돌보아야 한다. 죄인의 석방 가능성을 열어 두어야 하며, 여성에게 폭력을 가하지

않아야 한다. 고아와 남편과 사별한 여성과 노인을 보살펴야 한다. 언제라도 함께 울어 줄 만큼 마음이 따뜻해야 한다.

8. 아량의 법: 다른 사람에게 상해를 입히지 않는 것을 넘어 그들을 보호해야 한다. 비겁하기보다는 용기 있게 행동하고 공격으로부터 스스로를 방어하며 나라를 위해 싸울 수 있어야 한다. 공격을 받는다 해도 죽음을 두려워하지 않아야 한다.

도 가르치기

우리 문화에서 '도를 가르치는 것'과 가장 비슷한 방식은 토머스 리코나(Thomas Lickona) 교수의 연구에 나타나 있다. 그는 수년간 뉴욕 주립 대학교에 속한 코틀랜드에서 '존중과 책임 연구소' 소장이었다. 루이스가 제시한 도처럼 리코나 교수의 '열 가지 필수 덕목' 역시 "전 세계 문화와 종교에서 찾을 수 있다."[24]

리코나의 저서 『인격 교육의 실제』(Character Matters, 2004)에서 간략하게 설명한 열 가지 필수 덕목을 요약하면 다음과 같다.

1. 지혜 또는 올바른 판단: 언제 어떻게 행동할지를 알고 덕목들이 충돌할 때 균형을 잡을 줄 아는 것. 해를 입게 될 때도 진실을 말하는 것이 그 예다.
2. 정의: 공손, 정직, 존중, 책임감, 관용 등 대인 관계에서 필요한 덕목과 불의를 마주했을 때 분개하는 도덕성이 여기 해당된다.
3. 의연함: 이 덕목이 필요한 이유는 올바른 결정을 내리기 어려울 때가 많기 때문이다. 용기, 회복력, 인내, 끈기, 참을성, 자신감이 여기 속한다. 성품은

성공보다 어려움을 통해 더 발달한다. 자기 연민에 빠지지만 않는다면, 우리는 잠시 물러섰을 때 더 강해진다.

4. 절제: 자기 통제 및 스스로를 다스리고 육체의 욕구를 제어하는 능력이다. 정당한 쾌락이라도 지나치게 추구하지 않으며 유혹을 이기는 힘을 말한다.
5. 사랑: 공정함과 정의를 넘어서는 덕목이다. 사랑은 이타적이고, 타인을 위해 자기를 희생할 수 있는 마음이다. "네 이웃을 네 자신과 같이 사랑하라"는 말이 이 덕목을 가장 잘 나타낸다.
6. 긍정적 태도: 우리의 행복이나 고통은 상황이 아니라 성향에 달려 있다. 우리는 행복하기로 마음먹은 만큼 행복할 수 있다.
7. 수고: 진취성, 성실, 목표 설정, 융통성 등이 포함되며 오래전에 통용되던 덕목이다.
8. 진실성: 도덕 양심에 충실하고 약속을 지키며 믿는 바를 옹호하는 것이다. 진실성을 지녔다는 말은 '온전'한 것, 곧 상황이 달라져도 말과 행동에 일관성이 있다는 의미다.
9. 감사: 감사하기로 마음먹는 것이 행복한 삶의 비결이다. 우물을 직접 파지 않고도 물을 마실 수 있는 것과 같은 일상의 축복을 헤아리는 것이다.
10. 겸손: 교만을 피하고 책임을 지고 사과하며 개선하는 것이다. 스스로를 중요하게 여기느라 남에게 해를 끼치는 일을 하지 않는다.

이러한 필수 덕목은 C. S. 루이스의 **도**와 상당 부분 비슷하며, 다원적 사회에서 도덕과 성품을 교육할 때 중요한 토대가 된다. 『인격 교육론』 (*Educating for Character*, 1991)과 『인격 교육의 실제』와 같은 토머스 리코나 교수의 저서들은 학교와 가정에 매우 중요하다.[25] 우리는 갈수록 다원화되는 사회에 살기에 무엇에 대해 의견을 같이할지 알아야 한다. 그래서 다음과 같은 주장은 설득력이 있다.

다양성이 중요한 다원주의 사회에도 공유하는 기본 가치가 있기 때문에 공적인 도덕 교육을 할 수 있다. 실제로 정의, 정직, 공손, 민주적 절차, 진리를 존중하는 태도 같은 가치들에 합의하지 않고는 다원주의 자체가 불가능하다.[26]

루이스에 따르면, 도 혹은 마땅히 따를 객관적 '도덕률'의 존재에 대한 신념은 교육 사업 전체를 근본적으로 바꿀 수 있다.

그리하여 교육자가 도의 존재를 믿는지에 따라 교육 문제는 완전히 달라진다. 그것의 존재를 믿는 교육자는 그것을 실천하느냐와 상관없이 학생들에게 적절한 반응을 가르치며, 인간 본성을 이루는 덕목을 기르는 것을 과업으로 삼는다.[27]

루이스는 학교 교육이 학생의 도덕적 성품, 즉 '가슴'을 양육하지 못할 때가 많다고 생각한다. 가슴은 "**훈련된 습관**에 의해 조성된 감정이 안정적인 정서로 자리 잡은" 곳이다.[28] 도덕 교육에서는 '정서'가 중요하며, 루이스는 "아리스토텔레스주의와 같이 성품은 상당 부분 습관적 행동이 덕(성품)으로 내면화되면서 형성된다"고 말하는 성품 교육자들과 같은 입장을 취한다.[29]

주입식 교육

자유주의 사회에서는 아이들을 '훈련시킨다'는 말이 나오면 곧바로 주입식 교육에 대한 우려가 제기된다. 일부 교사는 중대한 직업 원칙을 위반했다고 비난받을까 봐 우려하는데, 이런 맥락에서 캐런 볼린(Karen Bohlin)은 한 가지 중요한 점을 지적한다.

> 갈수록 다원화되는 사회에서 청소년을 가르치다 보면, 도덕적 선택과 헌신이라는 주제에 대해 방임하거나 불간섭 방침을 견지해야 할 것 같은 유혹을 받는다. 어느 정도 자란 학생들이라면, 무엇이 가장 좋고 옳은지 자유롭게 탐색하도록 내버려 두고 특정한 도덕적 가치를 '주입'하지 않으려는 쪽으로 때로 마음이 기운다. 많은 교육자들이 주입이라는 함정에 빠질까 봐 두려워하는 것이 틀림없다.[30]

너무도 많은 교사들이 도덕과 성품 교육에서 '방임'의 입장을 취해야 한다는 압박감을 느낀다. 우리는 교육자가 도덕을 사적인 영역에 국한시키고 자기와 상관없다고 말하고 있을 때 "포르노그래피나 기타 반사회적 악을 은밀히 권하는 사람들이 훨씬 더 넓고 깊이 학생들에게 파고들고", 나이 어린 사람들을 착취하는 기업들이 "인터넷, 광고, 텔레비전 등 주류 문화를 이용해 끊임없이 자기들의 메시지를 주입하려 한다"는 사실을 인식해야 한다.[31] 물론 어린이와 청소년의 선택은 존중받아야 하지만 부모와 교사에게는 이들이 다양한 덕목을 기를 수 있도록 힘써야 할 도덕적 책임이 있다. 볼린은 한 교장 선생님이 했던 열정적이고 유려한 변론을 적절히 인용한다.

학생들에게 사랑이 폭력보다 낫고, 친절이 강압보다 나으며, 상대방의 신체를 이기적으로 이용하는 것보다 그를 온전히 사랑하는 것이 낫다는 마음을 심어 주고 설득하는 것이 범죄인가? 인기 가수와 운동선수도 실존적이고 윤리적인 견해를 피력하는 사회에서 교육자들은 침묵을 지켜야 하는가?[32]

가치에 관한 한, 양육과 가르침과 학교 교육은 중립적일 수 없다. 적극적으로 어떤 행위를 하든 소극적으로 마땅한 의무를 이행하지 않든, 가정과 학교와 교실에서는 가치가 전달된다. 어린이는 항상 '훈련'된다. 하지만 성품 교육을 하면, 즉 학생들이 가치와 덕목을 습득해야 한다는 의도를 가지고 가르치면 자율성을 교육 목표로 강조하는 사람들은 의심하거나 심지어 경고의 눈초리를 보내기도 한다. 실제로 성품 교육이 어린이의 권리를 침해한다고까지 생각하는 사람도 있다. 교사들이 주입식 교육이라는 비난을 피하기 위해 세세한 가치들을 가르치기 꺼려한다면, 문자적으로 '주입'이라는 단어 'indoctrination'에 포함된 'doctrine'은 가르친다는 뜻이고 학교 교육에 있어서 '직업적 위험 요소'는 학생들이 특정 '가르침'이나 '원칙'에 이끌린다는 사실임이 인식되어야 한다. 학교 교육은 학생을 특정 방향으로 변화시키고 학생의 사고와 행동을 바꾸기 위해 행하는 중요한 활동이다. 여러 문제에 대해 학생들이 갖는 의견을 형성하고 생각을 변화시킨다. 버밍엄 대학교 교육학과 학장이자 '주빌리 성품과 가치 센터'의 센터장인 제임스 아서(James Arthur) 교수는 "모든 교사가 어느 정도 [가치를] 주입한다. 교사가 특정 신념과 행동을 주장해도 학생이 그렇게

믿고 행동해야 하는 이유를 항상 이해할 수 있는 것은 아니기 때문"이라고 말한다.[33]

훌륭한 성품을 기르려면 시간이 걸린다. "어떤 자질들은 매우 천천히 그리고 결국에 가서야 미덕이나 악덕이 되기 때문인데", 폴 호머(Paul Holmer)는 다음과 같이 설명한다.

> 이러한 덕목들(습관적인 방식으로 형성된 경향)이 한 사람의 삶을 이루는 과정을 알면 그 삶을 이해할 수 있다.…일상의 모든 요소, 갈망, 욕구, 혐오, 기대, 신뢰 등 이 모든 것이 적절히 합쳐져 신뢰할 만하고 온전하며 살아 있는 종합이 만들어진다.[34]

호머는 루이스에게서 "성품은 우리가 생각하는 것의 소리 없는 결과"[35]임을 발견했고, 필립 도우(Philip Dow)는 '선한 마음'의 중요성을 명확하게 표현했다.[36]

하지만 많은 교사가 "다원주의 사회에서 특정 가치를 지지하는 것을 심각한 문제로 여기고" 이들은 "어떤 특정 가치에도 헌신하지 않거나, 중요한 것은 개인의 느낌뿐인 규정되지 않은 인본주의를 추구한다는 점이다."[37] 이는 루이스가 교육은 주관적·개인적 감정이 아니라 객관적 진리에서 파생되었다고 밝힐 때 언급하는 사안이다.

중립적이지 않은 학교 교육

루이스에 따르면, 도덕이 주관적이며 기호나 의견의 문제라고 어린이를 설득하는 학교 교육은 위험하다. 『인간 폐지』에서는 중·고등학교 영어 교과서를 다루는데, 저자의 익명성을 보장하려고 '녹색 책'이라고 칭한다. 그 책의 표지가 녹색이라 그렇게 불렀는데, 이제는 그 책이 킹(King)과 케틀리(Ketley)가 쓴 『언어학』(The Study of Language, 1939)이라는 사실이 알려져 있다. 루이스는 이 책이 삶이나 세계의 속성에 관한 이론을 명시적으로 가르치지는 않지만, 특정 세계관을 암시하고 은연중에 깊은 영향력을 행사한다는 것을 보여 준다. 그는 그 책에 담긴 가치들이 드러나지 않기 때문에 더 강력하다고 주장한다. 이 책의 영향력은 매우 미묘하지만 분명하게 저자들의 '(아마도 무의식적인) 실제 철학'에 따른 '거부'와 '허용' 기준을 제시하는데, 저자들이 책을 쓰던 시기에 자신이 속했던 집단에서 '유행한 가치의 전체 체계'를 반영한다.[38] 학생은 단순히 영어를 '예습'하거나 '과제'를 하고 있다고 생각할 뿐 거기에 '윤리, 신학, 정치가 다 담겨 있다'고는 전혀 짐작하지 못한다.[39] 루이스는 "학생은 그 책이 자신에게 무슨 일을 하는지 알지 못하며 저자들은 그런 학생을 대하고 있다"는 불편한 진실이 있으며 이 점에서 '녹색 책' 저자들의 직권 남용이 일어난다고 본다.[40] 이것이야말로 주입에 대한 설명이 아니겠는가.

학생들은 학교 교육의 영향을 인식하지 못할 때가 너무 많다. 루이스는 '가치'에 관한 진술이 '화자의 감정 상태에 관한 진술'이나 주관성으로 축소된다는 점에서 '녹색 책'에 반기를 든다.[41] 이 책이 미치는 영향력에 관해 "문학에 대해 아무것도 가르치지 않고 학생이 선택권을 행할 충분한 나이에 이르기 전에 영혼을 도려냈다"고 의견을 밝힌다.[42] 여기서 핵심 문구는 '선택권을 행할 충분한 나이에 이르기 전', 또는 의식적으로 선택을 할 수 있을 정도로 성숙하기 전이라는 말이다. 영혼을 도려낸 결과는 가슴의 위축이다. '녹색 책'을 읽고 연습 문제를 푸는 학생들은 더 나은 가치를 추구하도록 배우지 않으면서 특정 전통적 가치들에 대해 회의적인 생각을 품는다. 어떤 가치들이 객관적으로 좋은 것인지 인식하기를 독려하기보다 주관주의를 더 독려한다. 이러한 일들은 학교에서 여전히 일상적으로 일어나고 있다. 진 베스케 엘슈타인(Jean Bethke Elshtain)은 5학년 된 딸이 뉴잉글랜드 대학가에 위치한 학교에 다니면서 가치란 단순히 '주관적 의견'일 뿐이라고 배워 온 것을 떠올린다. 한번은 딸에게 노예 제도가 '잘못된 것'인지 물었는데 "나는 잘못됐다고 생각하지만⋯그건 그냥 내 의견일 뿐이야"라고 대답한 것이다.[43] '탁월한 인권의 시대'에 '인간 존엄에 대한 존재론적 선언을 훼손시키는 힘이 작용'하는 것은 심각한 문제다.[44] (7장에서는 '양도할 수 없는' 권리의 원천을 살펴본다.)

가정에서 더 많은 대화를 했어야 한다. 여기서 한 어머니를 인용한 것은 적절한데, 루이스는 '진정한 어머니'와 '진정한 자녀'가 인류의 온전한 정신을 보존할 것이라 믿기 때문이다.[45] 자녀가 학교에서 '사실'과 '의견'의 차이(또는 예를 들어, '관용')를 배울 때, 부모는 자녀의 태도가 형성되고 있음을 인식해야 한다. 루이스는 이러한 가르침의 결과로 사람이 학교를 떠나고도 수년이 흐른 후 특정 관점을 갖게 된다고 말한다. 아이는 무언가를 읽으면서 삶에 관한 이론을 배우고 있다고 인식하지 못할지 모르지만, 텍스트나 가르침에 암시된 가정들은 깊은 영향을 미칠 수 있다. 루이스는 학생이 학교에서 텍스트를 읽을 때 마음에 새겨지는 '가정'은 그것의 '존재'와 '기원'이 "무의식적이고 잊혀진" 채로 있다 해도 "10년 후" 행동을 "좌우하고 논쟁에서 특정한 편에 서게 한다"고 주장한다.[46] 킹과 케틀리의 주관주의는 객관적 진리와 더할 나위 없이 명확하게 대비된다. 우리는 주의를 기울이지 않지만 가치 판단이 내재된 교과서, 학교의 수업과 교육 과정, 기타 과정과 절차는 물론 학교 안에 있는 사람들의 태도와 상호 교류, 이 모든 것은 아이들에게 무엇을 '숭배하고' 무엇이 '무가치하며' 무엇이 더 값지고 무엇이 그렇지 않은지 강렬한 메시지를 전달한다. 그러므로 문제는 가정과 학교에서 자녀에게 사는 방법을 **가르치는지** 여부가 아니라 **어떤 방식으로 무엇을** 가르치는가이다.

오늘날 학교 텍스트 역시 "주류의 관점에서 본 세계상"[47]을 제시하고, 서양 문화는 자기만의 텍스트를 통해 특정 가치를 드높이고 영속화하려고 한다(그리고 점차 디지털화된다). 우리 시대에는 어린이들에게 "아동기와 소비문화에 참여하는 방법에 대해 가르칠 권위를 주장하는 텍스트가 범람"하고 있다.[48] 이 텍스트들은 어린이와 청소년이 어떻게 행동해야 하는지, 그들이 무엇을 좋아하고 싫어해야 하는지, 무엇이 정상이고 수용할 만하며 그렇지 않은 것은 무엇인지 메시지를 전달한다. 어린이가 예전에는 읽고 쓰는 법을 가정과 교회에서 배웠다면 이제는 대중문화가 아이들을 가르친다. 실제로 "이전 세대 어린이의 사회화가 주로 가정, 학교, 종교기관, 지역 사회에서 이루어졌다면, 이제는 소비문화와 대중문화가 초기 아동기의 주요 사회화 방식이 되었다."[49]

"현대 교과서의 중요한 전제"가 "심리학적 교육 이론에 근거하여 만들어져야 한다"는 것이라면, 그 전제는 현대 교과서가 어느 정도 중립적이라는 가정에 어긋난다.[50] 루이스가 살던 시대에는 많은 사람이 '녹색 책'을 '중립적'이라고 생각해서, 그가 그 책에 가치 판단이 내포되어 있음을 보이려고 노력해야 했다는 점을 기억해야 한다. 오늘날 "현대 교과서를 만드는 사람들"은 "이념과 윤리의 훈련보다는 과학적 방법"으로서의 교육에 중점을 둔다고 주장하지만,[51] 교수 기술에 '중립적' 초점을 맞추는 것이야말로 학교 교육의 본질과 목적에 관한 특정 신념들의 결과물임을 보여 준다.

"중립적 지식은 없으며, 지식은 항상 특정 집단의 현실 인식과 그들이 중요하다고 여기는 것을 기초로 한다"는 것은 명백한 사실이다.[52] 학교 교육을 기술이나 도구를 제공하는 것으로 보는 사람이 있지만 "모든 도구에는 이념적 편향이 내재하고 이것은 세계를 특정 방식으로 구성하며 특정한 것에 더 가치를 두고 특정 감각이나 기술 및 태도를 극대화하려는 경향이 있다"는 점을 지적할 수 있다.[53] 교과서를 가치 판단이 내재되어 어린이의 삶에 이념적으로 깊숙이 개입하는 것으로 보지 않고, 중립적이고 기술 위주이며 가치가 들어 있지 않은 것으로 보는 태도는 우리 시대의 병적 현상이다. 학교 교육의 기능 자체를 성품과 가치가 아닌 지식과 기술의 습득으로 보는 견해도 이런 태도와 궤를 같이한다.

폭포

루이스의 저서 『인간 폐지』의 첫 부분에서는 영문학사에 남은 일화를 언급하는데, 바로 시인 콜리지(Coleridge)가 코라 린 폭포에서 겪은 일이다. 이 이야기는 도로시 워즈워스(Dorothy Wordsworth)의 책 『스코틀랜드 여행기』(Recollections of a Tour in Scotland, 1897)에 소개되었고, 킹과 케틀리가 쓴 『언어의 통제』(The Control of Language, 1944)에 인용되었으며, 이 책에서도 소개할 만한 내용이다.

코라 린 폭포는 두 층의 물줄기로 이루어져 있는데, 이 둘은 경사진 땅을 사이에 두고 약 18미터 정도 떨어져 있는 것처럼 보인다.…우리보다 걸음이 빠른 남녀 관광객이 그 지점에 왔다.…항상 누구와도 편하게 대화할 수 있는 콜리지는 남자 관광객과 이야기를 나누기 시작했다. 그 사람은 폭포가 **장엄하다**고 했다. 콜리지는 그의 정확한 표현에 기뻐했다. 마음속으로 '웅장한', '장엄한', '숭고한'과 같은 단어의 정확한 의미를 정리하고 있었고, 바로 전날 윌리엄과 그것을 주제로 긴 토론을 했기 때문이었다. 콜리지는 "그렇습니다. 장엄한 폭포네요"라고 말했다. 그러자 남자는 "숭고하고 예쁘지요"라고 답했다. 콜리지는 아무 대답도 할 수 없었고, 대화를 계속 하고 싶지 않아서 우리에게 와 껄껄 웃으며 이야기를 전해 주었다.[54]

루이스는 콜리지가 폭포를 '숭고하다'고 판단한 것은 인정하되 '예쁘다'고 한 것에는 동의하지 않았다고 설명한다. 이 대목에서 간략한 설명이 필요하다. '숭고한' 것과 '예쁜' 것은 같지 않다. 롱기누스(Longinus)에 따르면,[55] '숭고함'은 일반적으로 경외를 불러일으킨다. 버크(Burke)는 숭고한 것은 경외는 물론 공포심을 일으킨다고 했다.[56] 칸트는 '숭고한' 것에는 경계가 없어서 두렵다고 했다.[57] 코라 린 폭포는 실제로 숭고하며, 이 표현은 단순히 폭포를 본 사람의 관점이 투사된 결과라고 말할 수 없다. 루이스는 이렇게 설명한다.

콜리지가 그 폭포를 '숭고하다'고 한 관광객의 표현에는 동의하면서 '예쁘다'는 표현에는 그렇게 하지 않았던 것은 무생물의 속성을 표현할 때 더 '올바르거나', '기준이 되거나', '적절한' 말이 있다고 믿었기 때문이다.[58]

문제는 우리의 반응인데, 루이스는 "감정과 정서가 타당하냐 아니냐는…'이성'에 부합하느냐 아니냐로 판단할 수 있다"고 선언한다.[59] 루이스가 '녹색 책'을 크게 우려했던 이유는 독자의 주관성을 강조하기 때문이다. 킹과 케틀리는 『언어의 통제』에서 이렇게 말한다. "그 관광객이 '이 폭포가 숭고하다'고 했을 때, 폭포에 대해 말하는 것 같이 들린다…하지만 실제로는…그 폭포가 아니라 자기의 감정에 대해 말하는 것이다."[60] 루이스는 킹과 케틀리의 입장을 반박하며 다음과 같이 주장한다.

> 폭포를 숭고하다고 말한 사람은 단지 폭포를 보고 느낀 자기 감정을 설명하려고 한 것이 아니다. 자기가 바라보는 대상이 이러한 감정을 **자아낼 만하다는** 주장이기도 하다.[61]

루이스는 모든 가치가 주관적이라는 일반 철학 이론을 내세우는 학교 교과서를 아주 강하게 반대한다. 루이스가 옹호하는 바는 다음과 같이 요약할 수 있다.

> 어떤 태도들은 진실로 참이고 다른 것들은 진실로 거짓이라고 믿는 신념, 즉 우주가 어떤 존재이고 우리가 어떤 존재인지에 관한 객관적 가치로 이루어진 신조를 옹호한다.[62]

어떤 반응이 확실히 존재한다는 것이다. 찰스 테일러(Charles Taylor)는 이와 같은 맥락에서 고대 사람들은 "우리가 사랑하는 선(善)은 자연과의 올바른 관계에 입각한 지혜로운 정신과 사물의 질서에 있음을 일깨워 준다."63 크리스 히긴스(Chris Higgins)는 고대의 관점과 현대의 가치 사이에 존재하는 큰 격차에 관해 이렇게 말한다.

현대인들은 자기가 가치 있다고 생각하는 것을 선하다고 하는 경향이 있다. 이러한 생각은 선한 속성을 가진 것을 귀중하다고 여기던 고대의 관점과 정반대이고, 그 차이는 결정적이며 매우 큰 문제가 될 수 있다. 고전 윤리에서는, **선이란 반드시 우리 의지 밖에서 의지와 상관없이 존재하며, 그러한 완전한 독립성 덕분에 우리는 그것을 따르고 선은 우리를 형성한다.**64

루이스는 "잘 양육된 사람만이 윤리를 잘 배울 수 있다는 사실"을 상기시킨다. 도 밖에 있는 부패한 사람에게는 윤리의 시발점이 보이지 않는다는 것이다.65 또한 "교육의 목표는 학생이 마땅히 해야 할 일과 거부할 일을 분별하게 하는 것"이라는 아리스토텔레스의 관점을 긍정적으로 소개한다.66

테니스 선수 비유

라틴어로 *educatio*는 '양육'을 의미하는데, 여기에는 반드시 협력적 노력이 필요하다. 수업에서 이루어지는 모든 '훈련'은 어린 선수의 재능을 최고의 기량으로 발전시키기 위해 코치가 필요하다는 맥락에서 이해해야 한다. 믿을 만한 어른이 진심으로 최고의 관심을 보이면서 전문적 훈련가의 역할을 수행한다면, 어린이와 청소년의 성품 교육은 최고의 진보를 이룰 수 있다.

좋은 샷을 수없이 성공시켜 눈과 근육과 신경이 매우 **훈련되어** 이제는 그것들에 샷을 맡길 수 있게 된 사람을 훌륭한 테니스 선수라 할 수 있다.[67]

열 살짜리 큰아들 루크는 내게 테니스를 가르쳐 달라고 했다. 우리는 방과 후 집 근처 공원에 가서 테니스 연습을 했다. 루크는 얼마 지나지 않아 가끔씩 좋은 샷을 칠 수 있게 되었다. 사실, 가장 못한 샷을 빼고 가장 잘 친 것만 영상으로 보여 주면 이미 훌륭한 테니스 선수처럼 보일 수도 있다. 하지만 문제는 일관성이다. 이 단계에서는 루크가 서브를 잘 넣기 위해 자신의 몸에 **맡길 수 없다**. 집 근처 테니스 코트에서도 자신의 몸에 맡겨 공이 네트 반대편 의도한 지점에 떨어지게 할 수 있느냐가 열 살짜리 루크와 윔블던 테니스 대회 혹은 미국 오픈 테니스 선수권 대회에서 우승한 선수의 차이다. 윔블던 대회의 우승자들은 가끔 좋은 샷을 치는 것이 아니다. 그들 **자체가** 훌륭한 테니스 선수다. 지금 루크가 학교 테니스 팀에서 활동할 수 있는 이유는 훈련을 통해 일관성을 길렀기 때문이다.

교육을 논할 때 학생들의 '잠재력을 펼칠' 방법을 많이 이야기한다. 하지만 우리는 학생이 삶에서 잠재력을 펼치기 위해 어떤 성품을 길러야 하는지 생각해야 한다. 어떤 지원과 도움을 통해 훌륭한 성품을 형성하는 다양한 덕목을 기르게 할지가 매우 중요하다. 호머는 이렇게 발전한 학생은 이전에 시도하지 못한 것도 도전하며 새로운 가능성을 열 수 있다고 설명한다.

용기와 의연함이 습관처럼 자리 잡고 모든 덕목이 단발성이 아니라 일상적으로 발휘된다면 이전에는 생각지 못했던 것을 모두 해낼 수 있는 힘과 자격이 갖추어진다. 이런 사람은 어떤 행동이라도 할 수 있다. 다른 덕목에도 같은 원리가 적용된다.[68]

문제는 일관성이다. 실력 없는 테니스 선수가 이성을 잃어 흥분한 상태로 공을 쳐도 우연히 승리할 수 있다. "하지만 신뢰할 만한 선수가 되려면 이런 승리는 도움이 되지 않는다."[69] 루이스는 이 점을 분명히 한다.

잘못된 동기로 올바른 행위를 한다면 '덕'이라는 내적 자질이나 성품을 형성하는 데는 도움이 되지 않는다. 이러한 자질 또는 성품이 정말로 중요하다.[70]

물론 '최고의 샷'이라도 기준에 미치지 못할 때가 있다. 어린이와 청소년이 일관성을 기르는 데 힘쓰도록 도울 수는 있지만, 장담컨대 아이들이 항상 선하게 행동하지는 않을 것이다. 아무리 훌륭한 성품 교육을 받았다 해도 말이다. 하지만 학생들이 잠재력을 실현하지 못할 때 어떻게 회복과 용서의 기회를 주느냐에 따라 아주 귀중한 성품 교육의 기회가 되기도 한다.

- 과제 및 토론 질문

1. 학업 성취와 성품은 어떤 관계가 있는가?
2. 루이스가 제시한 테니스 선수 비유가 얼마나 도움이 되는가?
3. 루이스가 자연법을 묘사하기 위해 축구를 예로 든 것은 어떠한가?

4. '가슴 위축'이 만성 질병인 이유는 무엇인가?

5. 기본 덕목은 왜 중요한가?

6. 도란 무엇이며 왜 모든 학교에서 그것이 성품 교육의 기초가 되는가?

7. 루이스의 도와 리코나의 '필수 덕목'의 유사점과 차이점은 무엇인가?

8. 다음 해에 만날 어린이 또는 어린이 집단의 필수 덕목을 어떻게 기를 계획인가?

9. 일부 사람들이 성품 교육을 의심스럽게 생각하는 이유는 무엇인가?

10. 루이스는 학교 교육이 중립적이지 않다는 것을 증명하기 위해 '녹색 책'을 어떻게 사용하는가? 오늘날 사용되는 책 중 '녹색 책'과 같은 예를 찾을 수 있는가?

11. 루이스는 객관적 진리의 중요성을 묘사하기 위해 폭포에서 일어난 일화를 어떻게 사용하는가?

12. 이 장에서 제시한 루이스의 사상 중 어떤 면이 당신의 교육에 영향을 미칠 것 같은가?

2. 기독교 교육
자유를 주는 믿음, 소망, 사랑

> 기독교 덕목을 실천하기 위해 진지하게 노력해 보라. 일주일 정도로는 안 된다.…
> 6주 정도 해 보라. 자신에 관한 몇 가지 진실을 발견하게 될 것이다.
> – C. S. 루이스, 『그리스도인의 행동』[1]

기독교의 가치와 덕목

앞 장에서는 아이들의 덕과 훌륭한 성품을 기르는 데 필요한 부모와 교사의 도덕적 책임을 다루었다. '기독교 신앙 공동체에서 예수 그리스도가 인간 덕목의 모범'이라는 것은 명백한 사실이다. 그러나 예수 그리스도의 덕목은 교육 및 학교 교육에서도 폭넓게 지지를 받고 있다.[2] 많은 사람들이 자기 자녀가 다른 사람에게 봉사하고 겸손하고 공손하며 친절하고 결단력 있고 용감하며 진실하기를 바란다. 기독교 정신으로 세운 좋은 학교들은 성품 교육에 통용되는 가치와 덕목을 내세운다. 최근 어떤 학교를 대상으로 한 사례 연구에서 열네 살 된 학생이 학교의 핵심 가치(결단력, 진실함, 용기, 책임감, 긍휼, 영광스러운 목적, 겸손)가 어디서 왔는지 물었는데, 교장은 이렇게 답했다.

우리는 '학생들이 어떤 모습이면 좋을지, 우리 학교가 어떤 모습이기를 원하는지' 생각했습니다. 마침내 '최고의 인간을 닮은 모습이면 좋겠다'는 말을 하기에 이르렀죠.…그래서 또 물었습니다. '이 세상에서 최고의 삶을 살았던 사람은 누구일까?' 그러자 이런 생각이 들더군요. '예수 그리스도가 최고의 인간이셨지. 그렇다면 예수 그리스도는 어떻게 최고의 삶을 사셨을까?…음, 그분은 먼저 다른 사람을 생각하셨는데, 그것이 겸손이었다. 삶의 모든 큰 어려움들을 결단력과 용기로 극복하셨다. 그리고 무슨 일이든 영광스러운 목적 안에서 올바른 동기로 하셨다. 예수님은 주변 사람들에게 긍휼을 베푸셨고, 그들이 그분을 실망시켰을 때에도 그 마음은 변하지 않으셨다'고 말입니다. 우리 학교의 핵심 가치는 이렇게 해서 나온 것입니다.[3]

이러한 학교는 "사회적 소외 계층 학생들에게 특히 효과적이고", 그렇기 때문에 기독교 공동체를 넘어 "사회의 공동선에 더 많이 기여한다."[4] 모든 자녀는 "하나님의 형상대로 창조"되었고,[5] 부모나 지역 사회의 교육적 성취와 관계없이 존엄성과 발현되지 않은 상당한 잠재력을 가졌다는 유대교-기독교의 신념은 오랫동안 강한 영향력을 발휘한다. 이러한 '믿음'은 사회·경제적 지위와 부진했던 이전 성취 때문에 낮아진 기대를 넘어선다. 최근 연구는 기독교 신앙에서 파생된 가치(예컨대, 절제, 진실성, 긍휼 등)가 학교의 성격에 영향을 주고 비그리스도인에게도 상당한 유익을 줄 수 있음을 보여 준다.[6] 그러므로 목양을 우선순위로 삼고 아이들을 존중하며 대할 때 성품 교육과 같은 '기독교' 교육은 모두에게 도움이 될 것이다.

믿음, 소망, 사랑을 가르치는 교육

앞 장에서 다룬 네 가지 '기본적' 덕목과 더불어 기독교 교육에서 특히 중요한 세 가지 '신학적' 덕목은 믿음, 소망, 사랑이다. 물론 그리스도인이 아니어도 어떤 의미에서 '신학적' 덕목인 믿음, 소망, 사랑을 실천하고자 한다. C. S. 루이스에게 사랑 또는 관대함은 감정이 아닌 의지에서 나오는 행동이다. 그는 전형적인 강력한 어조로 "이웃을 '사랑하는지' 고민할 시간에 이웃을 사랑하듯 행동하라"[7]고 조언한다. 루이스에 따르면, '사랑'이란 "어떤 사람에게 도움이 되기를 바라는 것이지, 좋아하는 감정을 느끼는 것이나 좋지 않은 모습을 좋다고 말하는 것이 아니다."[8] 또한 소망은 확실히 영적 차원의 덕목인데, "영원한 세계를 기대하는" 마음을 수반한다.[9] 교육자들 대부분은 삶에 지금 여기 보이는 물질적인 것 외에 더 많은 것이 있다는 말에 동의할 것이다. 믿음이라는 덕목은 "그리스도께 모든 것을 맡기고"[10] '감정 변화'와 상관없이 '붙잡는 것'이다.[11] 루이스는 믿음을 선택하는 행위를 다음과 같이 설명한다. "일종의 루비콘강이다. 건널 수도 있고 건너지 않을 수도 있다. 하지만 그 강을 건너면 미리 대비할 수 없을 정도로 많은 기적을 만나게 된다."[12]

믿음과 관련하여 아주 중요한 덕목은 겸손이다. 루이스는 "정말 겸손한 사람을 만나 보라.…그 사람은 겸손에 대해 생각하지 않을 것이다. 그는 스스로에 대해 전혀 생각하지 않을 것이니 말이다"라고 말한다.[13] 겸손의 반대이자 가장 심각한 악행은 교만이다. 루이스는 특히 이 악행에 대해 교사와 학생과 학교와 관련지어 설명하면서 스스로를 자랑스럽게 여기면 다른 사람을 무시한다고 주장했다. 그는 "교사들이 사실상 학생의 올바른 행동을 유도하려고 '교만' 또는 그들이 쓰는 말로 '자아 존중감'에 자주 호소한다"는 것을 발견했다.[14] 언어유희 하듯, 소소한 악덕들은 '교만의 독재'로 극복될 수 있다고도 지적한다. 루이스는 수업 시간에 잘했다고 칭찬하거나 기쁘게 하기에 합당한 사람을 기쁘게 한다고 해서 교만해지는 것은 아니라고 말한다. 또한 학교나 학생에게 감탄을 표시한다는 의미라면 '교만'이 반드시 악행은 아니라고 설명한다. 교만은 '뻐기는 태도와 가식적인 행동'이자 속물근성이고 우월감이며, 다른 사람들보다 자기를 더 낫게 여기는 것이므로 매우 무례할 수 있다.[15] 1930년에 아서 그리브스(Arthur Greeves)는 친구에게 자신의 '성품'에서 '끔찍한 점'을 발견했다며 편지를 썼다. "거울 앞에서 가식적 얼굴을 한 나를 보았어. 말하자면 나는 온종일 그런 얼굴이었다네. 옆에 있는 친구에게 할 말을 신중하게 고르는 척하던 중 별안간 (물론 그를 위해서였지만) 내가 얼마나 똑똑한 말을 할 것이고 그 친구가 나를 얼마나 존경하게 될 것인지 생각하고 있는 나에 대해 깨달았다네."[16] 교육적 맥락에서 특히 교만은 피해야 하는 것이지만, 더 깊은 차원으로는 자신이 영적으로 다른 사람만큼 괜찮다고 믿는 것이 어쩌면 더 위험하다(8장을 보라).

루이스는 6주 이상 "기독교의 덕목을 실천하려고 진지하게 노력한다면 스스로에 관해 어떤 진실을 발견하게 될 것"이라고 말한다.[17] "기독교 덕목을 실천하려고 진지하게 노력하는 과정에서 주로 배우는 것은 실패"[18]이며 그 결과 구속의 필요를 느낄 것이다.

요점은 특정한 **성품**의 덕목을 갖추지 않으면 하나님이 그분의 영원한 나라에 들어오지 못하도록 거부하신다는 것이 아니다. 우리 내면에 그러한 덕목의 씨

앗이라도 가지고 있지 않으면 어떠한 외부 조건도 '천국'을 만들어 줄 수 없다는 것이 요점이다. 즉 천국은 하나님이 우리에게 계획하신 깊고 강하고 흔들리지 않는 행복으로 기뻐하는 곳이다.[19]

기독교와 성품 교육의 관계를 명확히 규명하는 것이 중요한데, 일반적으로 성품 교육을 '기독교적' 행동을 장려하는 것으로 보는 경우가 많기 때문이다. '행위'도 두말할 필요 없이 중요하지만, '믿음'을 대체할 수는 없다. 일부 그리스도인들이 성품 교육을 조심스러워하는 이유도 여기에 있다. '선한' 사람이 되는 것과 '그리스도인'이 되는 것에는 큰 차이가 있다. 성경은 우리의 의로운 행위와 훌륭한 성품은 모두 '더러운 누더기', 곧 '오염된 옷'과 같다는 메시지를 담고 있다.[20] 종교개혁자들이 주장했듯, 우리는 행위나 선한 성품이 아닌 믿음을 근거로 그리스도께 나아갈 수 있다. "너희는 그 은혜에 의하여 믿음으로 말미암아 구원을 받았으니 이것은 너희에게서 난 것이 아니요 하나님의 선물이라. 행위에서 난 것이 아니니 이는 누구든지 자랑하지 못하게 함이라."[21] 선한 성품으로는 구원을 얻을 수 없다. 하지만 탁월한 성품을 위해 애쓰다가 거기에 미치지 못했을 때 비로소 구원이 필요하다는 사실을 깨닫는다. 루이스는 "선해지려고 애써 보지 않은 사람은 자기가 얼마나 악한지 모른다"고 말한다.[22]

예수님의 삶과 일, 가르침과 목양은 학교에서 덕목을 기르기 위한 자원을 풍성하게 제공한다. 기독교 학교들은 학생들 안에 좋은 성품을 기르고 그리스도와 같은 성품이 자라나도록 노력해야 한다. 그리스도의 사역에 기초한 교육은 학생과 가족에게 믿음, 소망, 사랑을 준다. 최근 어느 기독교 학교의 교장은 학교의 목표를 묻는 질문에 다음과 같이 답했다.

나의 목표는 어려움을 겪어 왔고 또래와 어울리지 못하며 자신감 없고 자기 가치를 모르는 학생들, 가정에서 끔찍한 시간을 보내고 여기 오는 아이들이다. 그 학생들이 실제로 자신감을 얻고 자기의 가치를 발견하고 학교를 즐거워하며 친구를 사귀고 용납받고 잠재력을 최대로 펼치게 하는 것이 목표다. 그 아이들이 신문 머리기사를 장식하지는 않더라도, 나에게 [이 학교가] 존재하는 이유는 바로 그것이다.[23]

믿음, 소망, 사랑으로 얻는 해방

진정한 기독교 교육은 학생들을 해방시키고 자유로 향하는 선택을 하게 한다. 그리스도인들은 어린이와 청소년을 참혹한 현실과 압제와 절망에서 해방시키도록 부름받았다. 그리스도께서 공생애를 시작하실 때 사명을 선언하셨던 누가복음 4:18-19에서 예를 찾을 수 있다.

주의 성령이 내게 임하셨으니 이는 가난한 자에게 복음을 전하게 하시려고 내게 기름을 부으시고 나를 보내사 포로 된 자에게 자유를, 눈 먼 자에게 다시 보게 함을 전파하며 눌린 자를 자유롭게 하고 주의 은혜의 해를 전파하게 하려 하심이라.[24]

기독교 교육과 그리스도인 교사의 일은 학생을 자유로 이끄는 것이다. 내 막내아들이 학교에서 '루이스에게 편지 쓰기'를 했는데, 여섯 살 때까지 들어 온 『나니아 연대기』 이야기 중 『새벽 출정호의 항해』에서 내로하벤 노예를 해방시킨 내용을 골랐다. 아마 여름방학 동안 영국 노섬벌랜드의 성들을 구경하며 투구와 갑옷을 입고 할아버지가 만들어 주신 목검과 방패를 휘두른 경험도 한몫 했을 것이다. 소설에서는 캐스피언 왕이 내로하벤 거리를 행진하는 모습을 아주 극적으로 묘사한다.

캐스피언 왕은 깃발을 선두에 세우고 나팔수에게 나팔을 불라고 지시했다. 모든 병사들이 칼을 뽑아 들고 엄숙하면서도 환희에 찬 표정으로 행진을 시작하자 거리가 온통 뒤흔들리는 듯했으며, (햇빛이 쨍쨍한 아침이라) 갑옷이 어찌나 번쩍거리는지 사람들은 눈이 부셔서 그들의 모습을 똑바로 쳐다볼 수조차 없었다.[25]

빛나는 갑옷을 입은 젊은 캐스피언 왕은 총독 굼파스의 직위를 해제한 후 노예 시장으로 성큼성큼 걸어가 노예들과 노예를 사고파는 사람들에게 단호하게 선언한다. "짐은 이 시장의 노예를 해방시키겠노라." 우리 집 막내는 어떤 이유에서인지 그때 노예였던 사람이 느꼈을 기분에 집중했다. 아이는 이렇게 말했다.

노예에서 해방된다면 삶 전체가 완전히 다시 시작되는 기분일 거예요. (젬 파이크, 6세)

캐스피언 왕을 상상해 보면 그의 매력을 인정하게 될 것이다. 눈부시게 빛나는 갑옷을 입고 손에 칼을 들고 자유를 선언하며 포로 된 노예를 해방시킨다. 루이스는 그리스도가 "첫 사람 [아담]이 죽은 후 잠겨 있던 문을 여셨다"고 선언한다.

그는 죽음의 왕을 만나 싸워서 이기셨다. 그가 그렇게 하심으로써 모든 것이 달라졌다. 새 창조가 시작된 것이며, 우주 역사의 새로운 장이 열린 것이다.[26]

'모든 것'이 달라졌다면 교육 및 학교 교육도 여기에 반드시 포함된다. 그렇다면 '우주 역사의 새로운 장'에서 이루어지는 교육은 어떤 의미일까? 교육은 희망을 가르친다. 모든 분야에서 기대감을 고취시키고 학생들에게 영감을 불어넣는다. 가르침은 신념을 강화하고 자율권을 부여하는 것이지, 이해하기 어렵고 결실을 맺지 못하며 생기 없고 억압하는 것이 아니다. 교육은 생동감 있고 열의에 차 있으며 활기차고 학생에게 자유를 준다. 해방이라는 주제는 루이스의 소설에 자주 등장한다. 그의 소설에서는 '믿음의 한 걸음'을 통해 자유를 얻는 등장인물을 자주 볼 수 있다. 『은 의자』의 등장인물 질은 자기와 시냇물 사이에 남자아이와 여자아이를 비롯해 모든 왕국을 삼킨 큰 사자가 앉아 있는 것을 보고 두려워했지만 물을 마시기로 결심한다. 그 결과 지금껏 마셔 본 것 중 가장 상쾌한 물로 갈증을 해소할 수 있었다.[27] 『그 가공할 힘』에서 마크 스터독은 마침내 벨버리에 위치한 가짜 과학 연구소인 '국가 공동 실험 연구소'의 영향에서 벗어난다. 그는 자유를 얻고자 의지와 확신을 가지고 처음으로 잔디밭을 가로지르던 중 바로 전날 수하에서 빠져나온 위더 부소장을 만난다. 그가 용기 있게 맞서자 위더가 환영임이 드러나고 환영은 곧 사라진다.

기독교 교육은 학생이 잘 **보고 듣게** (또 행동하게) 한다. 또한 학생들이 삶의 모든 영역에서 진리를 추구하도록 영감을 불어넣을 것이다. 이는 『마법사의 조카』에 등장하는 앤드루 삼촌과는 딴판이다. 그는 나니아가 창조될 때 아름다운 노랫소리가 아닌 사자가 으르렁거리는 소리를 들었다고 여긴다. 큰 사자가 노래를 할 리 없다고 굳게 믿었기 때문이다. 사자가 노래하자 앤드루 삼촌은 "그 노래를 매우 싫어했다." "생각하고 싶지 않은 것을 생각하게 하고 느끼고 싶지 않은 것을 느끼게 했기 때문이다."[28] 앤드루 삼촌이 믿기를 거부한 후 이내 그는 "듣기 원했더라도 아무것도 들을 수 없었을 것이다."[29] 이 소설의 화자는 "실제보다 더 어리석어지려고 하면 문제는 정말로 그렇게 될 때가 많다는 것"이라고 말한다.[30] 앤드루 삼촌은 "위대한 순간이 왔을 때" 그리고 동물들이 말하는 기적이 시작됐을 때, "무슨 일인지 전혀 파악할 수 없었다."[31] "당신이 보고 듣는 것은 상당 부분 당신이 어디에 서 있는지 그리고 당신이 어떤 사람인지에 달려 있다"는 말은 교육적 가르침의 속성을 잘 보여 준다.[32]

고백적 기독교 교육

고백적 기독교 교육은 어린이가 특정 부류의 사람이 되도록 돕는다. 어떤 기독교 학교는 지역 사회 전체를 섬기고 리코나의 '필수 덕목'과 유사하게 보편적으로 지지받는 핵심 가치를 표방하지만, 특히 고백적 기독교 교육을 통해 어린이를 양육하려는 학교와 부모도 있을 것이다. 기독교 신앙 안에서 자녀를 양육하는 것은 분명 그리스도인의 책무다. 『마법사의 조카』에서 아슬란은 프랭크의 성품과 자녀에게 제공할 교육에 근거하여 그가 왕이 되기에 적합하다고 판단한다. 루이스는 무엇보다 성경을 잘 알고 있었다. 그래서 자녀 교육에 관한 책임 면에서 나니아 최초의 왕과 유대인 및 그리스도인의 조상 아브라함 사이에는 유사점이 있다.

내가 그로 그 자식과 권속에게 명하여 여호와의 도를 지켜 의와 공도를 행하게 하려고 그를 택하였나니 이는 나 여호와가 아브라함에 대하여 말한 일을 이루려 함이니라.³³

이것의 중요성을 인식하고, 또 유대교의 계율[또는 미츠바(*mitzvah*)]에 따라 매일 두 번씩 암송하는 주요 기도문이 **신자의 자녀 교육 및 가르침과** 관련이 있음을 인식하는 것이 중요하다. "쉐마 이스라엘"(*Shema Yisrael*: 이스라엘이여 들으라, 또는 히브리어로 שמע ישראל)이라는 두 마디는 유대인이 아침과 저녁 기도회에서 중점을 두는 히브리 성경 토라(Torah)의 구절에서 제일 먼저 나오는 말이다.

이스라엘이여 들으라 우리 하나님 여호와는 오직 유일한 여호와이시니 너는 마음을 다하고 뜻을 다하고 힘을 다하여 네 하나님 여호와를 사랑하라 오늘 내가 네게 명하는 이 말씀을 너는 마음에 새기고 **네 자녀에게 부지런히 가르치며**…³⁴

『은 의자』의 아슬란은 오래 참는 교사로서 질 폴에게 '네 가지 표시'와 그가 지시한 것을 매일 아침과 저녁에 반복하게 하는데, 이 장면은 '고백적' 교육을 보여 준다. 질이 그 표시를 잊지 않고 정확히 따라가면 여정을 무사히 마칠 수 있다. 루이스는 신앙의 습관을 기르기 위해 다음과 같이 조언한다.

기독교를 받아들였다면 그다음 [단계]는 기독교의 주요 교리 중 일부를 매일 일정한 시간에 의식적으로 기억하는 것이다. 그래서 매일 기도를 하고 신앙 관련 독서를 하며 교회에 참석하는 것이 그리스도인의 삶에서 필수적이다. 우리는 믿는 바를 계속해서 상기해야 한다.[35]

루이스는 매일 성경을 읽고 연구하며 기도하고 교회에 참석하며 자신의 생각과 기독교 세계관을 동시대 사회 문제에 적용하는 것을 기독교 교육에 참여하는 사람의 핵심 영역으로 여긴다.[36] 또한 교제(fellowship)의 중요성도 명확히 알고 있었다. 『마지막 전투』에는 다음과 같은 내용이 나온다.

그 두 분(디고리 커크 교수와 폴리 이모)이 재미를 위해 우리 모두를 모이게 하시기도 했지만, 덕분에 우리 모두는 나니아에 대해 실컷 이야기할 수 있었다.[37]

이 장면에 등장하는 사람은 일곱 명으로 적당한 숫자다. 피터, 루시, 에드먼드, 유스터스, 질 이렇게 다섯 아이와 어른 두 명이다. "나니아에 대해 실컷 이야기할" 때는 물론 디고리와 폴리가 어릴 적 친절한 프랭크와 날개 달린 말 플레지를 만난 모험담도 나올 것이다. 그다음에는 아이들이 저마다 경험을 이야기하고 유스터스는 용이 되었다가 아슬란 덕분에 다시 사람이 된 일을 떠올릴 것이다.

『새벽 출정호의 항해』에는 생생한 묘사가 나온다. 유스터스는 용이 되어 사는 삶, 불쾌한 파충류의 껍질이라는 함정에서 해방되었고, 아슬란을 따르는 루시와 에드먼드와 캐스피언을 다시 만났다. 하지만 이 과정은 결코 쉽지 않았고 고통도 따랐다. 유스터스는 에드먼드에게 자신이 어떻게 자유를 얻고 다시 태어났는지 설명하면서, 아슬란이 "내가 네 옷을 벗겨야 한다"고 한 이야기를 해 주었다. 그는 무서웠지만 너무 절박해서 "그냥 등을 바닥에 대고 아슬란이 그렇게 하도록 두었다."³⁸ 이 일은 유스터스 혼자서 할 수 없는 일이었다. 그는 자신이 경험한 영적 거듭남과 '세례'를 다음과 같이 설명한다.

맨 처음에는 발톱이 어찌나 깊이 파고들던지, 심장까지 들어온 줄 알았어. 사자가 껍질을 벗기기 시작하는데 태어나서 그렇게 아파본 건 처음이었어. 그저 그 껍질이 벗겨진다는 기쁨 때문에 그 고통을 참을 수 있었지. 너도 상처에 앉은 딱지를 떼어 봤으면 알거야. 엄청 아프긴 하지만 떼어지는 걸 보면 재밌잖아.…그렇게 해서 사자는 그 징그러운 껍질을 단번에 벗겨 냈어. 내가 세 번이나 벗겨 낸 것처럼 말이야. 물론 내가 할 땐 그렇게 아프진 않았지. 그 껍질은 풀 위에 놓여 있었어. 그 어떤 것보다 두껍고, 검고, 우둘투둘하더라고. 그리고 나는 껍질 벗긴 나뭇가지처럼 부드럽고 매끈매끈한 모습이었어. 원래 내 모습보다 작아져 있더라고. 그다음엔 사자가 나를 잡았는데, 이제 껍질이 없어져서 피부가 부드러운 상태라 그다지 좋지는 않았어. 그러고는 사자가 나를 물에 던졌어. 온몸이 따끔거렸는데 아주 잠깐이었어. 그다음에는 그렇게 기쁠 수가 없더라고.³⁹

유스터스가 아슬란을 만나 용의 모습에서 벗어나는 영적 거듭남을 경험한 후, 그의 성품은 변하기 시작한다. 사고방식과 우선순위가 바뀐다. 친구들과 '선생님들'이 그의 변화를 돕는다. 유스터스에게는 나니아와 아슬란을 함께 경험한 사촌들이 있다. 그의 또래 집단은 아슬란을 따르는

'믿는 자'들이 구성원이다. 유스터스가 용으로 변하기 전에는 사촌 에드먼드와 루시를 아주 싫어했지만, 이후에는 그들과 함께 있는 것을 즐거워한다. 예전 모습으로 돌아가려는 사소한 일화가 있기는 하지만, 그의 영혼(생각, 의지, 감정)은 나아졌다. 루이스는 『기적』(Miracles)에서 이런 방식으로 "거듭난 사람은 자기 안에 계신 그리스도의 생명으로 마침내 자기 영혼이 그의 영과 조화를 이루는 것을 깨닫는다"고 설명한다.[40]

선택 옹호하기

선택과 자유 의지는 성품 교육과 기독교 모두에서 필수적이다. 엘머 티센(Elmer Thiessen)은 『헌신을 위한 교육』(Teaching for Commitment, 1993)에서 '보편적 자율성'이라는 개념을 기독교의 가치로 다룬다. 기독교 메시지를 받아들이지 않을 권리도 존중해야 하기 때문이다. 그래서 예수님이 마가복음에서 그분을 따르기로 개인적 결정을 하기보다 '사람의 전통'을 따르는 이들을 비판하시는 점을 지적한다.[41] 엘머는 "기독교적 양육의 목표는 기독교 복음에 자유롭고 독립적인 반응을 하게 하는 것이며, 단순한 전통주의에 물들지 않은 진정한 그리스도인의 헌신을 장려한다"고 말한다.[42] 기독교 신앙에 또 한 가지 필수적인 부분인 자유 의지는 자율성이라는 교육의 이상과 공통점이 매우 많다. 그 밖에도 루이스는 "궁극적이지 않은 문제들에 관해 열린 마음을 갖는 것은 유익하지만", 그 문제들이 마땅히 "신앙의 문제"라면 "궁극적인 토대에 관해" 그런 마음을 품는 것은 "어리석은 일"이라는 관점을 취한다.[43]

젊은 시민들의 종교적 자유가 존중받으려면, "종교의 진리 선언이 개인적 문제일 뿐"이라는 세속주의 관점이 우위를 차지해서는 안 되며, 학교는 "어린이와 부모가 가진 종교적 신념을 진지하게 고려해야 한다."⁴⁴ 어린이에게 행하는 종교적 양육이 자유를 박탈하는 것이라고 비판하는 사례가 많지만, "반종교적 견해를 가진 교사와 세속주의 관점을 취하거나 종교적 배경이 있는 가정에 둔감한 학교 정책은 종교적 견해를 견지하는 교사만큼이나 어린이의 반응과 판단을 제한할 수 있다는 점을 인식해야 한다."⁴⁵ 기독교 학교에서 특정 진리 선언을 드러내는 것에 대해 우려한다면, 모든 학교가 진리 선언을 표현하고 있음을 인식할 필요가 있다. 일반 학교는 중립적이고 기독교 학교는 '편향'되었다고 주장한다면 비판을 면하기 어렵다. 모든 학교는 특정 신념과 가치 위에 세워지기 때문이다.

물론 그리스도 안에서 신앙을 갖기로 결정하는 것은 개인의 선택이며 모든 학교는 종교 문제에 있어서 학생들의 결정을 존중해야 한다. 하지만 우리는 갈수록 세속화되는 사회에서 아이들이 마주하는 상황을 고려해야 한다. B. G. 샌드허스트(Sandhurst)가 쓴 『영국은 얼마나 세속적인가?』(How Heathen is Britain?, 1947)의 서문에서 루이스는 다음과 같이 주장한다.

> 젊은 세대들이 그리스도인의 신념과 기독교를 옹호하는 주장을 한 번도 들어 본 적이 없다면, 그들이 불가지론을 취하거나 기독교에 무관심한 것은 충분히 설명된다.⁴⁶

그가 관찰한 학교 교육 제도에서 학생들 대부분은 기독교를 옹호하는 주장을 들어 보지 못했다. 루이스의 주장은 다음과 같은 어린이를 설명하는 해리 브리그하우스(Harry Brighouse)의 논지와 비슷하다.

[이 아이는] 무신론자 부모 밑에서 자랐고 이웃 중에 종교적 신념을 드러내어 말하는 사람이 거의 없었다. 그리고 대중문화는 종교적 헌신과 실천을 개인적인 것으로 치부했다.[47]

브리그하우스는 그 아이가 "영적 생명에 관한 것을 충분히 유의미한 방식으로 배워서 그 내용을 자율적으로 받아들이는 것이 가능할 만큼 과연 자유로운가?"라고 질문한다.[48]

"종교를 고수하는 것이 사람, 특히 젊은 사람이 상상할 수 있는 가장 '촌스러운' 사회 활동 중 하나"인 상황이라면,[49] 또한 누군가는 젊은층이 종교에 반(反)하는 생각을 주입받고 있음을 주장할 수 있다. 세속적 주입이 일어나고 있다는 주장은 심각하게 받아들일 문제다. 옥스퍼드 대학의 테렌스 코플리(Terence Copley) 교수는 다음과 같이 말했다.

지금 이 순간에도 우리에게 어떤 생각이 주입되고 있다면, 우리는 알아차릴 수 있을까?…그런 주입이 지금도 일어나고 있다면, 종교적인 것과 세속적인 것 중 어떤 쪽에 더 가까울까? 다시 말해, 오늘날의 사회에서 주입하는 것은 종교적 생각인가 아니면 종교에서 벗어난 생각인가?[50]

기독교 학교에 대해 매우 비판적인 한 연구자도 어떤 사상이 주입되는 일이 "공교육 내에서 드물지 않게 일어난다"는 점을 발견했다.[51] 게다가 옥스퍼드 대학의 교육 학장이었던 리처드 프링(Richard Pring) 교수는 이런 점을 지적한다.

종교적 신념과 태도를 기르는 교육에 반대하는 주장은 특정한 도덕 법칙이나 태도를 가르치는 것을 공공연하게 비판하는 주장과 유사할 것이다.…주입은 상당 부분 미디어의 세속적 전제와 종교에 냉담한 인본주의자의 관점에서 이루어진다.[52]

티센은 양육에는 자녀에게 어떻게 살고 무엇을 믿을지 가르치는 일이 반드시 따르기 마련이므로, 가정과 학교에서 기독교적 양육을 하는 것은 전적으로 정당하다고 본다. 루이스도 자유를 강력하게 옹호하는 사람으로서, 그리스도인은 자유 국가에서 다음과 같은 권리를 누려야 한다고 주장했다.

[그리스도인은] 자기 방식대로 삶을 살고 가정을 자기의 성(城)으로 여기며 노동의 결실을 즐기고 **양심의 지시에 따라 자녀를 양육할 수 있어야 한다**.[53]

마지막 주장은 부모에게 "자녀가 받을 교육의 종류를 선택할 권리"를 허용하는 "세계 인권 선언" 26조 3항과 궤를 같이한다. "유럽 인권 조약"을 포함하는 "영국 인권법 1998"은 "국가는 부모가 자신의 종교적·철학적 신념에 따라 자녀를 교육하고 가르칠 권리를 존중해야 한다"고 명시하고 있지만(영국 인권법 1998, 부칙 1, 2편 2조), 모든 부모가 이 '권리'를 누리고 있는 것은 아니다. 미국에서도 일부 일반 공립학교와 다수의 그리스도인 부모가 교육하려는 가치 사이에는 큰 차이가 있을 것이다.

기독교 성품 교육

제임스 헌터(James D. Hunter)는 『성품의 죽음』(The Death of Character, 2008)에서 가정과 학교와 청소년 문화의 가치가 일치할 때 도덕과 성품 교육이 최선의 효과를 낼 수 있다고 주장했다. 삶의 다양한 양상이 합의를 이루는 사회, 즉 "학교와 청소년 기관과 지역 사회가 도덕적 문화를 공유하여 통합되고 서로 강화하는 사회"에 산다면 일관성이 확보될 것이다.[54] 포괄적 윤리 문화란 어린이의 삶에 존재하는 다양한 맥락이 서로를 강화하고 동일한 가치를 가르치는 문화를 말한다. 과거 서양에서는 어린이가 학교, 가정, 교회를 오가며 생활했고 어린이가 접하는 맥락이 일치했기에 이런 양상은 더욱 강했을 것이다. 그러나 요즘 대다수 어린이의 삶에 존재하는 다양한 영역은 예전만큼 가치의 일치를 보이지 않는다. 미국과 영국 및 다른 많은 나라의 국·공립학교에서는 그리스도인 부모와 가정의 가치를 강화하고 있지 않을 것이다. 어린이가 대중 매체와 디지털 텍스트에 노출되는 동안에는 부모나 가족의 가치가 약화될 수 있다. 헌터는 국·공립학교에 다니는 어린이와 청소년에게 포괄적 윤리 문화와 단절되어 이제 성품 교육이 불가능해졌다는 관점을 가지고 있다. 그러나 그리스도인 부모의 가치와 일맥상통하는 포괄적 윤리 문화를 제시하고, 도덕과 성품 교육의 토대를 특정 기독교 서사와 가르침에 두는 기독교 학교도 있다.[55]

헌터는 세속성과 다원주의가 심화되는 사회에서는 훌륭한 성품을 배양할 사회·문화적 조건이 약화되어 왔다고 주장한다. 『성품의 죽음』에서는 인간 '폐지'를 낳는 맥락이 있다고 논지를 펼친다. "성품은 죽었고 그것을 되살리려고 해도 큰 성과를 얻지 못할 것이다. 성품의 시대는 이미

지났다"고 말한다.⁵⁶ 헌터는 "19세기 대부분과 20세기 전반까지는 강력한 제도와 개신교-공화당 습성에 따른 이상이 국가 고유의 이상, 도덕적 감수성, 도시의 기풍에 광범위하게 드러나 있었다"고 생각한다.⁵⁷ 하지만 다원주의가 심화되는 지금은 그 시대와 확연히 다르다.

우리는 이러한 문화 시대의 도덕적 어휘를 물려받았지만, 그 어휘에 포괄성, 일관성, 설득력을 부여하는 습성은 옅어지기만 했다. 가족이란 무엇인가? '가족의 가치'는 무엇인가? 자녀를 양육하는 이상적 방법은 무엇인가? 아이들에게 삶의 의미가 무엇이라고 말해야 하는가? 그 의미는 어디서 찾고, 어떻게 얻을 수 있는가? 훌륭한 삶을 살기 위한 원칙은 무엇이라고 말해야 하는가?⁵⁸

헌터에 따르면, 성별과 성, 가족, 관용, 자유 등에 관한 논쟁은 "문화의 가장 깊숙한 곳에서 어느 정도 합의를 이룬 (혹은 적어도 반대하지 않았던) 부분이 와해되고 있음을 점차적으로 보여 주는 신호다."⁵⁹ 이런 관점은 논리적으로 문화의 일관성이 와해되면 그 문화의 산물인 학교에서 이루어지는 도덕 및 성품 교육도 일관성을 잃는다는 주장으로 귀결된다.

베일러 대학교의 페리 글랜저(Perry Glanzer) 교수는 "도덕 교육 기관이 성품을 죽였는가?"라는 제목으로 헌터의 책에 대해 중요한 비평을 제시한다.⁶⁰ 그는 '성품의 죽음'은 '살인'이 아니라 점진적인 인간의 폐지로, "공립학교의 생기 없는 성품 교육은 꽤 많은 사람들의 성품을 지속적으로 약화시켜 어느 날 실제로 성품의 죽음을 눈으로 확인할 것"이라고 말한다.⁶¹ 분명 "자유주의 전통이 시작하던 때부터 사회의 분열로 인해 공통된 종교적 믿음을 기준으로 통일을 이루려 하지 않을 것이라는 위험이 있어 왔는데, 포괄적 자유주의는 분열을 일으키는 세속적이고도 종교적인 믿음을 닮은 유사체에서 정당성을 찾으면서 그 위험을 악화시킨다고 볼 수 있다."[62] 그러나 글랜저 교수는 리코나 교수처럼 매우 존경받는 성품 교육자도 "'덕' 개념을 기독교 등의 특정 전통과 분리시키는 방식을 취한다"고 설득력 있게 주장을 펼친다. 그는 미국 공립학교에서 도덕 및 성품 교육이 소멸된 이유는 "도덕을 교육하는 이들에게 특수성을 배제한, 모두가 수용할 수 있는 형태의 도덕 교육을 하도록 장려하는 현재 미국 공교육의 구조" 탓이라고 지적한다.[63] 부모가 학교 교육에서 자녀가 경험할 포괄적 윤리 문화를 선택할 수 있느냐가 중요한 문제다. 그는 미국 국립 학교 교육을 언급하면서 다음과 같이 말한다.

> 미국식 도덕 교육은 도덕적 자율성을 길러 주지만, 거기에는 분명 포괄적 윤리 문화를 구성하는 요소는 존재하지 않는다. 그래서 미국의 도덕 교육이 도덕적 훈육과 확고한 신념을 육성할 수 있는지도 의문이다."[64]

이 문제의 뿌리는 "공립학교에서 공표되는 도덕 교육이 전통과 특수성의 제약을 받아서는 안 된다고 믿는 미국 교육자가 매우 많다는 데 있다."[65] 워싱턴 D. C.에서 열리는 학회에 어떤 기독교 학교의 성품 교육 사례를 발표하려고 갔을 때 일이다. 학회 안내지에 내가 '기독교'라고 써서 보낸 단어가 '종교'로 변경되어 있었다. 주최 기관은 그렇게 하는 것이 '편파적'이지 않기 때문이라고 했다. 나는 지식적으로나 경험적으로나 내가 발표할 학교의 가치는 그리스도의 삶과 행위, 가르침, 돌봄에서 나왔다고 하는 것이 정직하다고 지적했다. 그 학교의 기풍은 불교의 부처나 이슬람교의 마호메트에게서 나온 것이 아니다. 하지만 이 일화는 편파적이지 않은 것이 중립적이라는 신념을 보여 주고 있다. 이처럼 '특수성'을 배제하는 것은 근본적 문제점을 드러낸다. 루이스는 헌터의 관점에는 틀림없이 동의했을 것이다.

> 문제는 성품이 누가 '선정해서' 공표하거나 위원회가 '양심적으로 선택하거나' 다양한 전문가 집단이 협의하거나 국회의원들이 법으로 제정하는 가치를 통해 길러지지 않는다는 점이다. 이러한 가치는 따를 수밖에 없는 본질적 신성함이라는 속성을 잃었고, 그 결과 사람에게 영감을 주거나 수치심을 느끼게 만드는 힘도 사라졌다.[66]

하지만 루이스와 헌터는 가치의 원천에 관한 문제에서 극명한 관점의 차이를 보인다. 헌터는 "우리가 도덕적 감수성 중 '선천적'이라고 생각하는 부분은 문화적 자원에서 나왔는데, 그 자원은 이제 점차 사그라지고 있다"고 말한다.[67] 반면 루이스에 따르면, 선천적이고 객관적인 가치가 실제로 **있다**. 헌터는 성품이 "그것을 형성한 문화와 분리될 수 없다"고 여긴다.[68] 루이스도 분명 이 문제를 중요하게 생각했을 것이다. 그렇지 않았다면 '녹색 책'에 들어 있는 가치를 그렇게 심하게 비판하지 않았을 것이다. 그러나 가치가 문화에서 파생되었다고 보는 헌터와 달리, 루이스는 가치가 문화 밖에 존재한다고 지적한다. 가치는 사회적 구성물이 아니며, 그 가치가 믿어지는가와 관계없이 객관적이고 참되다.

"우리는 생식력을 거세하고는 다산하기를 기대하고, 명예를 비웃으면서도 자기 무리에서 배신자를 발견하면 충격에 빠진다"는 루이스의 결론은 『인간 폐지』에서 가장 인상적인 대목이다.[69] 『성품의 죽음』에서 헌터도 매우 유사한 관점을 표한다. "우리는 도덕이라는 꽃이 활짝 더 많이 피기를 간절히 바라면서도 그 꽃을 땅에서 뽑아 버리곤 했다." 또한 "(우리는 주장하기를) 도덕적 성품을 도저히 얻을 수 없는 조건 속에 있으면서도 그런 성품이 양육되기를 절실히 바라고 있다"고 지적한다.[70] 루이스의 말처럼 "우리가 얻을 수 없게 만들고 있는 바로 그 성품에 대해 우리는 계속해서 가치를 든다."[71]

도널드 윌리엄스(Donald Williams)는 인간은 창조된 존재이므로 "가치가 완전히 주관적일 수는 없으며" 창조자의 가치 판단은 실제로 존재한다고 말하며, "그러므로 이를 발견하는 것이 가치 있는 삶을 원하는 인간이 그것을 성취할 수 있는 길"이라고 보았다.[72] 신약성경에서는 유대교-기독교 전통에 속하지 않은 사람에게도 "율법이 요구하는 바가 **마음에 새겨져 있고, 양심이 증거가 된다**"는 사도 바울의 진술을 통해 자연법(도)이 보편적이라는 증거를 찾을 수 있다.[73] 이 서신서가 작성되던 것과 비슷한 시기에 키케로(Cicero)는 "영원히 변하지 않는 진정한 법"이 있음을 선포했다 [『국가론』(De Republica) 11:33].[74] 토마스 아퀴나스(Thomas Aquinas)는 『신학대전』(Summa Theologica)에서 자연법에는 "첫째, 누구나 알고 있는 가장 일반적인 계율이 있고, 다음으로 이차적이고 더욱 세부적인 계율이 있는데, 두 번째 계율은 첫 번째 계율을 밀접하게 뒤따르는 결론이라 할 수 있다"고 말한다. 또한 자연법의 두 번째 계율은 "악한 의도를 가지고 설득하는 말이나…악한 관습, 부패한 습관…비정상적 악행에 의해 인간의 마음에서 지워질 수 있다"고 주장한다.[75] 루이스는 『순전한 기독교』에서 "문명과 시대에 따라 나타나는 도덕성도 매우 다르다"는 주장에 "사실이 아니다"

라고 정면으로 반박한다.[76] 하지만 그 주장을 사실이 아니라고 하려면, 도덕성의 큰 불일치가 일어나는 성적·종교적 관습을 배제해야 한다. 루이스는 "도덕성의 불일치가 발생하는 데까지 가지 않고 합리적인 사람들이 동의하는 부분만을 관계하는 것이 처음에는 이치에 맞아 보일 수 있다"고 인정하면서도 "과연 그것이 가능한지" 반문한다.[77]

일부 가정과 학교는 기독교 신앙의 진리 주장을 제시하면서 성 윤리에 관한 문제에서 기독교의 전통적 입장을 고수할 것이다. 루이스는 이성 간의 결혼 바깥의 **어떤** 성적 행위도 죄라고 생각한다. "배우자에게 완전히 충실한 결혼이 아니면 완전한 절제를 택하는 것"이 기독교의 원칙이라는 단호한 입장을 취한다.[78] 반면, 대부분의 세속적인 성교육 프로그램에서는 당사자가 합의하지 않은 성관계가 잘못이라고 하며 건강을 유지하고 성병과 에이즈의 위험을 피하는 것만 강조하는 경향이 있다. 로저 스크루톤(Roger Scruton)에 따르면, "학교 성교육은 오히려 수치심을 갖지 말라고 장려한다."[79] 세속적인 국·공립학교는 성교육을 논할 때 유대교-기독교 전통의 서사와 같은 "우리가 이해하는 성의 개념에 영향을 주는 주요 서사"에 관해서는 말하지 않으려는 경향이 매우 강하다(5장을 보라). 글랜저 교수에 따르면, 국·공립학교가 "포괄적 윤리 문화의 각 요소(선과 악, 원리에 관한 같은 이해를 전달하고 공동체와 모범을 강화하는 서사)를 포함"시키기보다,[80] 스스로 제한하여 대부분이 동의할 수 있는 것만 가르치려고 한다.

반면, 많은 기독교 학교들은 좀더 나아간다. 기독교의 기준은 한 번에 한 사람에게만 충실하면 된다고 명시하는 다른 규정들보다 더 높고 엄격하다. 그러나 루이스는 "이 기준을 따르면서 도움을 받을 수 있다"고 생각한다.[81] 실패가 가장 큰 문제라면 "항상 다시 해 보라"[82]고 강조한다. 선을 행하려는 시도만으로도 "희망이 있기에"[83] 절망하지 않고 "실패를 용서받을 수 있는"[84] 곳으로 올 수 있음을 기억해야 한다. 기독교의 도덕성은 성과 관련된 행동에 중점을 둘 때가 많고 "이 일은 실제로 **심각하다**."[85] 하지만 루이스에게 '육체의 죄'는 최악의 죄와는 거리가 멀다. 자기 의를 영적으로 훨씬 심각한 죄로 여겼다. "매주 교회에 참석하면서 자기 의를 내세우는 차가운 사람이 몸을 파는 사람보다 지옥에 갈 가능성이 훨씬 높기" 때문이다.[86]

성품 교육이 개종 전과 후에 모두 중요하다는 것은 분명 사실이다. 올바른 생각으로 성품 교육을 행한다면 "믿음에 덕을 더하라"는 사도 바울의 가르침을 추구하게 될 것이다. 더 완전한 가르침은 이것이다.

더욱 힘써 너희 **믿음**에 **덕**을, 덕에 **지식**을, 지식에 **절제**를, 절제에 **인내**를, 인내에 **경건**을, 경건에 **형제 우애**를, 형제 우애에 **사랑**을 더하라. 이런 것이 너희에게 있어 흡족한즉 너희로 우리 주 예수 그리스도를 알기에 게으르지 않고 열매 없는 자가 되지 않게 하려니와.[87]

- 과제 및 토론 질문

1. 기독교 교육의 목표는 무엇인가?
2. "우주 역사의 새로운 장"에서 학교 교육은 어떤 모습인가?
3. 교만은 왜 심각한 악이며, 겸손은 학교 교육에서 그렇게 중요한가?
4. 기독교의 덕목을 실천하는 과정에서 무엇을 배우는가?
5. 신학적 덕목은 무엇이며, C. S. 루이스는 그 덕목을 어떻게 정의하는가?

6. 기독교 성품 교육은 무엇이고, 신약성경에서는 덕을 기르는 것을 어떻게 나타내고 있는가?

7. 그리스도인들이 자녀 교육에 관해 유대교에서 배울 수 있는 것은 무엇인가?

8. 루이스는 그리스도인들이 매일 무엇을 해야 한다고 말하는가?

9. 기독교 학교와 그리스도인 부모가 도덕적·법적으로 행사할 수 있는 권리는 무엇인가?

10. '성품'에 관해 루이스와 헌터가 가진 관점을 비교하고 대조해 보라.

11. 글랜저 교수는 공교육의 성품 교육에서 무엇이 문제라고 보는가? 이러한 견해에 동의하는가? 어떤 해법을 제시할 수 있는가?

12. 신약성경에서 자연법은 무엇에 기초를 두고 있는가? 아퀴나스는 자연법의 두 번째 계율을 어떻게 말하는가? 인류가 필수 덕목에는 동의하면서 성과 종교에 관한 덕목에는 동의하지 않을 수 있는 이유는 무엇인가?

3. 영성 교육
지도를 보면서 해변 걷기

'영'이라는 말을 창조 때 모든 사람에게 주어진 상대적인 초자연적 요소라는 뜻으로 쓰는 사람들이 있다.…그것을 받은 사람은 하나님의 자녀가 될 수도 있고, 악마가 될 수도 있다.
- C. S. 루이스, 『기적』[1]

우리는 앞 장에서 기독교 교육과 성품 교육에 공통된 요소가 있지만, 그 둘이 완전히 동일하지는 않음을 발견했다. 이번 장의 주제인 영성과 기독교도 마찬가지다. 미디어에서는 인기 가수와 배우는 물론 기타 유명인들이 본인의 영적 여정을 자유롭게 이야기하는 모습을 볼 수 있다. 종교와는 거리가 먼 '영적으로 건강하게 사는 것'을 논하는 것이 유행처럼 되었다. 최근 미국 미주리 주 세인트루이스의 호텔방에서 텔레비전을 켰다가, 전직 교사였던 인기 가수 스팅이 영성에 관해 이야기하는 것을 듣기도 했다. 학교 교육에 관한 현 시대 담론에서 '영성 교육'이라는 주제는 확고하게 자리 잡았다 해도 놀랄 일이 아니다.

영성과 영성 교육

앤드루 라이트(Andrew Wright)의 『영성과 교육』(Spirituality and Education,

2000), 데이비드 헤이(David Hay)와 레베카 나이(Rebecca Nye)의 『어린이 영적 세계의 탐구』(Spirit of the Child, 2006), 줄리안 스턴(Julian Stern)의 『학교 영성』(Spirit of the School, 2009) 등이 이 주제를 다룬다. 「국제 아동 영성 저널」(International Journal of Children's Spirituality)²처럼 입지가 확고한 학술지도 있고, 기독교 신앙과 관련되지는 않아도 주류 교육 학술지와 책과 보고서 등에서도 영성을 다룬다. C. S. 루이스는 소설과 비소설 모두에 인간 영성에 관한 뛰어난 선견지명을 담았으며 현행 영성 교육에 관한 많은 가정에 의문을 제기하기도 한다. 이번 장에서는 교육에서의 '영적'인 것과 관련된 기회와 위협을 평가하고자 한다. 루이스는 "인간 창조 때 주어진 초자연적 요소"라는 의미에서 인류를 '영적'이라고 말하는 것이 "그 말을 가장 유용하게 사용하는 방식"이라고 본다.³ 성경의 창조 서사에는 "주 하나님이 땅의 흙에서 인간을 만드셨고 그의 코에 **생명의 숨을 불어넣으셔서** 인간이 살아 있는 영이 되었다"는 내용이 나온다.⁴ 이 이야기에 따르면 우리는 건조하고 생명 없는 '사막'을 떠올리게 하는 '흙'으로 만들어져 하나님이 '불어넣으신' 영적 생명을 갖게 되었다. 히브리어에서 '영'을 뜻하는 단어 *ruah*는 공기나 숨의 움직임을 의미한다. 아기가 태어나 첫 숨을 쉬거나 사랑하는 사람이 지상에서 마지막으로 숨 쉬는 장면을 봤다면, **삶**과 **숨**이 같이 간다는 것을 곧바로 깨달을 것이다. 이런 의미에서 모든 인간의 삶은 '영적'이고 모든 가르침도 '영적'이다. 영적으로 더욱 건강한 학교가 있고 학생들이 더 나은 삶을 살도록 돕는 교사가 있을 뿐이다.

루이스는 교육 및 학교 교육을 다룬 『인간 폐지』에서 "사막에 물을 대는 것"⁵이 현대 교육자의 과제라고 말하며, 학생의 '영성 발달'에 관한 가장 설득력 있는 정의 또한 학습자를 사막에 비유한다.

학생들이 우리가 사는 세상의 아름다움 또는 공간과 소리와 언어로 작품을 만드는 예술가, 음악가, 작가의 능력에 경외심과 경이로움을 느끼지 못한다면, 그들은 **내면적으로 영적·문화적 사막**에 살고 있는 것이다.[6]

우리는 아이들이 잘 자라고 '경외심과 경이로움'을 경험하기를 바라지만, 루이스는 단지 느낌이나 주관적 반응에 관련된 것만이 아니라 '올바른 정서'나 의로운 윤리적 행동을 기르기를 바라는 의미에서 "사막에 물을 댄다"는 말을 한 것이다. "질서가 잡힌 감정, 즉 '도'를 따라 육체를 다스리는 정신 활동을 돕는 정서를 기르는 것이 교육이 하는 역할의 하나다."[7] 모든 영적 경험은 반드시 어린이를 보호하고 그들의 건강과 행복을 증진시키는 도덕 법칙으로 뒷받침되어야 한다. 오늘날 영성이라는 개념의 문제는 미적이거나 창의적인 것은 무엇이든 선하다고 여길 때가 너무 많다는 점이다. 하지만 예술가, 음악가, 작가는 공간과 소리와 언어를 선하게도 만들 수 있고 악하게도 만들 수 있다. 독일 다큐멘터리 감독 레니 리펜슈탈(Leni Riefenstahl)의 "의지의 승리"(Triumph of the Will, 1935)는 미적으로 아주 뛰어나지만 나치를 선전하고 있다. 영성이 잘못된 방향으로 치우친 것이다. 학교 교육을 논할 때 쓰이는 '영성'이라는 단어는 루이스가 옹호하는 기독교적 영성과는 꽤 다른 개념을 나타낼 수도 있다.

학교 교육에서 다루는 영성의 짧은 역사

현재 일반적으로 통용되는 영성의 개념이 어디서 비롯되었는지 고려해 볼 필요가 있는데, 루이스가 관여했던 교육사와 문학사에 잘 드러나 있다. 하지만 먼저 현재 사람들이 '영적', '영성'이라는 말을 어떤 뜻으로 쓰는지 생각해 보아야 한다. 영성의 대중적 정의는 "관계를 의식하는 것"이며, 이것은 "사물, 특히 자기 자신과 하나님을 포함한 인격들과 관계가 있다"고 느끼는 "일반적이지 않은 차원의 인지력"으로 드러난다.[8] 또한 "영적 차원에서 사람이나 상징과의 관계를 지향하는 것"이라는 설명도 있다.[9] 사람이 "시나 음악을 감상할" 뿐 아니라 "주위 사람에게 온정적 관심"을 보이는 것을 '영적'이라고 여기는 것으로 보인다.[10] 또한 학생들이 자신이나 타인의 내면을 드라마나 시 같은 예술 형태로 표현하고 탐구하며 고찰하도록 돕는 학교나 교사가 영성 교육을 제공한다고 생각하기도 한다(다음 장에서는 루이스가 이런 자유 과목을 얼마나 중시했는지 살펴본다).

비교적 최근에 발전한 대중적 영성 개념을 간략히 알아보려면, 여전히 학교의 영성에 강력한 영향을 미치고 있는 낭만주의에서 시작해야 할 것이다. 예술가들이 영적 '진리'라고 표현했던 영적 상태와 여정이 낭만주의 운동에서 중요한 요소다. 문학에서 '영적 상태'를 묘사한 것 중 가장 잘 알려진 시는 윌리엄 워즈워스(William Wordsworth)의 "틴턴 사원 몇 마일 위쪽에서 쓴 시"(1798)다. "낭만주의를 신학적으로 표현"했던 슐라이어마허(Schleiermahcher)가 "예술가와 시인을 인간에게 영적 실재를 보여 주는 중재자로 여긴 것"도 놀랍지 않다.[11] 워즈워스는 또한 "서곡"(1799)에서 인간의 정신에 관해 이렇게 쓰고 있다.

위대한 우주적 정신의 대리인으로 일하고,
창조자이자 수용자로서 창조하며,
창조물과 함께 창조를 행하고

창조물은 이를 바라본다.¹²

낭만주의 시인들은 스스로가 영적 역할을 수행한다고 여겼고, 정신은 '상상'이라는 능력을 통해 무한함에 접근할 수 있다고 보았다. 분명 기독교적 관점에서 보면 문제가 있는 견해다. "교육 과정에서 영성은 내적이고 신비하거나 형용할 수 없는 것을 넘어서는 방식으로 작용할 수 있다"는 주장도 받아들여졌다.¹³ 확실히, 낭만주의 영성 개념은 다시 되짚어 보야 하며 루이스는 자신이 재고한 바를 제시한다.¹⁴

빅토리아 시대에 크게 영향력을 떨쳤던 매슈 아널드(Matthew Arnold)는 예술가의 영적 효능에 관해 낭만주의자들이 가졌던 것과 같은 관점을 교육에 도입했다. 그는 훌륭한 문학이 사회적 병폐에 답이 된다고 믿었기에 "좋은 시가 영혼과 성품을 형성한다는 것은 의심의 여지가 없다. 시는 미와 진리를 사랑하게 만든다"고 주장했다.¹⁵ 또한 문학과 예술에서 영적 구원의 희망을 보았는데, 그것은 낭만주의에서 나온 것이었다. 하지만 루이스는 다음과 같이 말한다.

> 매슈 아널드는 처음으로 '영적'이라는 의미의 영어 단어 'spiritual'을 '종교적'이라는 뜻을 가진 독일어 *geistlich*의 의미로 사용한 사람인 것 같다. 이로 인해 가장 위험하고 가장 반(反)기독교적인 오류가 시작되었다.¹⁶

일반화된 '영성'과 구체화된 기독교 영성의 차이에 주목해야 한다. 루이스는 "그저 꽃이나 음악에서 하나님의 존재를 느끼는 것만으로는 영원한 삶을 얻을 수 없다"고 단호한 확신을 보인다.¹⁷ 하지만 21세기에서 정의하는 '영성 교육'의 배경을 이해하려면 낭만주의와 아널드 때부터 뉴볼트와 현재까지의 양상을 추적해 보아야 한다. 제1차 세계대전 이후 "뉴볼트 보고서"는 이렇게 선언했다.

> 어떤 인격도 하나 되게 하는 영향력 없이는 온전해질 수 없으며, 삶을 흔들림 없이 전체로 볼 수 없다. 그 영향력은 마음을 정화시키는 감정으로, 예술과 문학만이 줄 수 있는 것이다. 이 점에 비추어 볼 때 그런 영향력이 없으면 수많은 사람들이 굶주린 존재로 살아가며, 우리의 영적 실재 중 가장 풍성한 영역이 배양되지 못한다.[18]

그 후 1930년대에 케임브리지에서 활동한 소수 비평가들이 성품에 영향을 주고 도덕 교육을 제공하는 문학의 영적 잠재력을 강조하려고 노력했으며, 그중 F. R. 리비스(Leavis),[19] I. A. 리처드(Richard),[20] T. S. 엘리엇(Eliot)[21] 이 가장 잘 알려져 있다. 이 비평가들은 "리처드가 현대 사회에서 발견한 문화 붕괴에서 **인간의 영**을 보호하는 것"이 위대한 문학을 읽는 목적이라고 말했다.[22] 이들은 어떤 풍조를 조성했다. 루이스에 따르면, 낭만주의와 아널드에서 뉴볼트 그리고 최근의 교과 과정 자료에 이르기까지 앞에서 소개한 모든 정의에 담긴 오류가 '영성'으로 인식되어 왔다. "영에서 비롯되고 영으로 창조된 예술과 예술 작품이 그 자체로 영적인 것"[23]이라고 해도, 인간의 영이 항상 선하지 않다면 그것이 반드시 선하다고 할 수 없다. 그런 정의는 사람이 하나님의 형상으로 지어졌지만 타락 이후 그 형상이 망가졌다고 하는 기독교의 입장과 매우 거리가 멀다. 루이스의 주장은 아주 단순하다.

이런 의미에서 '영적'인 것이 반드시 선하지는 않다는 사실을 기억해야 한다.…비물질적인 것은 물질적인 것과 마찬가지로 선하거나 악하거나 그저 그럴 수 있다.²⁴

'영성'의 위험

모든 영적 경험이 영적으로 건강하다고 가정해서는 안 된다. 자녀의 비물질적 혹은 '영적' 건강이 중요하지만, 청소년의 '영적 발달'이 항상 유익하다고 믿는 함정에 빠지지 않아야 한다. 루이스가 말한 바와 같이, 우리는 영적 속성에 의해 "하나님의 자녀도, 악마도 될 수 있다."²⁵ 루이스의 우주 3부작 중 두 번째 작품인 『페렐란드라』[내가 소장한 오래된 영국판 제목은 『금성 여행』(Voyage to Venus)이다]에서는 웨스턴의 영적 발달을 매우 극적이고 충격적으로 묘사하는데, 선하기보다는 악한 모습이다. 또한 랜섬이 '자기 의지를 극복하는' 법을 배우면서 영적 발달을 경험하는 것도 볼 수 있다.²⁶ 데이비드 다우닝(David Downing)은 『경외의 영역으로』(Into the Region of Awe)에서 이 장면을 묘사하는데, 랜섬은 "내면에서 일어난 반군이 잠잠해지고 말렐딜(하나님)의 의지에 복종하게 되자" 나아갈 '방향'과 '평안'을 모두 얻는다.²⁷ 반대로 과학자 웨스턴은 "모든 것은 하나"이기에 "인간과 자연 사이에 이분법도 대조법도 없다"고 생각했다. "무의식적으로 목적 지향적인 역동설"(물질을 포함한 일체의 자연 현상을 힘으로 환원하여 생각하는 철학 이론—역주)을 의미한 것이다.²⁸ 이런 생각은 낭만주의 시인들의 범신론을 연상시키는데, 루이스가 '비기독교적' 영성 개념이라고 한 매슈 아널드의 견해에 영향을 주었다. 웨스턴 교수는 자연(혹은 생명력)과 하나님을 하나의 동일한 대상으로 보아 다음과 같이 랜섬을 설득하려고 한다.

신은 영이오.…영, 정신, 자유, 순리. 그게 내가 말하고 있는 바요.…전 우주의 진화 과정…자유와 영성…순수한 영. 자기 생각, 자기가 하는 행위의 마지막 소용돌이.[29]

웨스턴은 생명의 힘에 다가가 그것과 함께 하나의 영이 되는 자신을 발견한다. 그는 랜섬에게 그것이 "존재의 어두운 기초에서 쏟아져 들어오는 알 수 없는 위대한 **힘**"[30]이라고 말하며, "그래서 영성을 전파하는 것이… 사명"[31]이라고 선언한다.

이 책을 쓰던 중 어느 날 '영성과 교육' 학회에서 연사를 맡아 영국 노리치 성당으로 향하던 기차 안에서 평소 즐겨 읽던 1963년 판 『금성 여행』을 통해 이 핵심에 도달했다. 학회에 참석한 다른 연사 중에는 우르술라 킹(Ursula King) 교수도 있었는데, 그는 각기 다른 영적인 길이 하나의 목표로 이어진다는 달라이 라마(Dalai Lama)의 견해를 발표했고 모든 종교는 궁극적으로는 합쳐져서 언젠가 '세계 영성'이 만연해질 것이라는 테야르 드 샤르댕(Teilhard de Chardin)의 견해를 설명했다.[32] 『금성 여행』(또는 『페렐란드라』)과 『하나 된 지구의 영』(The Spirit of One Earth)이 나란히 놓인 장면은 충격적이었다. 웨스턴은 신과 하나가 되었다고 생각한 '생명의 힘'을 다음과 같이 묘사한다.

맹목적이고 불분명한 목적성이 다양한 성취와 끊임없이 합쳐지면서 복잡성이 더해지는 조직을 향해, 그리고 자발성과 **영성**을 향해 끊임없이 상승하는 것.[33]

『현대 영성』(Modern Spiritualities)의 다음과 같은 설명은 웨스턴과 매우 유사한 언어를 사용한다.

진화는 피라미드처럼 생명을 통해 그 물질적 기초에서 집합 의식이라는 종착점을 향해 이동한다. 종착점은 목적론적 진화라는 궁극적 목표다. 크게는 우주의 진화 속에, 작게는 지구 역사 속에 존재하는 복잡성/의식을 밝히는 과정을 아우르며 나타나는 '유도된 우연'에 기초를 둔다.[34]

『페렐란드라』에서 랜섬과 과학자 웨스턴이 나눈 대화를 보면 인격이신 하나님과 영적 '생명의 힘'이 뚜렷이 구분된다. 웨스턴은 랜섬에게 '영 자체'를 얻기 위해 힘쓰고 있다면서 이 영을 '성령'이라고 부르는 실수를 범한다. 랜섬은 웨스턴의 실수를 고쳐 주면서 이렇게 설명한다.

나는 그리스도인입니다. 우리에게 '성령'은 맹목적이고 불분명한 목적이 아닙니다.[35]

루이스는 『기적』에서 많은 사람들이 '하나님'보다 '생명의 힘'을 훨씬 더 편하게 느낀다고 말하면서 영성 또는 '생명의 힘'과 인격이신 하나님을 분명히 구분한다.

'비인격적 하나님?' 좋다. 우리 머릿속에 존재하는 미, 진리, 선이라는 주관적 하나님? 한결 낫다. 갑자기 느껴지는 무형적 생명의 힘, 접근할 수 있는 거대한 힘? 그중 가장 좋아 보인다. 하지만 이런 개념은 살아 계셔서 우리가 잡은

줄의 반대쪽을 당기면서 무한한 속도로 다가오고 계실지 모르는 사냥꾼이자 왕이며 남편이신 하나님과는 완전히 다르다.[36]

루이스는 일반화된 '영성'과 특정한 방식으로 행하시고 특정한 목표를 지니신 하나님과의 차이를 지적한다. 그는 '하나님'보다 '영성'에 무한한 매력을 느끼는 사람들이 많다는 사실을 발견한다.

하나님을 미, 진리, 선, 또는 단지 이것들에 내재하는 원리, 우리가 구성 요소로 포함된 공동의 정신, 우리가 흘러가 모이는 일반화된 영성의 연못이라고 말한다면 흥미를 끌 수 있을 것이다. 그렇지만 목적을 가지고 특정 행동을 취하고, 이 일은 하지만 저 일은 하지 않으며, 구체적이고 선택하기도 하며, 명령하고 어떤 것을 금하기도 하시는 확고한 하나님을 언급하는 순간, 금세 흥미가 떨어지고 만다. 이야기를 듣던 사람들은 당황하거나 화를 낼 것이다.[37]

웨스턴이 '생명의 힘'의 인도를 받는다면서 "지금 순간에도 그 영이 나를 통해 최종 목표로 나아가고 있다"고 선언할 때, 랜섬은 그의 말에서 위험 요소를 발견하고 해로운 영성도 있다며 경고한다. "이런저런 영들이 있습니다.…제 말은 당신에게 좋지 않은 영도 있다는 겁니다."[38] 루이스는 당당한 초자연론자로서 이 생명의 힘에 복종한다고 말하는 웨스턴이 처하는 위험을 생생하게 그린다. 웨스턴의 주장은 이렇다. "세상엔 주류라는 게 있소.…그 흐름에 굴복하느냐가 문제예요. 맹렬하게 살아 있는 핵심 목표의 지휘자가 되느냐 말입니다."[39] 하지만 이 힘이 '사악하다'는 사실은 아주 분명하다.[40] 랜섬은 이렇게 묻는다. "그 힘이 나를 죽이라고 부추긴다면 거기에 따를 것입니까?" 웨스턴은 전혀 망설이지 않고 "그렇다" 고 답한다. 그 생명의 힘이 "우리가 가진 모든 사소하고 엉성한 윤리적 분류보다 더 중요하기 때문이다."[41] 이 대목에서 문학과 예술이 고도로 발전했던 1930년대 독일에서 나치스 당이 윤리적인 생각에 앞서 사악한 행위를 저지르던 때에 아널드나 리비스 등이 예술과 문화가 인류를 교화하고 구원할 수 있다고 믿었다는 사실을 다시 떠올리지 않을 수 없다. 기독교의 관점에서는 "생명의 힘을 숭배하는 것"이 "현대 서구의 자연 종교"가 되었다면 '영성'은 결코 선하지 않다.[42] 웨스턴은 이렇게 선언한다.

> 나와 우주 사이를 구체적인 생각으로 구분 지을 수 없어. 내가 우주의 핵심으로 나아가는 안내자라면 내가 바로 우주야. 알겠어? 이 소심하고 우유부단한 바보 양반아. 나 웨스턴은 네 하나님이자 악마야. 나는 그 힘을 완전히 내 안으로 불러서….[43]

루이스는 웨스턴이 마침내 생명의 힘에 자기를 완전히 내어 준 결과를 예시를 통해 효과적으로 보여 준다.

> 그때 무서운 일이 일어나기 시작했다. 심한 구토를 하려는 듯 웨스턴의 얼굴에 경련이 일어난 것이다. 그의 얼굴이 갑자기 알아볼 수 없을 정도로 일그러졌다. 경련이 지나가자 아주 잠깐 예전 표정이 다시 나타났다. 그는 공포에 질린 눈으로 '랜섬, 랜섬! 제발 그들을 막아 줘'라고 울부짖었다. 그러고는 마치 권총에 맞은 듯 몸이 젖혀지더니 바닥에 쓰러졌다. 그는 랜섬의 발치에서 데굴데굴 구르며 헛소리를 하고 이를 딱딱 마주치는가 하면 손으로 이끼를 한

움큼 뜯어내고 있었다.⁴⁴

도널드 윌리엄스는 도라는 객관적 가치에서 벗어나 "인간을 그저 동물로 보는 것"은 "인간이 동물 이상으로 기능할 능력을 잃을 수 있을 만큼 매혹적"이라고 말한다.⁴⁵ 스스로의 역할을 영적·도덕적 진리의 중재자로 설정하고자 했던 웨스턴에게서 이런 모습을 볼 수 있다. "살인하는 성직자"에게 복종하고 "윤리적 사고를 돌보는 영"에 사로잡히도록 기도한 후 "의사보다 신성한 것을 더욱 원했던" 맥베스 부인을 떠올릴 수도 있다. 랜섬이 약을 주려고 하자, 웨스턴은 유리병의 목을 깨물어 부수어 버린다. 『페렐란드라』의 이어지는 부분에서는 랜섬과, 매우 뛰어난 '영적' 은사를 가졌지만 악마에 사로잡힌 웨스턴이 벌이는 가장 무서운 싸움이 묘사된다. 웨스턴에게는 비범한 말솜씨가 있어서 교활하고 설득력이 있다. 힘이 대단히 세고 지능도 높아 랜섬에게는 어려운 상대다. 사도 바울은 "우리의 씨름은 혈과 육을 상대하는 것이 아니요 통치자들과 권세들과 이 어둠의 세상 주관자들과 하늘에 있는 악의 영들을 상대함이라"고 말한다.⁴⁶ 웨스턴은 타락한 '인간 아닌 존재'가 되어 잔인한 행동을 저지른다. 사로잡힌 그의 모습은 다음과 같이 끔찍하게 묘사된다.

하지만 이런 순간들보다도 끔찍한 것은 그 존재의 표정에서 웨스턴의 얼굴이 보일 때였다. 그럴 때면 늘 웨스턴의 목소리로 말하던 그것이 처량하게 우물쭈물 중얼대곤 했다. '정말 조심하시오, 랜섬. 나는 시커멓고 큰 구덩이의 바닥에 있소.…지금은 제대로 생각을 못하지만, 상관없소. 그가 내 대신 생각을 다 해 주니 말이오.…그들이 내 머리를 자르고 다른 사람의 머리를 얹어 놓았소.

이건 정당하지 않아. 정당하지 않지. 나는 해를 끼칠 생각은 없었어. 내 가슴에서 이 무거운 걸 조금이라도 치울 수 있다면, 이 옷들을 입고 싶지 않소. 나를 내버려 두시오. 그냥 내버려 두시오. 이건 공평하지 않소. 불공평해. 정말 엄청난 파리 떼군.…' 그러다 그의 넋두리는 개 짖는 소리로 끝나곤 했다.[47]

이 장면은 "하나님께 등을 돌리고 대적한 사람들이 결국 맞게 되는 결과를 소름 끼치도록 정확하게 묘사"한 것으로, 루이스는 "구원이나 저주는 모든 인간이 맞닥뜨리는 궁극적 선택"이라고 확신했기에 모든 방법을 동원해 확실히 보여 주고자 했다.[48] 앨런 제이콥스(Alan Jacobs)는 『나니아 사람들』(The Narnian, 2005)에서 무신론자인 필립 풀먼(Philip Pullman) 같은 비평가들은 인간이 하나님으로부터 천국과 지옥을 선택할 자유 의지를 받았다고 믿는 점이 루이스와 반대된다고 지적한다. 웨스턴의 경험은 분명 "용의 모습을 탈피한" 유스터스(2장 참고)와 극명한 대조를 이룬다. 유스터스는 아슬란을 만나 영적으로 다시 태어나 더 나은 모습으로 변화되었다.

루이스는 '우주 의식'이나 '발흥하는 신'으로서의 하나님은, 서로 맞물린 전체 시스템과 구별되고 그 시스템 밖에 계신 '초자연적' 존재로서의 하나님보다 훨씬 대중적인 개념이라고 한다.[49] 그러면서 '현대 독자'들을 지칭하면서 "초월적 하나님보다 발흥하는 신으로서의 하나님을 훨씬 더 편안하게 생각한다는 사실"에 주목해야 한다고 말한다. 여기서 그는 개인적 경험을 동원하고 있는데, 그의 교육 비전을 이해하려면 그가 개종한 과정을 반드시 이해해야 한다. A. N. 윌슨(Wilson)은 "루이스는 처음에 그리스도의 이야기에서 개인적 관련성을 전혀 찾을 수 없다고 불평했는데", J. R. R. 톨킨은 그 생각이 무엇보다 '상상력의 실패'라고 지적했다고 한다.[50] 루이스는 개인적 반응을 통해 점차 영적 **경험**과 **교리**가 함께 간다는 것을 깨달았다. 윌 바우스(Will Vaus)는 *Sehnsucht*(흔히 '갈망'으로 번역되는 독일어)라는 영적 경험이 "그를 그리스도께로 이끌었다"고 생각한다.[51]

루이스는 제2차 세계대전 당시 영국 전역을 기차로 돌아다니며 군사 기지에 있는 군인들에게 연설을 했다. 그가 만난 어떤 영국 공군은 "밤에 사막에 혼자" 있으면서 "엄청난 신비"를 느꼈다고 했지만 루이스가 하나님에 대해 "잘 정리된 교리와 공식"을 간략하게 설명했을 때는 믿을 수 없다고 말했다. 그가 사막에서 경험했던 것에 비하면 "그 교리와 공식은 모두 사소하고 규칙에 매여 있으며 실제적이지 않았기" 때문이다.[52] 그의 마음을 충분히 이해한 루이스는 다음과 같이 인정했다.

> 그는 그 경험에서 기독교 교리로 눈을 돌리면서, 실제적인 것을 보다가 덜 실제적인 것을 접한 것입니다. 이처럼, 해변에서 대서양을 보고 대서양 지도를 찾아보는 사람이 있다면 그 역시 실제적인 것에서 덜 실제적인 것으로 눈을 돌린 것이겠지요. 실제로 보이는 파도에서 파도가 그려진 종이로 눈을 돌린 겁니다.…해변을 걷는 것으로 만족한다면 대서양을 흘끔 보는 것이 지도를 보는 것보다 훨씬 즐겁겠지요. 하지만 아메리카 대륙에 가려고 한다면 해변을 걸을 때보다 지도가 훨씬 더 필요할 겁니다.[53]

- **과제 및 토론 질문**

1. 대부분의 사람이 '영성'에 관해 가진 신념은 어디에서 왔는가?
2. 유행하는 '영성'의 정의에는 어떤 문제점이 있는가?

3. 당신이 속한 단체나 기관에서는 '영적'이라는 말을 어떻게 정의하는가?

4. '영적'이라는 말과 '영성 교육'을 어떻게 정의할 것인가?

5. 루이스는 '영적'인 것에 대해 무엇을 기억해야 한다고 말하는가?

6. 영적인 것과 도덕적인 것은 서로 어떤 관계가 있는가?

7. 루이스가 그린 웨스턴의 모습을 어떻게 생각하는가?

8. 악마와 악마에 사로잡히는 것에 관해 어떻게 생각하는가? 그렇게 생각하는 근거는 무엇인가?

9. 그리스도의 이야기에서 개인적 관련성을 찾을 수 없다고 루이스가 말했을 때, J. R. R. 톨킨이 '상상력의 실패'라고 생각한 것에 얼마만큼 동의하는가?

10. 21세기 사람들이 하나님보다 '생명의 힘'에 더 큰 매력을 느끼는 이유는 무엇인가? 주변 사람들도 그렇게 생각하는가? 주위 사람에게 물어보라.

11. '지도'가 '해변을 걷는 것'보다 더 중요한 이유는 무엇인가? '해변을 걷는 것'은 얼마나 중요한가?

12. 당신은 '걸어가면서' 어떻게 '지도를 보고' 있는가?

2부

집에 놓인 가구:
자녀의 학교 교육

4. 자유 교육
자유 사회에서 잘 살려면

> '자유'라는 단어는 '교육'이라는 말이 뒤에 붙지 않으면 이제 의미를 잃어버렸다. 그 의미의 상실은 문화를 조망하는 시각 전체를 매우 심각하게 손상시켰는데, 이렇게 생각해 보면 '자유 교육'이라는 이름을 만든 사람들에게 감사해야 한다. 먼저는 정당이고, 다음으로는 교파다.
> — C. S. 루이스, 『단어 연구』[1]

앞 장에서 우리는 예술이 교육에 영적 경험을 제공할 수 있다는 사실을 발견했다. 또한 영적인 것이 윤리적인 것과 별개일 수 없으며 특정 '신조'나 믿음이 선할 수도 악할 수도 있는 영적 경험을 뒷받침한다는 점을 살펴보았다. 자유 과목(liberal arts, 교양 과목)의 교육도 당연히 성품을 기르는 작업과 별개일 수 없다. 기원전 4세기 아리스토텔레스는 민주주의를 향유하는 자유 시민들이 덕(arête, 사람이나 사물이 가진 탁월성, 유능함, 기량, 뛰어남 등을 의미하는 말—역주)을 행하기 위해서는 반드시 그러한 교육을 받아야 한다고 믿었고, 이 교육은 "인간의 이해와 가치를 형성하는 것에 중점을 두기" 때문에 오늘날에도 여전히 중요하다.[2] 그리스·로마 시대에 자유 학예(artes liberales, 자유 시민을 위한 학문을 뜻한다—역주) 혹은 '자유 과목'(교양 과목)은 자유를 위한 학문적 훈육이었는데 세 가지 길이라는 의미의 3학(trivium)과 네 가지 길이라는 의미의 4과(quadrivium)로 이루어져 있었다.[3] 3학은 문법(언어 능력), 변증법(논리), 수사학(설득과 표현의 수단)이다. 이 과목들은 학생이 나머지 교육 과정(당시 기준으로 산수, 기하학, 음악, 천문학)으로 나아가고 그것의 유익을 얻는 데 필요한 도구였다. 즉 이 3과목을 모두 익히면 어떤 학습이든 스스로 할 수 있으며, 이 도구를 습득함으로써 이미 알려진 세계를 파악할 완전한 방향 감각을 얻을 수 있다. 루이스와 동시대에 살면서 교류했던 도로시 세이어즈는 저명한 그녀의 교육 에세이 "잃어버린 학습 도구"에서 이 도구를 매우 강조한다.[4]

자유 학습에 관한 루이스의 견해

루이스가 사망한 지 50년이 지났기에 그가 '자유' 교육을 옹호한 것이 어떤 의미인지 정확히 정의해 볼 필요가 있다. 『단어 연구』에 '자유'(liberal)라는 말의 어원에 대해 중요한 설명이 제시되어 있는데, '매여 있지 않은'이란 뜻의 그리스어는 *Eleutheros*이며 노예가 아닌 사람을 의미한다. 루이스는 앨프리드 대왕(King Alfred)이 『사목』(*Cura Pastoralis*)에서 '자유인'의 아들이라면 모두 **읽는 법을 배워야** 한다고 한 점과 영어 단어 'liberal'의 어원인 라틴어 *liber*에는 '자유'라는 뜻도 있지만 '책'이라는 뜻도 있음을 주목한다. 훌륭한 자유 교육은 학생을 자유롭게 해 준다. 루이스에게 책은 사치이거나 우리 삶과 무관한 것이 아니었다. 문화적 중립성은 존재하지 않기에, 결국 "우리는 좋은 책을 읽지 않으면 나쁜 책을 읽게 될 것이다."[5]

자유 교육(교양 교육)은 사람을 삶 전반에 걸쳐 고루 발달시킨다. 루이스는 존 헨리 뉴먼(John Henry Newman)의 『대학 교육의 범위와 본질』(*On the Scope and Nature of University Education*, 1854)을 긍정적으로 인용하며 이 저서가 "아주 확고한 생각에서 나온 작품"[6]이라고 말한다. 자유 교육이 직업과 관련되지 않는다는 점에서 '독립적'"이라고 설명하기 때문이다. 단지 기능이나 기술적 역할을 수행하는 것이 아니라 그 자체로 가치 있고 한 사람의 삶 전체를 준비시키는 교육이라는 의미다. 존 밀턴(John Milton)은 『교육론』(Of Education, 1644)에서 이런 "완전하고 편견 없는 교육"은 "사람이…평화로울 때나 전쟁 때 사적이거나 공적인 직무를 모두 수행하게 하는 데에 적합하다"고 말한다.[8]

어린이들을 교육하는 데 자유 과목이 필요한 가장 강력한 이유는 덕을 가르치기에 가장 좋은 방법이라는 점이다. 밀턴은 '진정한 덕'을 습득하는 것이 학습의 목표이며 이를 위해 다음과 같은 일을 반드시 해야 한다고 말한다.

> 우리는 하나님을 다시 제대로 알고, 그분을 사랑하고 모방하며 닮아가는 지식을 통해 첫 부모가 남긴 **폐허를 고치는** 일을 해야 한다.[9]

예수님이 "누가 내 이웃이냐"는 질문을 받으셨을 때 '실화'나 신학 에세이가 아닌 생생한 등장인물이 나오는 상상을 발휘한 이야기를 하셨다. 마르틴 루터(Martin Luther)는 다른 어떤 방법보다도 문학을 연구하면 성경을 잘 다룰 수 있다고 생각했고, 시인들과 수사학자들의 글을 가능한 한 많이 읽으라고 했다. 이유는 다음과 같다.

> 다른 어떤 것보다도 문학을 연구하면 신성한 진리를 놀랍도록 잘 파악하고, 능숙하고 적절하게 다룰 수 있다.[10]

성경은 다양한 장르를 담고 있기에 각 장르를 경험하면 내용을 이해하는 데 도움이 된다. 『시편사색』(Reflections on the Psalms, 1958)에서 루이스의 문학 지식이 성경 이해로 이어지는 것을 보면 가장 적합한 예를 찾을 수 있다.

문학, 언어, 커뮤니케이션 학문

루이스는 "정의나 사랑에서 나온 모든 행동에는 자기를 다른 사람의 입장에 놓는 과정이 있다"는 사실에 주목하며 다음과 같이 설명한다. "위대한 문학을 읽으면 천 명의 인물이 되어 보면서도 여전히 나 자신으로 남아 있다."[1] 루이스의 소설은 아이들에게 도덕과 덕을 가르치며 다른 사람의 경험 속으로 간접적으로 들어가 보게 하기 때문에 값으로 따질 수 없을 만큼 중요하다. 내 딸 리디아는 여덟 살 무렵 『말과 소년』의 등장인물 아라비스에게 특히 동질감을 느꼈다.

> 아라비스는 나처럼 모험심이 강하다. 나는 나무를 올라가고 청바지도 입고 호신용 호루라기도 가지고 있다. 또 모닥불놀이를 하려고 자작나무를 벗겨 보기도 했다. 겨울에는 불 주위에 이글루도 만들어 봤다. 아라비스도 야생에서 살아남았다. 우리 둘 다 모험심이 강한 아이다. (리디아 파이크, 8세)

리디아는 또 "아라비스는 나니아에 가기로 결심했고, 나는 예수님을 온 마음으로 따르기로 결심했다"고 쓰기도 했다. 아리스토텔레스에 따르면, 역사는 단순히 '사건'을 다루지만, 문학은 '진리'를 다룬다. 자유 과목이

(좋은 쪽으로든 나쁜 쪽으로든) 특히 강력한 이유는 책을 읽거나 영화를 보면서 자신도 모르는 사이에 철학과 윤리와 신학을 접하기 때문이다.

자유 과목은 매우 강력하며, 어린이와 청소년이 다른 세계에 들어갈 수 있게 한다. 교육 및 학교 교육에서 이 점이 중요한 이유가 몇 가지 있다. 시인 W. H. 오든(Auden)은 모든 사람이 '경험'이라는 1차 세계와 '상상'이라는 2차 세계에 살고 있다고 보았다.

> 모든 인간에게는 두 개의 욕망이 나타난다. 1차 세계, 즉 우리가 태어나고 살고 사랑하고 미워하고 죽는 외부에서 주어진 세계의 진상을 알고자 하는 욕망과 우리만의 새로운 2차 세계를 만들려는 욕망이다. 2차 세계를 스스로 만들 수 없다면 그런 능력을 가진 사람이 만들어 낸 세계를 공유하고자 하는 욕망이 있는 것이다.[12]

이런 2차 세계에서 중요한 미적·영적 교육이 일어날 수 있다.[13] 두 세계의 관계는 매우 중요한데, 이 관계를 통해 스스로를 타인에 비추어 이해할 수 있기 때문이다. 톨킨은 하위 창조 이론(theory of sub-creation)에서 다음과 같이 말한다.

> 2차 세계는 정신이 들어갈 수 있는 곳이다. '현실과 같은 내적 일관성'이 있기 때문에, 그 세계의 법을 따른다는 점에서 그 안에 있는 '진리'를 발견한다. 그래서 그 세계 안에 있는 동안에는 그 세계를 믿게 된다. 그러나 불신이 생기는 순간 주문은 깨지고 그 세계의 마법, 아니 예술은 실패한다. 그러면 다시 1차 세계로 빠져나오는 것이다.[14]

앞 장에서는 영적·미적 경험이 선할 수도 있고 악할 수도 있으며, 반드시 아이들의 안녕과 행복에 도움이 되는 것은 아님을 발견했다. 2차 세계도 교사가 권할 만한 곳만 있는 것은 아니다. 『마법사의 조카』에서 디고리와 폴리는 '찬'이라는 죽은 세계(이들은 거기서 잠자는 마녀를 깨웠다)와 나니아에 들어갔다.

루이스에 따르면, 훌륭한 문학 작품의 세계는 들어가 즐길 만하며 "그곳의 분위기에 빠져들면, 그것은 우리 상상의 시각 전체에 퍼진다."[15] 『새벽 출정호의 항해』 첫 부분에서 이것을 묘사하는데, 미적(그리고 영적) 경험을 거부하는 유스터스와 이를 적극적으로 받아들이는 루시가 대조를 이룬다. 루시는 그림을 보고, "바람 부는 날처럼 온 머리카락이 얼굴을 휘감는 것"을 느꼈고 "철썩대는 파도 소리와 물결이 뱃전을 때리는 소리, 배가 삐걱거리는 소리에 섞여 대체로 높고 일정하게 우는 공기와 물소리"를 들었으며 "자연 그대로의 짠 바닷물 냄새"를 맡았다.[16] 중요한 사실은 이런 일이 단지 주관적 경험으로 끝나지 않는다는 점이다. 올바른 가치는 아이들이 들어간 세계에서 그들이 겪는 경험을 지탱하는 토대가 된다. 특히 유스터스는 훌륭한 성품을 기르며 아이들은 캐스피언 왕과 함께 한 모험 속에서 영광스럽고 용감했다.

성품의 힘은 공상 과학 소설 『페렐란드라』 또는 『금성 여행』(랜섬이 등장하는 성인용 3부작 중 두 번째 소설이다)의 주제이기도 한데, 이 소설은 타락하지 않은 세계를 묘사한다. 부패했지만 매우 똑똑한 웨스턴은 여인(새롭고 순결하며 타락하지 않은 하와)에게 말렐딜(하나님)의 명령을 거스르라며 유혹한다. 그는 여인이 상상력과 창조력을 사용하여 창조자의 법을 거스르는 무언가를 만들어 창조자의 원래 의도와 반대되는 '하위 창조'를 부추긴다. 그런 이야기를 거부하는 여인은 선악과를 거부한 하와에 비견되는데, 이는 중요한 의미가 담긴 심상이다. 유혹자 웨스턴은 간교한 화법으로 이렇게 묻는다. "일어날 수 있지만 실제로는 일어나지 않은 일에 대해 이야기나 시를 짓는 겁니다. 여기서 물러선다면 당신에게 이미 주어진 것과 다름없는 과실을 얻지 못하고 물러나는 것 아닐까요?"[17] 여인은 교묘하게 그의 말을 고치며 그런 뉘앙스가 섞인 대답을 한다.

"…이방인이여, 저는 이야기를 만드는 부분에서 움츠러드는 것이 아닙니다." 여인이 답했다. "당신이 내 머릿속에 넣은 이야기 하나가 저를 움츠러들게 만들어요. 제 아이나 왕에 대한 이야기는 얼마든지 만들 수 있습니다. 하늘을 나는 물고기나 헤엄치는 땅의 짐승들이 등장하는 이야기도 만들 수 있어요. 하지만 '고정된 땅'에서 사는 이야기를 만든다 할 때, 말렐딜에 대해서는 어떻게 해야 할지 모르겠어요. 그가 명령을 바꿨다고 하면, 이야기가 풀리지 않겠지요. 우리가 그 땅에서 그의 명령을 어기면서 산다는 이야기를 한다면, 하늘은 온통 검게 변하고 물도 공기도 마실 수 없게 만드는 것과 같을 거예요. 게다가 이런 이야기를 만들려고 하는 게 어떤 즐거움을 주는지 모르겠어요."[18]

답은 명확하다. 아무리 예술과 이야기를 짓는 행위라고 해도 결과물이 "그의 명령에 어긋난다면" 전혀 기쁘지 않을 것이다(타락하기 전 하와에게는 그렇다). 여인이 갈 수 없는 유일한 장소는 표면이 부드럽게 움직이는 둥둥 떠 있는 섬이 아닌 '고정된 땅'이다. 결국 여인이 그 땅에 사는 이야기를 짓는다면 "하늘이 온통 검게 변하고 물과 공기도 마실 수 없게 만드는 것"이다. 자연의 법칙에 위배되며 창조 명령을 전복시키는 일이다. 1부에서 우리는 루이스가 전인(영, 혼, 육) 교육에 깊은 관심이 있었음을 발견했다. 자유 교육을 분별하는 기준은 전인격을 발달시키고 학생이 삶의 모든 영역에서 잘 살도록 준비시키는가다.

1595년, 필립 시드니 경(Sir Philip Sidney)은 문학 전공자들의 필독서 중 하나인 『시의 변명』(A Defence of Poesie)에서, '시'(상상 문학, 그리스어 poiein은 '만드는 것'을 의미하며 시인 또는 상상 문학을 쓰는 사람은 세계를 '창조하기' 때문에 '만드는 사람'이라고 한다)는 가장 효과적으로 덕을 성취하므로 인문학에서 가장 높은 경지라고 주장한다. 시드니 경이 말하는 시는 사실 '상상 문학' 전체를 의미하며 그의 '변명'은 사실상 상상 문학 전체를 옹호하는 것이다. 상상과 성품 발달은 함께 간다. 시드니 경은 근본적으로 교육을 단순한 지식 습득이 아니라 덕을 얻는 것으로 보았기에 상상 문학이 교육 과정에서 가장 높은 위치를 차지해야 한다고 생각했다. 과잉 단순화의 위험을 무릅쓰고 그는 다음과 같이 말한다. 도덕 철학은 교훈을 주고 역사는 구체적인 이야기를 전달하지만, "시인은 누구와도 비할 수 없는 일을 한다.…일반적인 개념을 구체적인 예시…이미지와 연결한다."[19]

루이스가 이미지를 보여 주지 않았다면 우리는 나니아를 만나지 못했을 것이다. 그는 나니아 이야기를 어떻게 썼는지 말하면서 교리가 아닌 이미지에서 출발했다고 설명했다.

이 소설이 아이들에게 기독교를 어떻게 말할지에 대한 질문에서 시작되었다고 생각하는 분들도 있습니다. 그다음 동화를 도구로 정하고 어린이 심리에 대한 정보를 수집하여 대상 연령을 정하고 기독교의 기본 진리를 열거하여, 이것들을 담을 '우화'를 뚝딱뚝딱 만들어 냈다고 말입니다. 정말 터무니없는

소리입니다. 저는 절대 그런 식으로 글을 쓰지 않습니다. 모든 것의 시작은 이미지였습니다.[20]

시각 예술

"거의 1,400년 동안 시각 예술의 으뜸가는 후원자는 교회였지만, 오늘날 기독교는 시각 예술 세계에 관심을 보이기는커녕 참여하거나 지지하는 일도 없다"[21]는 주장이 있다. 이미지는 문화 속에서 선한 쪽으로든 악한 쪽으로든 분명 영향력을 떨친다(다음 장에서 이 점을 살펴볼 것이다). 루이스는 조지 맥도널드(George MacDonald)가 쓴 "상상의 기능과 문화"(1867)의 영향을 받았다. 그 글에는 "미적 능력을 발달시키려면 우리 눈앞, 즉 가장 많은 시간을 보내는 방에 당신이 구할 수 있는 한 최고의 미술 작품 몇 점을 놓아두라. 그러면 악한 것을 거부하고 선한 것을 선택하도록 가르쳐 줄 것이다"라는 괴테의 말이 담겨 있다.[22]

『새벽 출정호의 항해』 첫 장의 제목은 "침실의 **그림**"이다. 영적 여정이 미술 작품에서 시작된다는 점이 의미심장하다. 유스터스는 침실 벽에 걸린 '새벽 출정호' 그림을 보다가 그림 속 파도가 움직이면서 그 안의 세상으로 들어간다. 즉 '영적이지 않은' 유스터스조차 미적인 경험 혹은 '상상력을 사용하는' 경험을 통해 나니아에 들어갔던 것이다. 에드먼드가 루시에게 "저 애가 예술이니 뭐니 떠들게 만들지 말라"고 하는 장면에서 아이들 사이에서 계속 진행 중인 예술의 가치에 대한 논쟁이 넌지시 드러난다. 그러면 유스터스가 예술의 반대자, 오늘날로 말하면 문학 작품보다 곡물 창고에 대한 도표 따위가 나오는 '비문학'을 즐겨 읽는다고 배척당하던 모습이 떠오를 것이다. 유스터스가 읽던 책 중에는 특히 용이 나오는 것은 거의 없었다. 이와 달리, 에드먼드와 루시는 상상력을 발휘하여 "그들이 그 집에서 좋아한 유일한 그림"[23]에 빠져들었다. 그림은 2층 골방에 처박혀 있었다. 앨버타 숙모가 좋아하지 않았기 때문이다.

배를 그린 그림이었다. 배 한 척이 물살을 가르며 정면으로 다가오고 있는 듯한 그림이었다. 금박을 입힌 뱃머리는 입을 크게 벌린 용머리 모양이었다. 돛대는 하나였고 짙은 자줏빛의 큰 사각 돛이 걸려 있었다.…배는 약간 좌현으로 기울어진 채 상쾌한 바람을 가르며 쾌속으로 달리고 있었다.[24]

유스터스는 그것을 '형편없는 그림'[25]이라고 생각했다. 그리고 사촌인 에드먼드와 루시를 놀리고 비웃었다. 그러다가 화가 나서 그림을 부수려고 했다. 그림을 떼어 내리다가 어쩌다 "액자 앞에 서게 되었는데, 눈앞에 유리가 아닌 실제 바다가 펼쳐졌고, 바람과 파도가 액자를 향해 몰아치는 듯했다."[26] 이야기에서 아이들은 미처 깨닫기도 전에 벌써 그림 속으로 들어가고 있었다. 유스터스는 싸우고 격렬히 저항했지만, 루시는 우리가 본 바와 같이 그 경험을 기꺼이 받아들이고 순식간에 그림의 세계에 사로잡힌다. "그림은 캔버스에 색을 배치해서 만들지만 색과 캔버스 구조가 조합된 것 그 이상"[27]이라는 점에 주목해야 한다. 상상의 작품이나 회화는 보고서나 설명, 사실에 대한 기록으로는 도달할 수 없는 것에 이른다. 글로 하는 수업은 과학 수업과 마찬가지로 우리에게 그것을 보여 주지 못한다. 그 그림을 싫어했던 유스터스는 자유 학습자와 반대되는 모습이다.

루이스는 독자가 '시인(혹은 문학 작가)'을 구경거리가 아니라 안경으로 삼아야 한다는 점'에 주목하는데, '침실의 그림'은 이 점을 잘 보여 준다. 아이들은 그림을 그린 사람에 대해 공부하지 않았다. 사실 작가의 이름조차 모르지만 그 작품에 미적으로, 상상으로 참여한다. 아이들은 '그림을' 보기보다는 '그림을 통해서' 보기 시작한다. 루이스가 E. M. W. 틸리야드(Tillyard)와 공저한 『개인적 이단: 논쟁』(The Personal Heresy: A Controversy, 1939)의 첫 장에 등장하는 에세이 "비평에서의 개인적 이단"에서 시인의 마음 상태에 주의를 기울여야 한다는 틸리야드의 관점을 '개인적 이단'이라 부른다. 루이스는 시인의 마음을 '안다고 하면' 그것은 학습이 아니라 시인의 의식을 공유하는 데서 비롯된 것이라고 주장한다.

> 시인은 자기를 보라고 요청하는 사람이 아니라 '저기를 보라'고 가리키는 사람이다. 그의 손가락이 가리키는 곳을 바라볼수록 시인은 더욱 보이지 않아야 한다.[28]

루이스는 시인에게 집중하기보다 그 작품을 경험해야 한다고 생각했다. 문학이나 예술 작품의 세계에 빠져드는 상태를 온전히 누려야 한다. 루시 페번시가 침실의 그림을 보는 장면은 그러한 상태를 훌륭하게 형상화한 것이다. 또한 루이스는 "공구 창고에서 한 묵상"에서 미적 반응의 속성을 다음과 같이 보여 준다.

나는 오늘 어두컴컴한 공구 창고 안에 서 있었다. 밖을 비추던 햇빛 한 줄기가 창고 문 꼭대기의 틈을 타고 들어왔다. 내가 서 있던 곳에서는 그 한 줄기 빛과 그 안에서 떠다니는 먼지가 가장 눈에 띄는 것이었다. 그 외에는 모두 칠

흑같이 어두웠다. 나는 그 빛을 보고 있었다. 그것을 통해 다른 사물을 본 것은 아니었다. 그 후 나는 그 빛줄기가 떨어지는 곳으로 자리를 옮겼다. 갑자기 이전에 봤던 모든 그림이 사라졌다. 공구 창고도, 무엇보다 빛줄기도 볼 수 없었다. 대신 창고 문 꼭대기에 울퉁불퉁하게 난 구멍을 액자 삼아 문밖의 나뭇가지에서 초록 잎이 흔들리는 것을 볼 수 있었다.…빛줄기를 통해서 보는 것과 빛줄기를 보는 것은 전혀 다른 경험이다.[29]

빛줄기를 보는 것과 빛줄기를 **통해서** 보는 것의 차이는 영적 안녕과 행복에 매우 중요하다.

기쁨을 확실하게 망치는 방법은 만족을 검증하기 시작하는 것이다.…(그 후에는) 모든 자기 성찰의 방향이 한 가지 면에서 잘못되기 시작한다. 자기를 성찰할 때 '자기 내면'에서 무슨 일이 일어나는지 보려고 하는 것이다. 바로 그 행위 때문에 직전까지 일어나던 일들이 거의 다 중단되어 버린다.[30]

자유 학문은 "지식을 아는 것(*savoir*)이 아닌 오감으로 아는 것(*connaitre*)"에 의존하며, "우리는 어떤 학문에 대한 것이 아니라 그 학문을 알아야 한다."[31] 또한 우리는 작품이 경도된 영적 방향에 반응하기 마련이다. 십계명에서 제2계명은 분명 미술이 아니라 새긴 이미지를 **숭배**하지 말라고 한다(현대의 우상 숭배는 유명인과 인기 가수를 추앙하거나 포르노그래피를 보는 행위일 것이다). 금송아지가 문제가 되는 이유는 금으로 만들었거나 아름답고 정교하게 새긴 미술품이라서가 아니라 숭배의 대상이 되기 때문이다. 루이스의 작품에서는 영적·도덕적 쇄신은 미적 경험과 함께 진행되는데,

인간답기 위해서는 상상력이 필수이기 때문이다. 루이스는 "인류학적 접근"이라는 글에서 "미술 외에는 어떤 곳에서도 마른 뼈를 다시 살아나게 만들 수 없다"고 주장했다.[32]

자유 사회에서 사는 법 배우기

루이스는 개인적 연구와 공적 학교 교육 및 옥스퍼드 대학을 통해 자유 교육을 풍부하게 받았다.[33] 이런 배경은 문학 작품뿐만 아니라 지금까지 큰 영향력을 행사하는 문학 및 문화 비평을 내는 데에 도움이 되었다. 루이스는 대학생 때 성경, 그리스어와 라틴어 텍스트, 논리, 윤리 및 정치 철학, 역사, 영어, 문학 등을 배웠다. 그는 자유 과목에 뛰어났고, 그런 그의 문학 작품은 상상력이 자유에 얼마나 강력하게 작용하는지 보여 주는 증거다. 하지만 자유 학문을 교육하는 것과 자유주의 혹은 '자유로운' 사회에서 사는 것의 관계를 이해하기 어려울 때가 많다. 리사 리치먼드(Lisa Richmond)는 '자유 교육'에 대해 가장 명쾌하고 간단한 설명을 남긴다.

> 자유 교육은 고대 그리스에서 시작되었다. 노예가 아니고 유복한 가정에서 자라서 도제식 직업 교육을 받을 필요가 없는 소년들을 위한 교육이었다. 그래서 자유 교육은 엘리트, 즉 자기가 거주하는 사회의 시민이 되어 모임에서 법과 행위를 논하고 평화로운 때나 전쟁 때 사회를 이끌어 가며 미적 가치의 결정권자가 될 사람들을 위한 교육이었다. 그러므로 자유 교육은 문화 속의 교육이라고도 할 수 있다.[34]

윤리적 판단을 할 수 있는 훌륭한 성품을 기른다고 하는 자유 민주주의의 자유 교육은 문제에 직면한다. 자유 학습이라는 개념은 고대 그리스에서 빌려 온 것인데, 민주주의가 탄생한 아테네에는 노예가 많았고 여성을 포함한 인구 중 대다수는 완전한 시민권을 누리지 못했다. 고대 로마도 사정은 마찬가지였다.

우리는 고대 그리스에서 '민주주의'를, 로마로부터 '시민 공화주의'를 물려받았다. 하지만 두 사회 모두 소외된 자를 대변하지 않았다. 기독교가 등장하기 전에는 그런 사회가 나타나지 않았다.[35] 사실상 어린이 학대와 같은 고대 사회의 일반적 관행이 현대의 자유 민주주의 사회에서는 불법으로 받아들여진다. 예를 들어, 고대 사회에서 교육은 소년을 대상으로 한 성적 관계에 기초를 둔 경우가 많았다. 성인 남자와 소년이 성관계를 맺는 것이 나이가 비슷한 성인 남자 사이의 성관계보다 훨씬 더 일상적이었다. 항상 수동적인 역할을 맡았던 어린 소년은 부와 영향력이 있는 나이 많은 남자와의 성관계에 동의하고, 그 대가로 교습과 교육을 받았다. 당시에는 이런 관계를 교환이라고 생각했고, 아동을 착취한다는 우려는 거의 없었던 것으로 보인다. 실제로 플라톤의 『향연』(Symposium)에서 파우사니아스(Pausanias)는 어린 소년들이 교습을 받고 나면 자기 또래의 다른 소년에게로 떠나 버리곤 한다면서 소년과의 성행위가 나이 든 남자에게 불공평하다는 불만을 표한다. 이 이야기는 어떤 면에서 성적 불평등뿐만 아니라 고대 사회 전반에 나타나는 사회 하위 계층과 불평등에 관한 인식 부족을 반영하고 있다. 호머(Homer)는 엘리트에 관한 글만 썼고, 아리스토텔레스는 '하위' 계층을 노예로 두어야만 '상위' 계층이 정치에 참여할 시간과 여유를 확보할 수 있다고 여겼다. 불평등은 남성과 여성의 일반적 관계, 특히 결혼 관계의 특징이기도 했다. 남편과 아내가 서로 사랑한다는 개념은 찾아볼 수 없었고, 이런 관계에서 사랑은 우리가 아는 그리스 비극에 등장하는 것과는 달랐다. 당시의 결혼 관계를 묘사하는 아리스토파네스(Aristophanes)의 『여자의 평화』(Lysistrata)는 사랑이 아니라 성을 중점적으로 다룬다. 다음 장에서는 성 그리고 성과 청소년 교육의 관련성에 대한 C. S. 루이스의 견해를 살펴볼 것이다.

- 과제 및 토론 질문

1. 오늘날 자유 교육이 견지하는 목적과 가치는 무엇인가?
2. 루이스가 자유 교육을 그토록 중시했던 이유는 무엇인가?
3. 자유 교육은 자유 사회에 사는 학생들에게 어떤 준비를 하게 하는가?
4. 고대 사회에서 자유 교육은 어떤 것이었나?
5. 고대에는 어떤 사람이 자유 교육을 받았는가?
6. 오늘날의 교육 및 학교 교육에 대한 영감을 고대에서 얻으려고 할 때 어떤 장단점이 있는가?
7. 예술이 중요한 이유는 무엇인가?
8. 학교 교육에서 2차 세계가 중요한 이유는 무엇인가?
9. 『페렐란드라』에 등장하는 여인에게서 상상력과 창의성에 관해 어떤 것을 배울 수 있는가?
10. 루이스는 미적 경험과 영적 경험의 관계를 어떻게 생각하는가?
11. 빛줄기를 통해서 본 경험이 있다면 말해 보라.
12. 학생들을 가르치는 교육은 얼마나 '자유로워야' 하는가?

5. 성교육
절제와 구매 저항

> 그곳에는 저주받은 사람들이 산다. 교만과 욕정으로 가득 차 있는 사람들이다.
> – C. S. 루이스, 『그 가공할 힘』[1]

앞 장에서 우리는 시각적 이미지와 상상력의 힘을 살펴보았고, 그것이 좋게도 사용될 수 있고 나쁘게도 사용될 수 있음을 알았다. C. S. 루이스는 제2차 세계대전이 끝나기 직전 『그 가공할 힘』을 썼는데, 과학 소설이라는 장르를 통해 오늘날 볼 수 있는 행동 방식과 큰 의미에서는 그리 다르지 않은 어떤 행성의 삶을 묘사했다. 랜섬은 진짜 배우자보다 '이미지'를 열렬히 사랑하여 '냉랭한' 결혼 생활을 하는 행성을 묘사한다. 설바라는 행성에서는 실제 남편이나 부인이 아닌 '이미지'와 '함께 눕는다.'

그 행성의 천체 반쪽은 우리 쪽을 향하고 있으며, 우리와 같은 저주를 받고 있다.…이곳은 태의 씨가 말랐고 결혼 생활은 냉랭하다. 그곳에는 저주받은 사람들이 사는데, 자랑과 욕망으로 가득 차 있다. 젊은 남자가 결혼할 여자를 택해도, 그들은 잠자리에 함께 눕지 않고 각자 교묘하게 만든 상대방의 이미지와 함께 눕는다. 몸을 움직이고 덥히도록 악한 예술로 만든 이미지다. 진짜

육체는 쾌락을 주지 못하기 때문에 이들은 욕망이라는 꿈속에서 매우 섬세하게 움직인다.[2]

이 사람들이 "우리와 같은 저주를 받고 있다"는 점이 중요한데, 여기서 소개되는 양상은 인터넷 포르노그래피 시청을 연상시킨다. 포르노그래피는 특히 결혼을 심각하게 위협하지만 관계에도 전반적으로 악영향을 미친다. 루이스는 이 부분에 선견지명이 있었던 것 같다. 우리는 이런 "악한 예술"로부터 어린이와 청소년을 보호해야 한다.

인터넷 포르노그래피

나는 이 장을 쓰던 시기에 기차로 출근하던 중 어떤 신문 기사를 읽었다. 성 묘사가 노골적인 포르노그래피를 인터넷에서 시청한 후 강간을 저지른 소년에 관한 끔찍한 이야기였다. 소년은 포르노 사이트에서 본 것을 그대로 따라했다. 법정에서는 누군가가 "요즘 어린 청소년들은 자라면서 성과 성행위에 관해 왜곡된 시각을 갖게 되기 때문에" 이 사건은 "빙산의 일각"일 수 있다고 말했다고 한다. 앤 스미스 판사는 "포르노그래피를 절대로 성적 행동 지침으로 생각해서는 안 된다"고 말한다.[3] "베일리 보고서" 연구에서도 유사한 결과가 나타났는데 "어린이들은 '적절한' 성관계를 맺기 위해서 화면 속 등장인물과 같은 용모와 행동을 보여야 한다고 확신했다"며, "일반적으로 사랑에 바탕을 두지도 않고 애정을 표현하지도 않는 성관계를 의미했는데 말이다"라고 밝힌다.[4] 게다가 이런 양상은 문화적 도상이 되어 버렸다. 하지만 어린이와 청소년에게 포르노그래피 소비와 중독의 위험성과 그에 따르는 위협을 가르치지 않는 학교와 가정이 많다. 학교가 청소년에게 온라인에서 윤리적으로 행동하는 법에 대해 무엇을 가르치는지 살펴보는 것은 매우 귀중한 연구가 될 것이다.

학교에서 훌륭한 성품을 기르고자 한다면 포르노그래피의 위협을 심각하게 받아들여야 한다. 포르노그래피가 보는 사람의 태도와 행동에 어느 정도 영향을 미치는가에 대한 논의는 차치하고, 이것이 단순히 '가상' 행동이 '실제' 행동에 영향을 미치는 정도에 국한된 문제가 아님을 인식해야 한다. 온라인에서의 상호 작용은 언제나 타인에게 영향을 주는 실제 행동이다. 포르노그래피를 소비할수록 소비가 증가하여 해당 산업이 돈을 벌고 '숭배의 대상'을 착취하는 데 일조한다. 매우 모순적 과정이다. 포르노그래피를 만드는 과정에는 이미지의 부패한 속성과 착취가 관련되어 있기 때문이다. 온라인상의 행동은 문화를 변화시키고 사람들의 기대에 영향을 주며 비도덕적인 행동과 관행을 정상으로 여기게 한다. 오프라인은 물론 온라인에서도 절제와 도덕적 행동을 강조하는 것이 매우 중요한데 "우리가 인생 전체를 망쳐 버릴 작정이 아니라면 (자연적 욕망이라는 의미의) '본성'은 통제되어야 하기 때문이다."[5]

책임 의식 있는 가정과 학교라면 어린이와 청소년을 아무런 여과나 감독 없이 인터넷에 접속하도록 두지 않을 것이다. 여느 양육이나 교육 문제처럼 이 문제도 어른과 어린이 간 관계의 질에 기초를 둔다. 신뢰가 그 지표다. 어린 학생들이 인터넷에 접속하도록 허용하면 아이들은 세상을 볼 것이며 어느 시점에는 세상의 불쾌한 양상과도 마주할 것이다. 그러한 일이 가능한 한 일어나지 않아야겠지만 그러한 일을 없는 일처럼 회피하지 않고 대화할 수 있느냐가 중요하다. 가정은 물론 학교에서도 '인터넷 이용 규칙'을 지침으로 만들 수 있다. 완전히 개방된 환경에서 감독 아래 인터넷에 접속하는 것이 가장 안전하지만, 그렇지 않다면 이용자는 본인의 인터넷 활동이 기록되며 때로 보고 있던 것을 설명하도록 요구받을 수도 있음을 알아야 한다. 책임 있게 인터넷을 이용하는지 확인하고 보호하려면 '비공개 접속'(웹사이트 '방문 기록'을 남기지 않거나 선택적으로 삭제할 수 있는 경우)을 허용하지 않아야 한다. 학생이 특히 밤에 혼자 인터넷을 이용하지 않도록 '무선 인터넷' 공유기를 꺼 놓을 수도 있다. 포르노그래피 관련 문제를 다룰 때는 **겸손**이나 **절제**를 신뢰하지 않아야 한다. 이러한 덕목은 상호 존중의 관계에 참여할 때 필요한 것이다. 성품 교육을 다룬 1장에서는 나쁜 습관보다 좋은 습관을 기르는 것이 필수적이었다. 성경은 인류가 타락했고, 그런 "메마른 사람들은 지속적으로 사악한 생각, 살인, 간음, 음행, 도둑질, 거짓 증언, 신성 모독을 한다"[6]고 말한다. 여기서 '음행'으로 번역된 말은 그리스어 포르네이아(*porneia*)로 '포르노그래피'(pornography)의 어원이다.

혼외 관계

루이스가 성적 행동과 관련하여 권위 있다고 본 성경에 따르면, 결혼하지 않은 사람들 사이의 성관계는 서로 합의하여 지속된 것이라 해도 '음행'이다. 최근 내가 방문했던 한 수업에서 열네 살짜리 학생들이 셰익스피어(Shakespeare)의 『로미오와 줄리엣』(*Romeo and Juliet*, 1597)을 배우고 교사는 약혼식과 약혼에 대해 이야기를 하고 있었다. 교사는 학생들에게 '당시' 사람들이 관계에서 보이는 행동은 지금과 사뭇 다르고, 결혼할 때까지 성관계를 하지 않고 기다렸던 것은 '지금 우리의 행동'과는 완전히 다르다고 설명하면서 무심코 아주 세속적인 21세기식 생각을 드러냈다. 결혼할 때까지 성관계를 미뤄야 한다는 생각은 구식이라는 메시지였다. 이 학교 학생들이 성교육에서 했던 과제를 붙여 놓은 게시판에는 "남자친구를 정말 믿을 수 있을 때까지 기다릴 거예요"라든지 "준비가 되기 전에 억지로 하려고 하지 않을 거예요" 같은 말은 있었지만, 결혼에 대한 언급은 한 줄도 찾을 수 없었다. 교육 과정에 '결혼 교육'이 아닌 '성교육'이 있다는 사실은 편향된 사고를 드러낸다고 볼 수 있다.

많은 학교의 '성교육' 프로그램에는 성관계까지 포함한 성행위를 할 청소년이 많을 것이므로 성병과 임신을 예방하는 피임 교육이 가장 필요하다는 전제가 깔려 있다. 현대 교육자들 중에는 어린이와 청소년이 어떻게 살아야 하는지 혹은 어떤 선택을 해야 하는지 가르치는 것이 학교나 교사의 역할은 아니라고 믿는 사람이 많다. 그래서 '성교육'은 건강하고 안전한 섹스 관련 프로그램의 역할만 하는 것이다. 도널드 윌리엄스가 '가치 판단이 들어 있지 않은' 성교육은 '모순'이라고 말한 것은 옳은 지적이다.[7] 성행위와 관련된 문제에서 아이들이 스스로 옳다고 여기는 것을 선택해도 된다고 가르친다면, 결혼 관계에 있는 남자와 여자 사이에서만 성관계를 가질 수 있고 결혼 전에 그런 관계를 갖는 것은 잘못이라고 가르치는 것만큼이나 '중립적'이지 않다.

비유로 설명할 수도 있다. 최근에 어떤 동료는 자기가 관용적이고 '중립적'이라면서, 삶에서 선택을 하는 것은 주차장에 들어가는 것과 같다고 믿기 때문이라고 했다. 주차장에 들어간 학생은 스스로 원하는 곳에 '차'를 주차해야 하며, 특정한 곳에만 차를 대라고 하는 것은 편향적이라고 했다. 물론 차를 어디에 댈지는 언제나 학생 스스로 선택해야 한다. 하지만 어느 '자리'에나 주차해도 좋다는 관점을 지지하는 것이나 더 좋은 자리와 우리의 상태에 더 도움이 되는 '자리'가 있다고 말하는 것 모두 진리 주장이다. 미디어가 혼외 관계나 동성 간 성관계가 괜찮다고 묘사하는 것은 그런 행동을 받아들일 수 없다고 믿는 종교 전통이나 공동체만큼 중립적이지 않다. 양쪽 모두 성관계와 관련해 진리 주장을 하고 있는 것이다.

2장에서 다룬 바와 같이 루이스는 결혼을 벗어난 **어떤** 성적 행동도 죄라고 보았고, 다른 모든 영역에서와 같이 성의 영역에서도 사람의 성품의 중요한 부분인 절제를 실천해야 한다고 생각한다. 우리 문화에서는 성적 대상화가 만연해 있다. 아동기는 성인이 가진 많은 관심사에 때 묻지 않은, 순수하고 축복받은 시기여야 하는데 말이다. 미디어가 어린이를 성적 대상으로 만드는 불편한 일을 저지르고 전반적으로 성을 강조하면서, 많은 어린이가 적정 연령이 되기 한참 전부터 삶의 그런 단면에 노출된다. 부모, 교육자, 청소년은 토머스 리코나와 주디스 리코나(Judith Lickona)의 저서에서 유대교-기독교 전통에 뿌리를 둔 귀중한 자원을 발견할 수 있다. 리코나 부부가 윌리엄 부드로(William Boudreau) 박사와 함께 쓴 『성과 사랑, 올바르게 결정하기』(Sex, Love and You: Making the Right Decision, 2003)는 순결의 가치를 알리고 결혼 전 성행위의 위험성을 설명하며 성적 욕구를 자제하는 것이 행복과 안녕에 어떤 유익을 주는지 논한다. 이 책은 "누구나 그렇게 하지 않나요?", "옳다고 생각하는 것이 틀릴 수 있나요?", "책임지지 않는 성관계의 감정적·영적 위험성은 무엇인가요?", "하나님이 성을 선물로 주신 뜻은 무엇인가요?"[8] 등의 내용을 다룬다. 토머스 리코나는 베스트셀러 『인격 교육의 실제』의 "아이와 성, 사랑, 성품에 대해 대화하기"[9]라는 장에서도 학교에서 성품에 기초한 성교육을 시행하는 법을 훌륭하게 설명하고 있으며, 이는 루이스의 견해와도 일치한다.[10]

부부 관계의 성결 배우기

루이스가 '어른들을 위한 현대 동화'라고 한 『그 가공할 힘』의 마지막 부분에는 '냉랭한' 결혼에 다시 '온기가 도는' 장면이 나온다. 여기서 필수적인 부분은 성관계와 성행위가 다시 성결해지는 것이다. 배우자가 다시 서로를 존중하고 절제하는 마음을 되찾는다. 『네 가지 사랑』(The Four Loves, 1958)에서는 '에로스'(Eros)를 예리한 관점으로 분석하는데, '에로스'를 우상화하여 충족시키거나 지속될 수 없을 만큼 높은 기대를 가지면 부부 관계가 '위험'에 처하거나 '망가질' 수 있다는 주장은 지금 다루는 문제와 가장 밀접하다. 마찬가지로 청소년들이 항상 '옳은 느낌'에만 의존하면 필히 넘어지고 만다. 루이스가 말한 것처럼 우리에게는 "하고 싶은 것과 참아야 하는 것을 함께 받아들이는" 마음과 "약간의 상식"이 필요하다.[11] 청소년들은 미디어가 보여 주는 것이 아닌 실제 관계의 본질을 이해해야 한다. 이들은 언젠가 어른의 세계에 살 것이기 때문이다. 이들은 『그 가공할 힘』을 읽으며 마크과 제인의 결혼 생활을 통해 많은 것을 배울 수 있다.

일반적으로 결혼 서약에는 '소중히 여긴다'라는 말이 들어가는데, 배우자를 당연시하는 것이 아니라 아주 귀중하게 생각한다는 의미다. 에이즈와 같은 성병의 위험을 제외하고 책임 없는 성생활에서 가장 위험한 부분은 결혼의 성결함과 특별함이 사라지는 것이다. 루이스에 따르면, 항상 중점을 두어야 하는 것은 단순히 드러나는 행동이 아니라 사람이다[이러한 견해는 조지 오웰(George Orwell)이 『1984』에서 드러낸 성에 대한 관점과 반대된다]. 루이스는 『네 가지 사랑』의 "에로스" 장에서 '감각적 쾌락'과 사람의 차이에 주목한다. 그는 다음과 같이 둘을 구분한다.

> 매우 불행한 일이지만 욕구에 가득 찬 어떤 남자가 거리를 어슬렁거리면서 '여자를 원한다'고 표현한다. 엄밀히 따지면 남자는 그저 여자를 원하는 것이 아니다. 그가 원하는 것은 쾌락이며 여자는 그 쾌락에 필요한 도구일 뿐이다.[12]

실험실에서 자주 볼 법한 '도구'라는 말은 충격적일 정도로 적나라하지만 적절한 표현이다. 생물 시간에 성관계에 대해 가르칠 때, 관계의 맥락을 고려하지 않은 채 '인간의 생식계'로 의미를 축소시킨다면 『그 가공할 힘』에 등장하는 스터독의 결혼처럼 신성함이나 성결함은 사라질 것이다.

> 실험실 관점으로 사랑을 보면 제인에게서 아내의 겸손이란 것은 싹조차 틔우지 못하고, 마크가 구애를 하는 동안 사랑을 하는 사람이 지닐 겸손도 싹조차 틔우지 못한다.[13]

'실험실 관점'이 지닌 위험은 실험실에만 국한되지 않는다. 문제는 청소년들이 포르노그래피에 의해 혹은 그것을 위해 이성을 착취하고 상대에 대한 존중이 결여된 성장 환경에서 스스로와 타인을 존엄한 인간으로 존중하는 법을 배워야 한다는 점이다.

청소년들은 "성욕도 다른 욕구처럼 탐닉에 의해 자란다"는 사실, 그리고 다른 곳에서와 같이 온라인에서도 그들은 윤리적으로 행동할 수 있다는 것을 이해해야 한다.[14] 다시 말해, 절제는 하면 할수록 실천하기 더 쉬워진다. 성품 교육과 테니스 선수 비유의 기본 메시지(1장을 보라)는 훈련할수록 더 좋은 결과를 얻는다는 것이다. 절제를 훈련할수록 후천적 본성으로 자리 잡거나 학습된 행동 방식으로 절제를 실천할 수 있게 된다. 그러므로 청소년들이 절제력을 기르도록 도와주어야 한다. 청소년들이 출산의 가능성이 있는 성적 행위를 할 때, 그 결과는 영적·윤리적으로 선하지 않으며 사회·경제적으로도 지속가능하지 않기 때문이다. 이들의 그러한 성적 행위는 실제로 감당할 수 있는 수준을 벗어나므로 청소년은 절제를 배워야 한다.

> 젊은 남성이 내킬 때마다 성욕을 채우고 모든 행위가 출산으로 이어진다면, 10년 안에 그 아이들로 작은 마을을 만들고도 남을 것이다.[15]

"건전하고 교양 있는" 사람이라면 누구든지 "어떤 욕구는 거부하고 또 어떤 욕구는 허용하는 원칙"이 있어야 한다.[16] 그래서 학교 교육은 청소년이 순간적으로 선택하기 전에 적용할 원칙과 경계선을 깊이 생각하고 선택하도록 도와야 한다. 학생들은 미리 생각해야 하고, 억제하기보다는 도움이 되는 습관을 형성해야 한다. 행동 방식은 학생을 도울 수도, 위험하게 만들 수도 있다. 훌륭한 학교 교육과 가정 교육은 훌륭한 행동 방식을 세우는 데 도움이 된다. 또한 청소년은 본인들이 어떻게 속임수의 대상이 되는지 인식해야 한다.

돈을 벌기 위한 목적으로 성적 본능에 계속 불을 지피는 사람들이 있다. 어떤 것에 집착하는 사람만큼 구매 저항력이 낮은 사람도 없기 때문이다.[17]

마크 스터독은 자신이 "위대한 연인과 기사와 시인들이라면 발을 들이지 않았을 곳에 무심코 들어가 서성대고 있었다"[18]는 사실을 깨달으면서 결혼 성관계의 성결함을 되찾는다. 그는 언덕에 있는 세인트 앤으로 걸어가면서 "끊임없이 요구하기만 했던 서툰 모습"을 인정한다.[19] 기분 나쁜 꿈을 꾸던 제인에게도 영적 치유가 찾아온다. 세인트 앤의 랜섬 대장은 그녀에게 "순종하는 마음으로 가면 사랑을 찾을 수 있을 겁니다. 꿈을 꾸는 대신 아이를 갖게 되실 겁니다"라고 말한다.[20] 마크와 제인 부부는 오랜 별거 후 새롭게 겸손한 마음으로 침실에 들어간다. 여기서 우리는 사도 바울이 결혼한 부부에게 강권한 피차 복종의 모습을 본다.[21]

동성애 옹호에 대한 도덕적 이의 제기

루이스는 결혼을 남자와 여자가 하는 것이라고 생각했다. 하지만 일부 초등학교에서는 이제 동성애를 생활 방식의 한 가지 대안으로 옹호하기 위해 '엄마가 둘'이거나 '아빠가 둘'인 아이가 등장하는 책을 읽도록 권장하기도 한다. 사고(思考) 실험을 통해 루이스가 21세기 잉글랜드의 교사라고 가정해 보면, 우리 사회가 그의 전통적인 기독교적 관점을 어떻게 받아들일지 생각해 볼 수 있을 것이다. 교사가 된 그의 모습을 완전히 상상에 의지할 필요는 없다. 그는 1년 동안 옥스퍼드 대학의 모들린 칼리지에서 임시 철학 강사를 맡지 않았다면 사립학교 교사가 될 수도 있었기 때문이다. 친구들에게 '잭'으로 불렸던 루이스를 상상해 보자. 그는 금요일 업무를 마치고 도시에 개설된 다문화 학교에서 동료들과 함께 교무실 커피 테이블에 앉아 있을 것이다. 동료들 중 한 명은 유대인, 다른 한 명은 이슬람교도다.

그의 주말 계획은 이렇다. 토요일 오전에는 출판사를 알아보고 있는 『사자와 마녀와 옷장』의 마지막 장을 쓸 것이다. 토요일 오후에는 형 와니와 함께 오토바이나 사이드카를 타고 시골길이나 해안가에 갈 것이다. 그리고 일요일 오전에는 교회 예배에 참석할 것이다. 하지만 길었던 한 주의 수업을 끝낸 금요일 오후에는 보통 동료들 사이에 재치와 정감 어린 농담이 바쁘게 오간다. 유머가 넘치는 자리다. 동료들은 서로가 믿는 종교의 핵심 진리 주장에는 서로 동의하지 않는다(이슬람교도인 동료는 그리스도가 신이라 믿지 않으며 루이스는 마호메트가 하나님의 사자라 믿지 않는다). 하지만 다른 면에서는 공통된 생각을 가지고 있다. 그들은 상대방 종교의 진리 주장을 지지하지는 않지만 그럼에도 불구하고 친구다. 그들 특히 루이스는 최근 정치 문제에 딱히 관심이 없어서 커피 테이블에 놓인 「타임즈 교육 증보판」(*Times Educational Supplement*)을 읽는 일이 드물다. 하지만 "교사는 다양성을 옹호해야 한다"는 그날의 머리기사는 피하기 어려운 주제다. 한 주 내내 뉴스 게시판에서 토론하던 주제이기도 했다. 이번에 도입된 2009년 잉글랜드 일반 교수 협의회에서 제안한 것과 같은 새로운 "교사 행동 규범"[22]은 교사가 다양성을 옹호해야 한다고 요구한다. 기사에서는 동성애를 도덕적으로 받아들일 만한 대안적 삶의 방식으로 양심상 적극 지지하거나 인정할 수 없는 교사들에게는 극심한 어려움이 생길 수 있다고 지적한다. 교사들은 "이 사안 때문에 직업이냐 양심이냐를 선택하

라고 강요받을 수도 있는" 부당한 처지에 놓여 있다.[23]

　이슬람교, 유대교, 기독교를 믿는 교사들은 자신의 경전이 가르치는 바를 따르는 것이 의무라고 생각한다. 세 종교 모두 동성 간 친밀한 우정과 사랑을 존중하지만(귀감이 되는 예로는 다윗과 요나단, 룻과 나오미가 있다) 동성애 행위는 단호하게 거부한다. 유대인 교사는 레위기(율법)를 인용해 "여자와 하듯 남자와 동침하지 말라, 이는 미워할 만한 것이다", "여자와 하듯 남자와 동침하지 말라, 이는 가증스러운 것이다"라고 말한다.[24] 이슬람교도 교사의 공동체에서는 동성애란 사실상 있을 수 없는 일이며 타락한 서양의 상징으로 여긴다. 그는 다음과 같이 코란을 인용한다. "여자보다 남자에게서 욕망을 채우는 사람은 진실로 인간의 경계를 벗어나는 죄를 짓는 것이다", "진정 여자보다 남자에게 욕망을 가지고 접근하고 있는가? (극도로) 무지한 자다!"[25] 내가 예로 든 교사들은 동성애를 혐오하지 않고 편견에 치우치지도 않았고 관용이 없는 사람들도 아닐뿐더러, 전문적이고 동성애자인 동료를 존중하며 예의 바르게 대한다. 하지만 이 중 누구도 성에 관한 문제에서 종교적 가르침이라고 굳게 믿는 바를 거스를 수 없으며, 이런 사안을 선택할 자유가 있다고 생각하지도 않는다. 오늘날 '동성애 혐오'라는 말은 동성애자를 극도로 미워한다는 뜻을 내포하는 말로 종종 쓰이는데, 그리스도인으로서 감정과 관계없이 사랑을 보여야 한다고 강조했던 C. S. 루이스는 이 말을 싫어했을 것이다. 하지만 루이스는 성경의 전통적 가르침과 궤를 같이하여 "남자가 여자에게 욕구를 느끼는 것"이 "보편적"이고 "남자가 남자에게 욕구를 느끼는 것"은 "자연적이지 않다"고 여겼다.[26] 이러한 견해는 신약성경 로마서 1장을 근거로 한다. 그 장에서는 "여자들도 순리대로 쓸 것을 바꾸어 역리로 쓰며 그와 같이 남자들도 여자 쓰기를 버리고 서로 향하여 음욕이 불 일듯 하매 남자가 남자와 더불어 부끄러운 일을 행하여 그들의 그릇됨에 상당한 보응을 그들 자신이 받았다"고 말한다.[27] 세 사람은 입법 활동에서 성이 종교를 '이기는' 것은 잘못되었다고 생각하며, 이 같은 공격적 세속주의에 우려를 표한다. 이런 환경에서 루이스는 동성애를 이성 간 사랑과 똑같이 유효한 삶의 방식으로 지지하거나 혼외 성관계가 죄가 아니라고 할 준비가 되지 않아서 영어 교사라는 직업을 잃을 수도 있다면 그것까지 각오했을 것이다. 그의 이슬람교도 및 유대교도 친구들도 마찬가지였을 것이다. 그래서 점차 다수의 의견이 도덕을 결정하는 사회에서, 그는 "이교도 시대부터 여론은 사회 통념에 어긋나는 사람들이나 도착적 행동에 대해 적대감을 덜 가진다"[28]는 발언을 되풀이했을 수도 있다. 이와 더불어, 루이스는 강한 확신을 가진 문제에 관해 의견이 다른 사람들을 반드시 존중하고 공손하게 대해야 한다고 생각했다. 세속적 관점이 우위를 점하는 일이 많은 사회에서 경전을 삶의 권위로 여기는 사람들의 종교적 견해를 존중하는 일은 필수적이다.

- **과제 및 토론 질문**

1. 인터넷 포르노그래피 시청이 만연한 현상에 관한 가장 최근 통계는 어떤 것이 있는가?
2. 어린이와 청소년을 이 같은 '저주'에서 보호할 수 있는 최선의 방법은 무엇인가?
3. '이미지'와 '배우자'의 차이는 무엇인가?

4. 학교에서 하는 '성교육'이 중립적일 수 있는가?
5. 좋은 '성교육'을 설명해 보라(리코나의 저서를 참고하라).
6. 루이스는 성에 관해 어떤 신념을 가지고 있었는가?
7. 루이스가 성과 관계에 관해 제시하는 건전한 조언은 무엇인가?
8. 성교육에 대해 '실험실 관점'을 취할 때 어떤 위험이 있는가?
9. 1장 성품 교육을 다시 읽어 보라. 성 문제에서 절제라는 덕목이 필수적인 이유는 무엇인가?
10. 2장 기독교 교육을 다시 읽어 보라. 성 문제에서 겸손이라는 덕목이 필수적인 이유는 무엇인가?
11. 루이스가 혼외 관계에 대해 자신의 입장을 취하는 이유는 무엇인가?
12. 루이스는 '동성 결혼'에 대해 어떤 생각을 지녔을 것이라 생각하는가?

6. 성경 교육
자유의 기초

"아담의 아들과 이브의 딸이란 말이지, 응?" 난쟁이가 말했다. 그러나 실험 학교의 학생들은 아담과 이브의 이야기를 들어 본 적이 없었던 터라 질과 유스터스는 대답을 할 수가 없었다.
- C. S. 루이스, 『은 의자』[1]

성경 문맹

이번 장에서는 성경이 모든 시대에 걸쳐 그리스도인들에게 종교적 중요성을 갖지만, 기독교의 진리 주장을 믿든 믿지 않든 학교에서는 종교 텍스트가 아닌 문학이나 문화적 텍스트로서 성경을 다루어야 한다는 주장을 펼칠 것이다. 이러한 주장은 청소년의 문화 소양[2] 문제에 있어서 교육적으로 중요한 의미가 있는데, 『은 의자』에서 질과 유스터스가 다니는 실험 학교는 학생들을 성경에 대해서는 문맹으로 만들어 버리기 때문이다. 소설의 화자는 이렇게 말한다.

내가 학교에 다닐 때는 아이들이 '성경에 대고 맹세'한다고 말했을 테지만 실험 학교에서는 성경을 배우라고 하지 않았다.[3]

학교 교육 과정에서 성경이 제외된 것은 간단하게 설명할 문제가 아니다. 복잡한 신념이 얽혀서 가장 영향력 있는 텍스트를 전체적으로 등한시하게 되었기 때문이다.[4] "뉴볼트 위원회 보고서"는 성경과 관련한 "특수한 어려움"은 성경이 "한편으로는 감정과 믿음을, 다른 한편으로는 불신과 무관심을" 맞닥뜨린다는 것이라고 말한다.[5]

미국의 "종교 및 교육 기관은 공립학교에서 성경을 문학으로 가르치는 것을 찬성한다. 성경은 위대한 문학 작품이면서 서양 문화를 이해하는 기초가 되기 때문이다." 하지만 실제 교실에서 성경 교육은 '보편적'이라기보다는 '이례적'인 일이다.[6] 미국에서는 성경을 "종교적 신념을 폄하하기 위해서도, 장려하기 위해서도 사용할 수 없지만" 성경을 "문학으로 가르치는 것"은 전적으로 정당하다.[7] 종교 및 교육 분야에서 가장 권위 있는 한 연구자에 따르면 13-15세 영국 중학생 중 3분의 2는 성경을 **한 번도 읽어 본 적이 없다고 한다.**[8]

C. S. 루이스와 성경, 영문학, 언어

C. S. 루이스는 『공인 영역 성경의 문학적 영향』(The Literary Impact of The Authorized Version)에서 다음과 같이 주장한다.

> 내 예상으로는 항상 그랬듯이 앞으로도 [성경을] 읽는 사람은 그리스도인들 밖에 없을 것이다.[9]

하지만 그리스도인들만 성경을 읽으면 심각한 문제가 발생한다. 성경을 기피하면 문화적·언어적 누락이 너무도 확연해진다. 기독교의 진리 주장에 대한 반응과 상관없이 다른 어떤 책보다 이 책을 읽지 않은 결과는 헤아릴 수 없을 정도로 비참하다. 성경은 하나님을 '믿지' 않는 사람에게도 위대한 문학 작품이다. 하지만 루이스는 성경이 문학과 미를 초월한다고 본다.

성경은 그저 신성한 성격을 띤 정도가 아니다. 성경에는 신성하지 않은 부분이 없다. 따라서 단순한 심미적 접근은 환영하지 않으며 배제하거나 거부한다. 성경을 문학으로 읽으려면 **매우 정교하게** 읽어야 한다. 하지만 그렇게 하는 것은 용도에 맞지 않는 도구를 사용하여 나무를 결의 반대 방향으로 자르는 것과 같다. 성경은 언제나 성경의 방식으로 이해해야 한다. 문학을 대하는 것과는 사뭇 다른 목적으로 접근하지 않다면 성경이 주는 문학적 기쁨은 그리 오래가지 않을 것이다.[10]

가장 중요한 텍스트인 성경을 존중하는 방법으로, 영적 자양분을 얻을 목적으로 읽다가 멈춰서 구절이나 어구를 묵상하는 거룩한 독서 또는 **렉치오 디비나**(lectio divina)가 있다. 하지만 루이스가 예견했듯 성경을 그리스도인들만 읽는 것은 위험하다. "자유 민주주의 사회에서 시민의 대부분은 아니더라도 많은 사람들이 **종교적 이야기와 서사**를 진지하게 받아들이지 않게 된 것이 현대 자유주의의 주요 유산"이라는 주장은 그럴듯해 보인다.[11] 세속성이 심화되는 사회에서 많은 교사들이 '종교적 견해를 강요하는' 것처럼 보이고 싶지 않을 것이다. 하지만 이로 인해 문학과 문화의 기초가 되는 텍스트를 소외시킨다면 학생들에게 끔찍한 해를 입히는 것이다. 영어권에서 성경은 역사적으로 우위를 점했던 종교의 원천이기 때문에 교육 과정에서 이를 배제할 수는 없다. 이번 장에서는 교육의 필수 영역인 언어, 문학, 정치, 사회에서 성경이 차지하는 중요성을 살펴볼 것이다.

루이스는 한때 "성경을 문학으로 읽는 사람은 성경을 읽는 것이 아니다"라고 했다.[12] 또한 "성경은 문학이 아닌 하나님의 말씀을 기록한 책으로 여겨졌기 때문에 영문학에 영향을 미칠 수 있었다"는 T. S. 엘리엇의 주장도 어느 정도 맞는 말이다.[13] 하지만 성경은 **분명** 문학 작품이다. 루이스는 케임브리지 대학에서 중세·르네상스 영문학을 가르쳤는데, 이 시기의 영문학을 이해하려면 전문적 성경 지식은 필수다. 셰익스피어의 시와 희곡 그리고 여러 저자가 쓴 성경은 분명 어떤 텍스트보다 높은 지위를 차지하며 가장 강력한 영향력을 행사한다.

영문학에서 가장 많이 인용되는 저자 열 명을 꼽으라면 테니슨(Tennyson), 밀턴, 브라우닝(Browning), 키플링(Kipling), 디킨스(Dickens), 바이런(Byron), 워즈워스(Wordsworth), 셸리(Shelly), 키츠(Keats), 셰익스피어를 들 수 있다. 하지만 셰익스피어와 성경이 인용되는 빈도와 '나머지' 고전 작가가 인용되는 빈도는 놀라울 정도로 차이가 난다. 『옥스퍼드 인용사전』(*Oxford Dictionary of Quotations*)에서 찰스 디킨스는 **2백 번** 인용되지만 성경과 셰익스피어는 각각 **2천 번**씩 인용된다. 인용 횟수에 있어서 성경과 셰익스피어는 범접할 수 없는 영향력을 지닌 것이다.

성경은 문학 텍스트이면서도 종교 텍스트이기 때문에 셰익스피어의 작품보다 우위를 점하고 있으며, 수많은 저자들이 수백 년에 걸쳐 썼기 때문에 사실상 이 둘을 '비슷한 작품'으로 비교할 수는 없다. 셰익스피어가 단일 저자로서 다른 대표 문학 작가보다 열 배나 더 많이 인용된 것은 놀라운 일이다. 그럼에도 불구하고 전체적으로 볼 때, 성경은 다른 어떤 텍스트보다 더 많은 시와 음악과 예술 작품에 영감을 주었다.

킹제임스 성경이 없었다면 『실낙원』도 『천로역정』도 헨델의 "메시아"도 흑인 영가도 게티스버그 연설도 없었을 것이다.[14]

성경은 "우리의 모든 문학 작품의 가장 중요한 단일 원천이라 할 수 있을 것이다."[15] 또한 성경은 "서양 문학이 형성되는 데 가장 큰 영향을 준 텍스트"로서 강력한 문화적 상징들을 제시하는데, "비록 현 시대의 지적 흐름은 분명 그러한 이미지를 있게 한 신념 체계에 저항하고 있지만 그 상징 중 다수는 우리가 세상에서 경험하는 것을 해석하도록" 돕는다.[16] 성경이 영문학에 영향을 주었다고 일반적으로 수긍하지만(그렇다고 해서 대부분의 학교에서 성경을 가르치고 있는 것은 아니다) 성경이 영어에 미친 영향은 간과하는데, 바로 이 점에 주목할 필요가 있다.

오늘날 중등학교 수준으로나마 영어의 풍성함과 다채로움을 이해하려면 일정 수준 이상의 성경 지식을 갖추어야 한다. 이러한 지식이 없으면 영어의 역사를 이해할 수도 없다. C. S. 루이스가 즐겨 읽었던 성경본은 킹제임스 성경(King James Bible) 또는 공인 영역 성경(Authorized Version, 흠정역)이다.[17] 이 성경본이 현대 영어에 여전히 영향을 주고 있는 이유는 다음 내용을 통해 명확하게 알 수 있을 것이다.

영어에 가장 중요한 영향을 준 텍스트는 킹제임스 성경과 셰익스피어의 희곡이다. 흥미롭게도 두 텍스트는 거의 같은 시기에 만들어졌는데,

공인 영역 성경은 셰익스피어가 마지막 희곡 『템페스트』(The Tempest)를 쓰기 시작한 연도에 출간되었다. 두 텍스트는 서로 다른 이유로 영향력을 미치고 있다. 셰익스피어가 "어휘를 샅샅이 찾아" 희곡과 기타 작품에 넣었다면, 1611년 출간된 킹제임스 성경에서 사용된 어휘는 8천여 개 남짓이다.

> 그때부터 지금까지 셰익스피어라는 보고와 성경이라는 비상 식량은 말하자면 언어의 남극과 북극으로서 전 세계 작가와 연사들의 기준점이 되고 있다.[18]

현대 영어는 성경 번역본에 크게 영향을 받았고 "사람들이 일상생활에서 성경과 전혀 관계없는 맥락에 성경의 언어를 사용하는 것은 성경이 우리 언어를 형성했음을 보여 주는 가장 흥미로운 예시"라 할 수 있다.[19] 예를 들어, 영국 축구팀 아스널 웹사이트에서 삶이라는 '경주'의 영적 차원을 알리기 위해서가 아니라, 축구 리그에서 승리하려면 속도보다 지구력이 중요하다고 말하려고 "빠른 경주자들이라고 선착하는 것이 아니며"(전 9:11)라는 성구를 사용한 것이 한 가지 예다.

이렇듯 영어에서 성경의 숙어는 놀랍도록 많이 사용된다. 데이비드 크리스털(David Crystal)은 이 분야에서 최고의 안내자이며 킹제임스 성경 탄생 400주년을 기념하기 위해 출간된 『킹제임스 성경이 낳은 영어』(Begat: The King James Bible and the English Language, 2011)에서 킹제임스 성경의 언어학적 의의와 관련된 중요한 사실을 알려 준다. 이 책에서 다루는 구절들은 "인용이 아니라 현대 영어권 연사와 작가가 대부분 종교적 동기로는 사용하지 않는 일상적 표현들이다."[20] 크리스털은 킹제임스 성경에서 현대 영어에 사용되는 표현 257개를 찾았다. 그는 연구자마다 "찾은 표현의 숫자는 다를 수 있다"고 인정한다. "숙어로 생각하여 포함시키거나 반대로 인용이라고 생각하여 배제시키는 과정"에서 사람마다 다른 직관을 가질 수 있기 때문이다. 하지만 "그 숫자가 크게 다르지는 않을 것"이라고 결론짓는다.[21] 이와 같은 맥락에서 셰익스피어는 성경 다음으로 현대의 영어 표현에 기여했으나 "그에게서 온 것이 분명한 표현은(예컨대, '타고났다'는 뜻의 'to the manner born'이 있다) 100개 미만이다."[22]

킹제임스 성경에 나오는 독특한 숙어 표현으로는 '에덴의 동쪽'(창 4:16), '두 용사가 엎드러졌도다'(삼하 1:19), '세미한 소리'(왕상 19:12), '범사에 기한이 있고'(전 3:1), '칼을 쳐서 보습을 만들고'(사 2:4), '심히 떨지이다'(렘 2:12), '너희를 위하여 보물을 하늘에 쌓아 두라'(마 6:20), '천하를 어지럽게 하던'(행 17:6), '육체에 가시'(고후 12:7) 등이 있다. 다른 성경 번역본에 동일하게 들어 있는 표현으로는 '생육하고 번성하여'(창 1:22, 28), '당시에 땅에는 거인이 있었고'(창 6:4), '네 이웃 사랑하기를 네 자신과 같이 사랑하라'(레 19:18), '눈과 같더라'(민 12:10), '쉽볼렛'(삿 12:6), '어린 아이들과 젖먹이들의 입으로'(시 8:2, 마 21:16), '힘을 얻고 더 얻어'(시 84:7), '가이사의 것은 가이사에게'(마 22:21), '길이요 진리요 생명이니'(요 14:6) 등이 있다. 크리스털은 성경에 대해 다음과 같은 결론을 내린다.

> 단일 원천으로서 언어에 이렇게 많은 숙어 표현을 제공한 텍스트는 없었다.… 숙어에 있어서는 성경이 확실히 최고의 영향력을 떨치고 있다.[23]

크리스털은 영어 학습자들이 '향기름 속 파리' 같은 (성경의) 숙어 표현을 이해하고 구사하는 능력에 대해 말하면서 매우 명확하게 선언한다. "(영어 학습자는) 어느 특정한 종교적 신념을 두지 않는다.…종교적 신념이 없을 수도 있다." 하지만 "이런 성경적 표현은 그들이 지닌 영어 능력의 일부가 될 것이다."[24] 실제로 이러한 예야말로 "킹제임스 성경이 현대 영어의 형성에 도움을 주었다고 자신 있게 주장할 만한 가장 명확한 근거다."[25] 강력하고 기억에 남을 만한 성구는 전 세계 영어 사용자의 언어 목록에 포함되어 있고 "그 표현이 성경에서 왔음을 알고 사용하는 사람들도 많다."[26] "콴타스 항공 향기름 속 상용 고객이라는 파리"나 "우리를 위해 한 블로그가 태어났도다"와 같이 성경 속 숙어를 기발하게 사용하기도 한다.[27]

이러한 말을 쓰는 작가들은 독자가 어느 성구를 인용했는지 알 것이라 기대하지 않는다. 단지 영어로 영리한 작업을 했음을 알아주기 바랄 뿐이다. **우리는 그 농담을 알아보는 만큼 즐길 수 있다.**[28]

하지만 독자가 그 농담을 알아보지 못한다면 어떨까? 언어를 기발하고 창의적으로 사용했다는 사실을 이해하려면 "어느 부분을 인용하여 바꾸었는지 알아보아야 한다."[29] 루이스가 예견한 대로 그리스도인들만 성경을 읽는 추세가 강해진다면 성경에서 비롯된 인용과 숙어를 점점 더 인식하지 못하게 될 것이다. 크리스털은 성경에 관한 한, 더 높은 차원의 문화적 소양이 존재한다고 주장하는 듯하다. 그는 다음과 같이 말한다.

유대교-기독교 배경에서 자란 사람들은 어릴 때부터 창세기의 굵직한 사건을 배운다. 노아의 홍수, 요셉과 형들의 이야기 등이다.…이런 배경에서 자라지 않은 사람들도 이런 이야기를 일부 배운다. 노아가 방주를 만들었고 앤드루 로이드 웨버의 뮤지컬 곡과 함께 요셉이 화려한 색동옷을 입었다는 사실을 알기 위해 유대인이나 그리스도인이 될 필요는 없다. 방주가 무엇인지 정확히 알지는 못해도 '동물들이 암수 한 쌍씩 나아갔다'는 말은 들어 보았을 것이고 유치원에서 배운 기억이 있다면 '홍수를 피하여'라는 말도 들어 보았을 것이다. 또한 요셉이 '채색 옷'을 입었다는 사실은 확실히 알고 있을 것이다.[30]

크리스털의 말이 옳다고 해도 앤드루 로이드 웨버의 뮤지컬과 같이 간접적 방법으로 창세기 등의 성경 지식을 끌어 모으는 것과 창세기를 직접 읽으면서 '에덴의 동쪽'(창 4:16), '당시에 땅에는 거인이 있었고'(창 6:4)와 같은 숙어 표현에 익숙해지는 것 사이에는 큰 차이가 있다. 그러므로 성경의 이야기만이 아니라 성경 표현이나 구절에 관한 지식이 중요하다. 크리스털은 수준 높은 영어를 이해하기 위해서는 성경에 관한 소양을 갖춰야 한다는 점을 분명히 한다. 다음의 일화에서 이 점을 보여 준다.

1831년 5월 어느 날, 네덜란드 숙녀가 매컬리 경의 집에 방문했다. 그들은 그 숙녀가 불쾌하게 생각하는 'influential'(영향력 있는), 'gentlemanly'(신사다운), 'talented'(재능 있는) 등의 영어 단어에 관해 고상한 토론을 하게 되었다. 매컬리 경은 '재능 있다'(talented)는 말에 대해 한마디 했다. 네덜란드 숙녀는 이 말이 성경의 달란트 비유에서 왔다는 것을 몰랐을까? 그는 나중에 한나 모어에게 쓴 편지에서 "네덜란드 숙녀는 이 이야기에 놀란 것 같았소. 내 생각에 그녀는 달란트 비유를 한 번도 들어 본 적이 없는 것 같소"라고 썼다. 그리고 이렇게 덧붙였다. "은연중에 말했을지도 모르겠지만 나는 그녀에게 **영어의 정수를**

논한다고 자신 있게 말하려면 성경에 정통해야 한다는 말을 하지 못했다오."[31]

다양한 성경 번역본, 특히 '공인' 영역 성경을 언급하지 않고는 영어의 변천사를 정확히 논할 수 없다. 성경의 다양한 번역본은 영어의 발달 과정을 보여 준다. 주기도문의 번역본이 그 예다.

주기도문 번역본

고대 영어(995년경) 앵글로색슨어

Fæder ūre, þū þe eart on heofonum;

Sīe þīn nama gehālgod, tō becume þīn rīce,

gewurþe þīn willa, on eorðan swā swā on heofonum.

Urne gedæghwamlican hlāf sele ūs tōdæg,

and forgif ūs ūre gyltas, swā swā wē forgyfaþ ūrum gyltendum,

and ne geld þū ūs on costnunge,

ac āls ūs of yfele,

sōþlīce.

위클리프 번역본(1382-1395년) 중세 영어

Oure fadir that art in heuenes,

halewid be thi name; thi kyngdoom come to;

be thi wille don 'in erthe as in heuene;

yyue to vs this dai oure 'breed ouer othir substaunce;

and foryyue to vs oure dettis, as we foryyuen to oure dettouris; and lede vs not in to temptacioun,

but delyuere vs fro yuel.

Amen.

틴들 번역본(1526-1534년) 근대 초기 영어

O oure father which arte in heven,

hallowed be they name. Let they kyngdome come.

Thy wyll be fulfilled, as well in erth, as it ys in heven.

Geve us this daye oure dayly breede. And

forgeve vs oure treaspases, even as we forgeve oure

trespacers. And leade vs not into temptacion: but

delyver vs from evell. For thyne is the kyngedome

and the power, and the glorye for ever.

Amen

킹제임스역 또는 공인 영역(1611년) 근대 초기 영어

Our farther which art in heauen,

hallowed be thy name. Thy kingdom come.

Thy will be done in earth as it is in heauen.

Giue us this day our daily bread.

And forgiue us our debts as we forgiue our debters.

And lead us not into temptation,

but deliuer us from euill. Amen.

새 국제 성경(NIV, 1984년)
Our farther in heaven,
hallowed be your name,
your kingdom come,
your will be done,
on earth as it is in heaven.
Give us each day our daily bread.
Forgive us our debts,
    as we also have forgiven our debtors.
And lead us not into temptation,
but deliver us from the evil one.

유투브 등 웹사이트를 통해 고대 영어와 중세 영어로 주기도문을 낭독한 영상을 찾을 수 있다. 주로 고대 영어나 중세 영어를 전공하는 잉글랜드 학생들이 후드를 쓴 수도승 복장으로 바람이 세차게 부는 노섬벌랜드 황야나 린디스판 해안가를 거닐며 연극하듯 낭독하는 영상이 많다. 청소년이 듣기에 아주 좋은 것들도 있는데 '죄'를 뜻하는 단어가 고대 영어에서는 'gyltas', 중세 영어에서는 'dettis', 근대 영어에서는 'debts'로 변하는 과정이 눈에 띌 것이다. 주기도문을 여러 가지 번역본(995년경의 고대 영어, 1200년의 중세 영어, 1382-1395년의 위클리프 번역본, 1526-1534년의 틴들 번역본, 1611년의 공인 영역 성경, 현대 영어 번역본 등)으로 비교하면 영어의 변천사를 알 수 있다. 『나니아 연대기』의 저자 루이스가 중세와 르네상스 영어의 세계적 전문가였다는 사실이 쉽게 간과되기도 한다.

학생들이 킹제임스 성경의 영향력을 이해하는 것은 중요하다. 에스겔 4장 10절의 '때를 따라'(from time to time) 등 일상적으로 쓰는 표현이 이 번역본에서 나왔다.[32] 현대 영어에서는 킹제임스 성경 마태복음에서만 나오는 60여 개의 표현이 쓰이고 있다. 몇 가지 대표적인 예로는 '세상의 소금'(마 5:13), '눈은 눈으로'(마 5:38), '진주를 돼지 앞에'(마 7:6), '잃어버린 양'(마 10:6), '맹인이 맹인을 인도하다'(마 15:14), '시대의 표적'(마 16:3), '강도의 소굴'(마 21:13), '은 삼십'(마 26:15)이 있다. 킹제임스 성경의 영향력만 따로 평가하려고 할 때의 문제점은 앞에서 인용된 구절이 16세기에 나온 주요 성경 번역본에도 모두 들어 있다는 점이다. 성경의 영어 번역본 합법화를 요구하는 여론이 고조되어 정치·문화적 변화가 일었고, 이에 발맞추어 언어의 변화도 진행되었다. 하지만 시민권을 세속화와 자유주의의 합작품으로 보는 많은 학교에서는 이런 이야기는 거의 다루지 않는다.

성경과 자유의 역사

루이스는 "공인 영역 성경이 문학에 미친 영향은 우리가 생각하는 것보다 크지 않다"[33]고 주장하는데, 그 영향력이 문학을 초월하기 때문이다. 예를 들어, 성경이 없었다면 『천로역정』(The Pilgrim's Progress, 1678)도 없었을 것이다. 저자인 존 버니언이 "완전히 다른 생각을 가지고 있었을 테니 말이다."[34] 『천로역정』은 형식면에서만 공인 영역 성경의 영향을 받은 것이 아니다. 형식은 물론 내용도 고려해야 한다. 믿음과 진리 주장은 그것을 표현하는 방식뿐만 아니라 그 자체로 중요하다. 또한 『천로역정』이 없었다면, 루이스가 쓴 『순례자의 귀향』(The Pilgrim's Regress, 1933)도 볼 수 없었을 것이다.

한때 잉글랜드에서는 주기도문을 영어로 번역하는 것이 금지되기도 했고, 1513년에 옥스퍼드 대학 세인트폴 칼리지의 존 콜렛(John Colet) 학장은 주기도문을 영어로 번역했다는 이유로 정직을 당하기도 했다. 영어 성경 번역의 역사는 구태(舊態)와 엘리트의 지식 독점에 도전하여, 억압 받고 금지되고 불태워졌던 선동적인 정치 텍스트의 역사다. 오랫동안 영어로 번역된 성경을 소유하거나 인쇄 및 출판하다가 적발되면 화형에 처했다. 첫 영어 성경이 유럽 대륙에서 인쇄되어 북해나 영국 해협을 통해 밀수된 것은 우연이 아니다. 부자나 권력자만이 아니라 원하는 사람이면 누구나 영어 성경을 사용할 수 있게 하려는 투쟁은 문화적 삶에 깊은 영향을 주었다. 영어로 된 성경을 자유롭게 보급하려는 투쟁은 수 세기 동안 끊임없이 치열하게 벌어졌는데, 이후 성경은 잉글랜드에서, 영어를 공식어로 채택한 미국으로 수출되었다. 이 같은 투쟁은 우리가 지금 누리는 자유에 중추적 역할을 했다. 훌륭한 사회, 문화, 역사 교육에서는 적어도 4세기에 걸친 이 이야기의 자취를 따라가며 다룰 것이다.

영어 성경에 대한 대중의 압력, 존 위클리프에서 시작되다

라틴어가 아닌 영어로 성경을 읽고자 하는 대중의 압력은 14세기 위클리프(Wycliffe)와 롤라드파(Lollards)로부터 본격적으로 시작된다. 위클리프는 영어 성경 번역본을 만들면서 개인적으로 크나큰 위험을 감수했다. 천 년

만에 최초로 성경을 유럽의 언어로 번역한 것이다. 그는 영국 사람들이 성직자가 선택해서 읽어 주거나 말해 주는 것을 듣기보다는 성경이 말하는 바를 직접 읽을 수 있어야 한다고 주장했다. 당시 기성 교회는 이것을 원치 않았다. 영어 성경을 읽어 본 사람이라면 누구나 교회의 가르침과 그리스도가 실천하고 주창한 삶이 일치하지 않는다는 사실을 명백히 알게 될 것이기 때문이다. 1408년에 위클리프의 성경은 금지되었다. 이 성경 때문에 기성 교회가 난관에 부딪힌 것은 놀라운 일도 아니었다. 하지만 위클리프의 다음과 같이 아주 확고한 입장을 취했다.

> 백 명의 교황이 있고 모든 탁발 수도사가 추기경의 직분이라 해도, 성경과 일치된 삶을 살아야 신뢰를 얻을 것이다.[35]

종교개혁의 기초가 되는 두 가지 원칙 중 하나가 위클리프에게서 나왔다. 기성 교회가 아닌 성경의 권위가 그리스도인의 신앙과 삶에서 가장 중요하다는 원칙이다. 이러한 원칙은 분명 중세 교회에 심각한 도전이었다. 위클리프의 성경 번역에 관한 헨리 나이튼(Henry Knighton)의 논평에서는 당시 식자층이 공통적으로 가지고 있던 평범한 사람들, 특히 여성에 대한 편견이 드러난다.

> 존 위클리프는 그리스도가 사제들과 교회 학자들에게 맡긴 복음을 평신도에게 간편하게 보급할 수 있도록 번역했다.…그 결과 학식과 명철 있는 사제에게만 알려졌던 것이 일반적인 것이 되고 평신도들도 이용할 수 있어진 데다가, **글을 읽을 줄 아는 여자들에게까지 보급되었다. 복음이라는 진주가 돼지에게**

전파되었다고 할 수 있다.[36]

위클리프는 사망 후 1415년에 콘스탄츠 공의회에서 이단 판정을 받았고, 그의 책을 불사르고 유골도 파내어 불사르라는 명령이 내려졌다. 이 명령은 1428년에 실행되어 위클리프의 유골이 스위프트강에 뿌려졌다. 이 강은 (이 책을 펴낸 출판사의 이름과 같은) 루터워스 지역을 관통하여 흐른다. 하지만 위클리프에게 내려진 처분은 이후에 등장한 윌리엄 틴들(William Tyndale)과 같은 영어 성경 번역자에 비하면 가벼운 편이었다.

구텐베르크, 르네상스, 영어의 위상 변화

15세기에는 요하네스 구텐베르크가 움직이는 활자와 인쇄술을 발명하여, 당시 영어 성경을 들여온 사실이 적발되면 밀수 당사자와 성경을 함께 불사르는 관행이 일반적이었음에도 사실상 영어 성경 보급은 통제하기가 불가능해졌다. 르네상스 시대에는 신기술이 출현하면서 성경 수요가 급증했다. 수요가 이를 충족시킬 기술과 만나자 책 가격은 급격히 하락했다. 그러나 구텐베르크가 1456년에 처음 인쇄한 성경은 여전히 영어가 아닌 라틴어였다.

15세기에는 영어에 대한 자부심이 고조되었다. 바야흐로 새 시대였다. 중세 시대에는 잉글랜드의 지도층 엘리트들이 하층민과 대화할 때 외에는 영어를 사용하지 않았지만 이 시기에 와서는 이런 관행이 완전히 바뀌었다. 1066년 노르만 정복 이후, 노르만 왕조에서 사용한 앵글로 프랑스어와 중세 라틴어가 연설, 법률, 행정 문서에 주로 쓰이면서 공적인 자리에서는 영어를 거의 사용하지 않았다. 당시에는 보통 '중세 영어'로 알려진 말을 쓰는 사람들을 하층민이라고 했는데, 영어가 소작농에게나 어울리는 말이라고 생각했기 때문이다. 14세기 전에는 영어가 철학이나 종교를 바르게 판단하기에 너무 조잡하며 일상적인 말에만 적합하다고 여겼다. 엘리트를 위한 언어는 프랑스어와 라틴어였다.

15세기에 접어들면서 모든 것이 바뀌었다. 국가 정체성에 공감대가 형성되면서 국어인 영어를 존중하는 마음이 커진 것이다. 문법 학교에서 프랑스어가 아닌 영어로 수업하기 시작했다. 그 결과 『가웨인 경과 녹색의 기사』(Sir Gawain and the Green Knight), 윌리엄 랭글런드(William Langland)의 『농부 피어스의 환상』(Piers Plowman), 제프리 초서(Geoffrey Chaucer)의 『캔터베리 이야기』(Canterbury Tales) 등 대중적 작품이 전파되었고 더 이상 영어를 부끄러워할 필요가 없었다. 종교개혁이라는 종교적·정치적 정황과 맞물리면서 영어 성경은 불가피한 수순이 되었다.

글을 읽고 쓸 줄 안다는 것은 이제 최신 기록을 유지하고 서신을 주고받는 기술적 성취만을 의미하지 않는다. 이는 곧 세련된 문화적 성과로서 자기 계발과 개인적 성취라는 문은 물론 사회적 진보에 대한 희망도 열었다. 이제 책을 소유하는 것은 사회적 미덕으로 비춰지며, 점차 문해 능력이 높은 사회가 되면서 책을 소유한 사람의 지위도 높아지고 있다.[37]

그러나 영어 성경을 소유하는 것은 여전히 불법이었고 적발되면 엄중한 처벌이 내려졌다. 영어 성경은 체제 전복적인 금서였으므로 소유하면 목숨을 잃을 수도 있었다. 영어에 대한 태도는 변했지만 서민들은 여전히 자신의 언어로 성경을 읽을 수 없었다. 그 이유는 당시의 국가 정치와 밀접한 관련이 있다. 1483년까지 독일어 성경은 스트라스부르에서 인쇄된 최초 번역본만 존재했다. 그리고 곧이어 아홉 종의 독일어 번역본이 인쇄되었다. 프랑스어 성경은 1500년부터 이용할 수 있었지만, 여전히 잉글랜드에서 영어 성경은 불법이었고 그것을 소유한 사람에게는 가장 무거운 형벌이 내려졌다. 잉글랜드 귀족 중에는 프랑스어 성경을 읽을 수 있는 사람이 많았지만 서민들에게는 별 도움이 되지 않았고, 제대로 교육을 받지 못한 사람들은 프랑스어 성경에 접근할 수 없었다. 영어로 된 성경은 대체로 구하기도 어려웠다. 잉글랜드의 엘리트들이 영어 성경에 저항한 이유를 이해할 만하다. 영어 성경을 합법화하려는 움직임을 통제권의 상실과 성경에 대한 성직자의 독점권을 파기하는 것으로 여겼기 때문이다. 군주와 주교들에게는 성경이 토착어로 인쇄되어 보급될 경우 소작농들이 반란을 일으킬 것이라는 두려움이 있었다.

틴들 성경이 시장에 범람하다

1526년, 틴들은 유럽 대륙에서 신약성경을 영어로 번역했다. 이 번역본이 잉글랜드로 밀수되어 영어 성경을 합법화하라는 압력이 고조되었다. 교회는 성경이 수입되는 것을 막으려고 했고 잉글랜드 땅에서 발견되는 즉시 없애 버렸다. 윌리엄 틴들은 "쟁기를 모는 소년이 사제보다 성경을 더 많이 알게 하겠다"는 결의에 차 있었지만 잉글랜드 땅에서 그 일을 시작하는 것은 너무 위험했다. 조금 더 신중한 방법이 영어 성경을 유럽 대륙에서 인쇄한 후 은밀히 잉글랜드로 들여오는 것이었다. 그 결과, 영어 성경은 잉글랜드가 아닌 곳에서 처음으로 인쇄되었다.

틴들의 삶과 처형을 통해 당시 잉글랜드 정권이 얼마나 억압적이었는지 알 수 있다. 그는 당시 가장 위험한 일에 속했던 성경 번역을 위해 잉글랜드에서 벗어나 조금 더 관용적인 도시였던 앤트워프에 정착했고 토머스 포인츠(Thomas Pointz)의 집에서 지냈다. 그 도시는 출판업의 중심지로 잉글랜드 책 판매상과 자주 거래하는 곳이었다. 1535년, 헨리 필립스(Henry Philips)가 틴들을 배신했다. 필립스는 런던에 있는 누군가로부터 돈을 받고 틴들에게 안전한 포인츠의 집에서 나와 저녁 식사를 하자고 초청했다. 틴들은 필립스와 함께 집에서 나서자마자 체포되었고, 이듬해인 1536년 교수형에 처해지고 화형당했다.

헨리 8세, 앤 불린, 토머스 크롬웰: 커버데일 성경부터 '대성경'까지

마일스 커버데일(Miles Coverdale)은 신약성경뿐만 아니라 처음으로 성경 전체를 영어로 번역하였으며, 완역본은 1535년에 출간되었다. 이 성경은 상당 부분 틴들의 성경과 불가타(Vulgate) 성경 등 라틴어 성경 및 루터의 독일어 성경을 차용했다. 루터의 성경 번역을 참고했다는 사실은 쉽게 알 수 있는데 당시 대중적 표현일 리 없는 'unoutspeakable'이라는 말을 썼기 때문이다(이 단어는 '형용할 수 없는' 이라는 뜻의 독일어 *unaussprechlich*의 어색한 영어 번역이다). 커버데일 성경은 다른 성경 번역본을 모아 놓은 것이나 다름없었다. 앤 불린(Anne Boleyn)은 커버데일 성경을 좋아했고 헨리 8세도 호의적이었지만 1536년에 앤 불린이 처형당한 후에는 호의가 사라졌다. 앤 불린 사망 후 토머스 크롬웰(Thomas Cromwell)은 그녀와 관련되지 않은 다른 성경 번역본을 만들 것을 장려했다. 1537년, 커버데일의 영향을 받은 매튜 성경(Matthew's Bible)이 왕실의 승인을 얻어 정식으로 판매되었으며, 이후 왕실은 커버데일 성경도 허가했다. 하지만 기성 교회는 매튜 성경의 주석에 극심하게 반발했다. 난외주 때문에 급진적 개신교 방식으로 성경이 읽힐 가능성이 있었기 때문이다. 그래서 크롬웰은 유력한 교회 지도자들을 만족시키기 위해 커버데일에게 매튜 성경을 고치게 했다. 매튜 성경은 정확도를 위해 라틴어 불가타 성경 바로 옆에 영어 번역본을 비교하고 있으며, 책의 크기 때문에 '대'성경으로 불렸다. 1539년 등장한 새 번역본은 '대성경'(Great Bible)으로 알려졌고 "틴들과 커버데일 성경을 신중하게 조화시키고 매튜 성경의 공격적인 주석을 제거한 성경"이라고 할 수 있다.[38]

제임스 1세: 제네바 성경부터 공인 영역 성경까지

하지만 제네바 성경이 금방 '대성경'을 대체했다. 제네바 성경은 삽화, 배치, 번역, 주석 등 모든 면에서 획기적이었다. 이 성경은 1560년 제네바에 망명 중이던 잉글랜드 개신교도들이 만든 것으로 엘리자베스 1세 통치 기간 동안 영향력을 떨쳤다. 셰익스피어는 제네바 성경을 좋아하여 희곡에 인용했지만, 제임스 1세는 그렇지 않았다. 이번에도 이유는 난외주였다. 하지만 이 성경은 엘리자베스 시대에 가장 널리 읽힌 번역본이었다. 제네바 성경은 1600년까지 영어권 개신교도들 사이에서 가장 인기 있는 번역본이었고 존 녹스(John Knox)는 이 성경을 스코틀랜드에 알렸다. 훗날 잉글랜드의 제임스 1세가 된 스코틀랜드의 제임스 6세는 이전부터 이 성경을 읽었을 것이라 추측해 볼 수 있다. 하지만 "제임스는 1604년까지 이 성경을 매우 싫어했는데",³⁹ 무엇보다 주석이 '왕의 신적 권한'에 관한 그의 견해를 지지하지 않고 '공화주의'를 지나치게 강조했기 때문이었다. 제임스 1세는 이 성경을 금하기보다는 기민하게 더 나은 성경을 제작하기로 했다. 기존 번역본에 대항하려면 아주 훌륭하게 만들어야 했다.

킹제임스 성경은 교회에서 크게 낭독하기 위해 만들어졌으므로 소리 내어 읽을 때 좋게 들려야 했다. 이 성경에서는 이전 번역본의 가장 좋은 부분을 모두 가져왔다. "하나님의 은혜로 세워진 가장 높고 강한 대영제국과 프랑스와 아일랜드의 왕 제임스"에게 바치는 헌정사에서는 이 성경의 의도는 "좋은 것을 더 좋게 만들고, 여러 좋은 것 중 가장 좋은 하나를 만드는 것"이라고 밝힌다.⁴⁰ 바로 이런 이유 때문에 킹제임스 성경의 영향력을 판단하기란 생각보다 복잡하다.⁴¹ 흔히 킹제임스 성경을 '지표'나 '기념비'로 설명하지만 그보다는 정치적 지각 변동의 결과라고 하는 것이 더 정확할 것이다. 17세기 제임스 왕의 종교 박해를 피해 잉글랜드에서 도망친 난민들은 킹제임스 성경을 지니고 있었다. 이주자들은 처음 정착할 때 성경이 중요하다고 믿었기 때문에 자녀들에게 성경을 읽으라고 가르쳤다. 그리고 19세기에는 영국, 20세기에는 미국이 패권을 잡으면서 영어는 국제어 지위를 보장받았다.

21세기 미국과 영국 및 기타 서양 국가에서 루이스가 예견했듯 그리스도인만 성경을 읽는 지경에 이른다면 일반 사람은 성경에 접근할 수 없다는 의미에서 1400년대와 1500년대 잉글랜드와 같은 상황이 재연될 수도 있다. 어린이와 청소년에게 성경을 읽을 자유를 주는 것은 자유 교육에서 중요한 요소이며, 발언의 자유를 보장하는 것을 가장 높은 이상으로 꼽는 영국과 미국 같은 나라에서는 특히 중요하다. 이번 장에서 우리는 성경이 기독교 전통의 근본적인 문학이자 종교 텍스트로서 영어와 영문학 발달에 얼마나 중요한 역할을 했는지 살펴보았다. 또한 부자나 권력자만이 아니라 원하는 모든 사람에게 성경을 보급하려고 했던 투쟁이 얼마나 광범위하게 영향을 미쳤는지도 알았다. 하지만 영어에 영향을 준 것은 성경의 텍스트만은 아니었다. 성경을 대하는 독자의 반응, 성경을 읽는 동기, 성경의 의미 해석은 우리가 사는 사회의 형질에 깊은 영향을 주었다. 루이스가 예견한 것처럼 그리스도인, 즉 '믿음 있는 소수자'만 성경을 읽는 경향이 생긴다면 (다음 장에서 다룰) 문화 교육의 질은 더 낮아질 것이다.

- **과제 및 토론 질문**

1. 성경 문맹이 널리 확산된 원인은 무엇이라고 생각하는가?
2. 국·공립학교에서 성경을 읽어야 하는 정당한 이유는 무엇인가?
3. 루이스는 성경을 문학으로 읽으면 어떤 문제가 발생한다고 말하는가? 성경을 문학처럼 읽는 것을 장려해야 하는가?
4. 공인 영역 성경은 영문학에 어떤 영향을 주었는가?
5. 성경과 셰익스피어의 작품은 인용되는 정도에 있어서 다른 고전 작가들과 어떤 차이가 있는가?
6. 성경이 없었다면 지금 우리가 볼 수 없었을 문학 작품들은 어떤 것이 있는가?
7. 성경은 영어에 어떤 영향을 주었는가?
8. 문맥 없이 형식으로만 사용되는 성경식 표현의 예를 들어 보라(예를 들어,

"우리를 위해 한 블로그가 태어났도다").

9. 주기도문을 고대 영어와 중세 영어로 낭독한 것을 읽고 들어 보라. 이 중 현대에 와서 변화된 익숙한 단어와 구절을 골라 보라.
10. 사회의 자유라는 측면에서 성경이 중요한 이유는 무엇인가?
11. 수백 년 동안 영어로 성경을 번역하는 것이 금지된 이유는 무엇인가?
12. 성경 문맹이 만연한 현상은 앞으로 어떤 결과를 초래할 수 있는가?

3부

교수 루이스:
교육자를 위한 문화 해석자

7. 문화 교육
기초 이해하기

> 이런 변화는 유럽이 개종 때 겪었던 수준을 뛰어넘는 것이었다.
> - C. S. 루이스, 『시대 구분』¹

후기 기독교 문화의 자유 사회

C. S. 루이스는 1954년 케임브리지 대학에서 교수로서 첫 강의를 했고, 그 강의는 『그들은 내게 논문을 요구했다』(They Asked For a Paper)라는 제목으로 출간되었지만, 원제는 『시대 구분』(De Descriptione Temporum)이다.² 그는 이 강의에서 서양의 역사를 기독교 이전 시대, 기독교 시대, 후기 기독교 시대 세 단계로 구분했다. 루이스는 이러한 시대의 전환이 가져온 중대한 문화적 변화와 그것의 결과를 몇 가지 발견했다. 그런데 루이스는 (그가 '회개하고 거듭났다'고 말하는) 개인적 혹은 영적 그리스도인과 '기독교적 문명 사회'를 구별하고 있다는 사실에 주목해야 한다.³ 그는 본인이 사는 시대와 제인 오스틴(Jane Austen)이 살던 시대(1775-1817)를 대비시켜 설명한다.

제인 오스틴의 시대에는 일정 종류와 수준의 종교적 믿음과 관습이 일반적이었다. 그런데 지금 그 종류와 수준이 나아진 것은 기쁘게 여기지만 그러한 점들이 예외적인 일이 되었다."

루이스는 "이런 변화는 유럽이 개종 때 겪었던 수준을 뛰어넘었다"고 보았고,[5] 그 정치·사회·종교적 결과를 우려했다. 피터 크리프트(Peter Kreeft)는 "탈기독교화가 기독교화보다 더 빠르게 진행되고 있다"고 지적한다. 그리고 "최근 2백 년 동안의 변화가 지난 2천 년 동안 일어난 것보다 더 크다"[6]는 사실뿐만 아니라 이렇게 지속적인 '발전'이 21세기 사회에 어떤 영향을 미칠지도 보여 준다. 루이스는 '탈기독교'를 설명하면서 "스스로가 옛 서양 문화의 대변인"이 될까 봐 두려워했다.[7]

루이스는 1950년대 영국 청중을 대상으로 "여러분을 옛 서양과 분리시키는 거대한 변화" 때문에 "깊은 간극"이 생겼다고 언급했다. 청중을 바라보며 "이 간극을 사이에 두고도 양 극단의 속성을 가진 사람들은 여전히 서로 만날 수 있으며, 바로 이 강의실에도 함께 있다"고 설명했다. 그가 자신도 "여러분 세대보다 옛 서양의 질서에 훨씬 더 많이 닿아 있다"[8]고 말하는 장면을 상상해 볼 수 있을 것이다. 그가 설명한 '간극'에 함축된 의미는 엄청나다. 도널드 윌리엄스는 "대립하는 두 인간성 개념이 깊은 간극을 사이에 두고 서로 응시하고 있다"며 두 개념의 성패는 "인간이 온전해질 수 있는 문명이 등장할 수 있는지"로 결정된다고 주장한다.[9] 이 문제는 교육 및 학교 교육과도 직접적 연관이 있는데, 수업 방식과 학교의 목표에 영향을 주는 교육 이론은 "특정 철학 패러다임의 산물"[10]이기 때문이다. 스피어스(Spears)와 루미스(Loomis)에 따르면, "우리는 이제 교육을 현실의 진정한 개념을 추구하기 위한 훈련이라고 여기지 않지만,

이전에는 우리의 인간성, 우리 자신, 사회 내의 올바른 역할을 제대로 이해하도록 돕는 도구로 여겼다."[11] 다시 말해, 후기 기독교 문화에서 교육은 더 이상 '객관적 가치를 추구하고 이해하려는' 목표를 추구하지 않는다.[12] "자유 교육자는 자유 사회에 꼭 필요한 가치를 증진해야 한다"는 주장이 제기되어 왔지만 후기 기독교 문화의 교육자들은 "자유로운 윤리적 신념이나 생활 방식을 증진하는 데까지 나아가지 않을" 때가 많다.[13] **정치적** 자유주의자로서 개인의 자유는 신봉하면서도 **포괄적** 자유주의자는 아닐 수도 있다. 이 둘을 구별하는 것은 매우 중요하다.

권리, 이성, 자유, 평등, 통합, 표현의 자유가 지녀야 할 각각의 위상에 대한 신념은 모두 잉글랜드, 네덜란드, 기타 서양 국가의 자유주의에 전반적으로 영향을 준 종교의 교리, 믿음, 관행의 영향을 받았다. 우리는 "자유주의가 유대교-기독교 신앙에서 뻗어 나온 가지라는 사실"[14]을 기억해야 하며 그 기초의 중요성을 인식해야 한다. 후기 기독교 시대에 살고 있는 우리는 필히 문화의 뿌리와 기원을 이해해야 한다. 앞 장에서 다룬 바와 같이 성경, 기독교, 영어는 서양 문화의 중심이며 우리가 현재 경험하는 자유는 상당 부분 역사의 유산으로 얻은 것이다. 성경과 기독교와 영어는 우리가 사는 서양 세계가 어떤 종류의 사회가 되느냐에 깊은 영향을 주었다. 영국, 미국, 캐나다, 호주, 프랑스, 독일, 이스라엘, 네덜란드 등은 모두 자유 민주주의 국가다. 또한 모두 유대교-기독교 유산을 물려받았다. 자유 사회에서는 인간 생명의 신성함과 존엄성을 존중하며 일반적으로 시민은 경찰을 신뢰하고 법치를 존중한다. "잉글랜드 대헌장"에는 시민을 임의로 체포하지 않고 법이 한쪽으로 치우치지 않으며 권력이나 부를 좇지 않도록 최선의 노력을 기울여야 한다는 원칙이 세워져 있다.

이 원칙은 '개인의 자유라는 기풍'으로 절정을 이룬다(이는 4장에서 다룬 '자유'의 고전적 의미를 상기시킨다).

서양 사회는 지도자의 명령에 대한 복종보다 개인의 자유, 표현의 자유, 언론의 자유, 집회·결사의 자유를 강조한다. 다만 사람들이 마음껏 표현하는 동시에 올바른 가치를 따를 때에라야 자유를 온전히 행사할 수 있다. 물론 대부분은 자유 민주주의 사회를 개인이나 일당 독재 국가와 바꾸려 하지 않겠지만 자유 사회도 완전하지는 않다. 사실, 시민 다수가 지닌 가치가 자유 사회의 상태를 좌우한다는 결론을 내릴 수도 있다.

'평범한 사람들이 중요하다'는 주장은 기독교적 성격이 뚜렷한 급진적 신학에서 파생되었다. 2장에서 보았듯, 특히 자유 의지와 개인의 의사 결정을 강조한다는 점에서 결정적으로 기독교 색채를 띤다. 복음서에서 예수님은 그분을 따를지 말지 스스로 결정하는 사람이 아니라 '인간의 전통'을 따르는 사람을 비판하셨다. 기독교가 자유주의와 현재 우리가 누리는 자유에 미친 영향은 자주 인식되지는 않지만 문헌으로 잘 남아 있다. 사회 정의를 강조하는 종교는 많지만 "모든 종교를 통틀어 초대 기독교만큼 급진적이고 평등하며 통합적인 종교도 없다. 초대 기독교는 인간 사이의 모든 장벽, 심지어 하나님과 개인의 장벽마저 허물어 버린다." 그러므로 "서양이 유일하게 자발적으로 노예 무역과 노예 제도를 폐지한 것은 우연이 아니다."[15] 그런데 미국이 독립 선언서에서 선언한 '양도할 수 없는 권리'를 언제부터 객관적 진리와 창조주로부터 파생된 것이 아닌 의견의 문제로 보게 되었는지 의문이 생긴다. 이 장의 나머지 부분에서는 서양의 세 가지 핵심 가치인 자유, 평등, 이성을 살펴보고, 다음 장에서는 이것들에 대한 논의를 더 진행시킬 것이다. 이 세 가치에 대한 21세기 세속적 전제는 학교 교육에 관한 현대적 사고 대부분의 토대가 되고 있으며, 여기에 대항하려면 객관적 진리에서 파생된 루이스의 관점을 이해하는 것이 중요하다.

자유

'자유주의'라는 말을 '자유로운 상태'와 동일시할 때가 많다. 하지만 다원주의 사회에서는 모든 사람이 이 두 가지를 동일하다고 생각하지는 않는다. 세속적 시민들은 흔히 개인의 자유라는 말에 각 사람의 이익과 욕구를 추구할 자유가 포함된다고 생각하는 경우가 많지만, 루이스와 같은 그리스도인들은 영적 문제나 도덕적 문제에서 이런 것을 자유라고 생각하지 않는다. 사실 이런 영역에서 자기 욕구를 좇는 것은 오히려 그 욕구**로부터** 자유롭지 못함을 보여 주는 증거로 여겨지기도 한다. 실제로 '소원과 욕구'가 신앙에 '일종의 맹공을 가할' 수도 있다.[16] 하지만 이 '맹공'에 대해 방어적 태세를 취하는 자유 의지는 인간성에 대한 기독교의 개념에서 필수적인 부분이라고 할 수 있다.

하지만 우리는 정치적 자유와 영적 자유를 구별해야 한다. 앤드루 스테이블스(Andrew Stables) 교수는 "자유는 민주주의와 동일한 개념이 아님"을 강조하며 다수의 통치가 "소수의 자유를 제한하거나 없애 버릴 수 있음"을 인정한다.[17] 마찬가지로 권리에 관한 법을 제정하여 규제를 늘리거나 '개입주의'에 빠지면 시민들이 민주주의 사회에서 누릴 자유를 축소시킬 수 있다. 개인의 선택과 자유가 보호받지 못한다면 국가의 보살핌을 받는 것은 오히려 불이익이 될 수도 있다. 루이스는 국가 지도자들이 많은 사안에 대해 **조언할** 수는 있어도 **결정할** 수는 없다고 확고하게 믿었다.

> 의사는 내가 무엇무엇을 하지 않으면 죽을 것이라고 말할 수 있다. 하지만 그런 상태로 삶을 살 가치가 있느냐는 질문에 다른 사람은 물론 의사도 답할 권리가 없다.[18]

루이스는 『인간 폐지』 세 번째 장에서 '통제자' 또는 '조작자'(엘리트 또는 기득권층)에 대해 설명한다. 이 부분은 "소수에게 행사하는 다수의 권력"과 "시민보다 우선하는 정부"를 상기시킨다.[19] 그는 "조작자가 인간을 조건화된 재료로 대하며 지배하는, 인간 이후(post-humanity)의 세계"를 내다보았다.[20] "복지 국가의 자발적 노예"(Willing Slaves of the Welfare State, 1958)에서는 통치자가 '권리'와 '평등'을 보호한다는 구실로 '시민을 소유해 버렸다'고 냉철하게 진단한다.[21] 논쟁의 여지는 있지만, 루이스가 사망한 지 50년이 지나도 이것은 시의적절한 인식이다. "시민의 경제적 삶이 곤경에 처해서" 정부의 "역할이 더 많은 영역으로 확장되었다"는 평가는 이상하게도 지금의 상황을 내다보는 듯하다. 안보의 위협 때문에 시민의 자유가 축소되었다는 주장 역시 이상하게도 21세기 독자들이 듣기에 낯설지 않다.

> 두 차례 전쟁 때문에 불가피하게 자유는 크게 축소되었고, 우리는 투덜거리면서도 점차 속박에 익숙해졌다.[22]

이와 유사한 위협은 여전히 존재한다. 즉 오늘날에도 침략, 더 심해지는 감시, 경기 후퇴나 불황에 대한 걱정이 있다. (영어는 물론 정치 철학도 가르쳤던) 루이스에 따르면, 시민에게 최소한의 '권리 보장'이라는 것은 '개입주의'에 복종한다는 의미이며, '개인의 사생활과 독립성'은 희생될 수밖에 없다.[23] 루이스는 "우리의 삶이 더욱 완전하게 계획될수록 국가를 대리하는 사람들의 권한은 더욱 커질 것"이라고 결론을 내린다.[24] 학생이 자유 사회에서 살 수 있도록 준비시키는 것이 교육의 목적이라면, 반드시 근본적 자유를 보호하기 위해 노력해야 한다.

평등

유대교-기독교 신념이 모든 사람의 정치적 평등에 미친 영향은 우리 사회의 기반을 이룬다. 개인의 자아를 강조하는 것은 각 사람의 영혼이 고유하고 죽지 않는다고 믿는 기독교에서 비롯되었고,[25] 사람을 존중하는 마음은 모든 사람이 "하나님의 형상"으로 만들어졌다는 기독교의 가르침에 뿌리를 둔다.[26] 정치학 교수의 집무실 청소부가 1표를 행사하듯, 정치학 교수라고 해서 10표를 행사하지 않는 것을 당연하게 여기지만, 이러한 정치적 평등은 상당 부분 기독교에서 차용한 것이다.

초기 그리스도인들은 아직 세상을 강타한 적 없는 가장 전복적인 정치적 발상을 해냈다. 그리스도 안에서 모든 나라와 민족, 노예와 주인, 남자와 여자가 평등하다는 생각이었다. 평범한 사람이 중요하고 모든 영혼은 무한한 가치를 가지고 있다는 발상은 유럽에만 존재했고, 이슬람과 중국의 유교와 인도의 힌두교 등 다른 위대한 종교와 문화에서는 이러한 강조점을 찾아볼 수 없었다.[27]

종교개혁 과정에서 주창되었던 '모든 신자가 제사장'이라는 신념은 평범한 사람이 중요하다고 강조한다. 이러한 주장은 루터와 칼뱅(Calvin)이 초기 '자유주의자'였다는 사실을 시사하는 게 아니라, 모든 사람이 종교 권위자의 지시보다는 성경을 읽고 스스로 신앙의 문제를 결정하게 하는 것이 종교개혁의 중심 사항이었음을 제시한다. 그리스도는 지상에서 사역하는 동안 쉬지 않고 소외된 인종 집단에 속한 이들의 대변자로 일하셨다. 창기와 같이 외면 받은 여성들과 함께 하셨고 가부장적 사회에서 이들의 권리를 옹호하셨다. 인간의 존엄성과 평등은 그리스도가 지상에서 사역하던 중에만 강조되지 않았다. 사도 바울도 "유대인이나 헬라인이나 종이나 자유인이나 남자나 여자나 다 그리스도 예수 안에서 하나"[28]라고 했다. 이 말은 "기록상 최초로 인류의 평등과 우애를 진술한 것"이었다.[29] 또한 통합과 평등을 주창했다는 점에서도 획기적이었다. 그러므로 교육에서 사회 정의와 자유를 강조할 때는 그것의 지적·역사적·도덕적·신학적 뿌리를 함께 다루어야 한다.

이성

자율적으로 행동하는 능력과 이성적(합리적) 선택을 통해 뜻을 정하고 결심하는 능력을 기르는 것이 자유 교육의 주된 목표이지만, 이성적 사고에 관해서는 분별이 필요하다. 우리는 선택과 결정의 기초를 생각해야 하고, 종교적 입장은 비이성적이라 가정하는 함정에 빠져서는 안 된다. 사도 바울은 아테네에서 합리적으로 자기의 믿음을 설명했고,[30] 로마 총독 베스도 앞에서 '이성적'으로 변증했다.[31] 실제로 성경은 마음과 영혼과 뜻으로 하나님을 섬기는 것을 강조하고 있으며,[32] 루이스는 이 점을 매우 진지하게 받아들였다. 교실이나 학교, 사회에서 어떤 행동이 적절한지를 고려할 때 어느 정도 그 행동이 **이성적인지** 아닌지를 따지는 경우가 많다. 분명, 자유주의 사회에서는 (으뜸가는 두 가치인) 자유와 평등이 충돌할 때 자유주의의 세 번째 가치인 이성으로 중재한다. 하지만 기독교적 관점에서 이성을 평등과 자유를 중재하는 자유주의의 핵심 가치로 보는 것은 문제가 있다.

"만약 사람이 자율적으로 행동하는 것이 **이성적일** 때 자율적으로 행동한다면, 주어진 상황에서 각 사람이 처한 환경, 전문 영역, 조직에서의 역할에 따라 **이성**이 요구하는 바는 달라질 것이다."[33] 아이들이 "권위나 정신의 독립을 혐오하지 않으면서" 그 둘을 지혜롭게 선택하도록 교육하는 것이 많은 교육자들의 목표가 되어야 한다. 즉 학생들은 "**상황에 따라** 독립적으로 판단할 수도 있고 전문가의 조언에 의지할 수도 있으며 정당한 권위에 따를 수도 있는 **합리적**이고 균형 잡힌 사람이 되는 것"을 목표로 삼아야 한다.[34] 우리는 일반적으로 합리적 정당성에 기초하여 결정을 내린다고 생각하지만, 다양성에 관한 논의에 충분히 익숙해짐으로써 모든 시민이 '이성'이나 '자율성'에 대해 동일한 방식으로 읽어 내고 반응하지는 않는다는 것을 인정해야 한다. (루이스처럼) 신자들은 중요한 선택을 할 때 항상 논리적 일관성을 갖춘 합리적 정당성에 기초를 두어야 한다는 관점을 지지하지 않을 것이다. 분명 많은 사람이 합리적 선택 이론을 사회 과학의 세계관 중 하나로 보는 것에 회의적일 텐데, 이 이론이 "가치에 관한 모든 진술을 하찮은 것으로 만들기" 때문이다.[35] 『그 가공할 힘』에서 사회학자 마크 스터독은 이성적으로 판단해서는 "벨버리의 거짓을 찾아낼 수 없었고"³⁶ 그 기관의 감정적·영적·도덕적인 면에 주의를 기울이고 나서야 그곳에서 빠져나올 수 있었다.

경전 해석을 토대로 합리적 결정을 내리는 것은 이성이 얼마나 믿음, 진리 주장, 사람이 살면서 권위 있다고 믿는 '텍스트'에 늘 기반을 두고 있는지 보여 주는 한 예다. 자유주의 자체도 특정 선입관이나 세계관에 기초한다는 사실은 이성이 항상 '믿음에 기초한다'는 증거가 된다. 루이스의 말처럼 '후기 기독교' 색채가 짙어지는 사회에 사는 학생들은 기독교보다 자유주의가 본인들이 누리는 자유에 영향을 미쳤다고 생각할 가능성이 훨씬 높다. 하지만 자유의 발상과 믿음의 역사를 정확히 고찰하려면 두 가지를 함께 생각해야 한다. 제2차 세계대전 이전에는 "사회적·도덕적 책임과 공동체 참여를 기독교 신앙 및 윤리와 무관하게 생각하는 일은 상상도 할 수 없었을 것이다."³⁷ 하지만 (미국에서조차) 시민권에 관한 이야기는 부정확하게 세속적인 방향으로 흘러가 버리기 쉽다. 기독교와 법률의 핵심 개념(자연법, 개인의 가치, 인간의 권리)을 담고 있는 '고전적 정치 이론'이 죽었다는 주장은 일리가 있다.³⁸ 루이스가 『시대 구분』에서 제시한 문화 분석은 기독교 신앙 유산을 거부하는 것이 대다수 서양 학교의 문화적 특징이 된 오늘날의 교육에 값을 매길 수 없을 만큼 귀중한 자산이다.

- 과제 및 토론 질문

1. 자유주의 사회의 주요 특징은 무엇인가?
2. 기독교는 서양 사회에 어떻게 기여했는가?
3. 자유주의의 세 가지 핵심 가치를 설명하라.

4. 세속적 시민과 종교적 시민은 이 세 가지 핵심 가치의 해석에서 어떤 차이를 보이는가?
5. 종교는 합리적인가?
6. 이성의 한계는 무엇인가?
7. 기독교는 평등의 발상에 얼마나 깊은 영향을 미쳤는가?
8. 서양 사람들은 '자유' 사회에 살고 있는가?
9. 민주주의와 기독교 신앙에서 선택은 얼마나 중요한가?
10. '포괄적' 자유주의란 어떤 의미인가?
11. '정치적' 자유주의란 어떤 의미인가?
12. 당신은 '정치적' 자유주의자인가 '포괄적' 자유주의자인가, 아니면 둘 다 해당하지 않는가?

8. 시민 교육
생각 형성하기

> 현대 국가는 우리를 보호하기 위해서가 아니라 우리를 돕고 이롭게 하기 위해 존재한다. 어쨌든 우리에게 무언가를 해 주거나 우리를 무언가가 되게 하려고 존재하는 것이다. 우리는 국가에게 국가가 할 일이나 하라고 말할 수 없다.…우리 삶 전체가 국가의 일이기 때문이다.
> - C. S. 루이스, "복지 국가의 자발적 노예"[1]

C. S. 루이스는 옥스퍼드 대학에서 영어와 철학뿐만 아니라 정치학도 가르쳤다. 정확한 통찰력이 담긴 그의 문화 분석은 자유 민주주의 사회에서 청소년 교육에 관여하는 모든 사람에게 귀중한 지침이다. 유감스럽게도 많은 학교는 민주주의 사회에서 책임을 행사하기 위한 성품 발달(루이스가 말했던 학생의 '가슴' 또는 도덕의식을 교육하는 것)보다 시민권과 어린이들이 '권리'를 누리는지에 더 중점을 둔다. 성품보다 시민권을 강조한다는 사실에 놀랄 필요는 없다. 학교는 사회의 산물인 동시에 학교가 속한 사회에 봉사하기 때문이다. 민주 국가는 학교를 통해 "사회의 근본 원칙에 부합하는 시민"을 얻고자 하며, "민주주의 정권을 지지하는 기호(嗜好), 지식, 성품을 갖춘 시민"을 만들어 내어 국가 자체를 영속시키고자 할 때가 많다.[2]

존 듀이는 『민주주의와 교육』(Democracy and Education)에서 "민주주의는 정부 형태에서 한발 더 나아간 개념"이며 "무엇보다도 밀접한 생활양식"[3]이라고 말한다. 민주주의는 분명 정치 체계보다 훨씬 큰 의미인데 민주적 사고가 삶의 영적이고 도덕적인 영역에까지 '흘러 들어가면' 문제가 발생한다. 루이스는 『기적』에서 "[기독교의] 이야기가 진실이라면 우주에 새로운 존재 양식이 나타난 것"[4]이라고 말한다. (루이스가 말한) '새로운 존재 양식'은 (듀이가 말한) '밀접한 생활양식'인 민주주의에 분명 영향을 미친다. 예를 들어, 루이스는 도덕을 다수결로 결정할 수 없다고 보았다. **민주주의는 생활양식**이며 부모와 교사와 지도자의 사고 및 관습에 영향력을 행사한다는 사실을 염두에 두어야 한다. 이번 장에서는 민주주의 국가의 시민권이 다양한 교육 관련 문제를 대하는 사람들의 사고방식에 어떤 영향을 주는지 살펴본다. 그다음 장에서는 민주주의 국가에서 이런 사고방식이 학교의 목표와 운영에 미치는 영향을 중점적으로 살펴본다. 자유 민주주의 국가에서의 삶은 세계관에 영향을 주기 때문에 그 영향력을 인식해야 한다.

> 자유주의적 합의를 받아들인다는 것은 가정과 종교 등 우리 삶과 아이들의 삶에 지속적이고 광범위하며 깊은 영향을 미칠 수 있는 제도와 사상 및 관행을 받아들이는 것이다.…또한 자유주의 가치의 색채를 받아들이는 것이기도 하다.[5]

어린이와 청소년이 학교에서 사회와 민주주의 시민이 된다는 것에 대해 무엇을 배우는지 고려해 보아야 한다. 아이들은 시민권이나 사회학 수업을 통해 권리와 책임, 종교와 민족의 다양성, 투표권 행사, 정부의 형태와 법률 제정 활동, 미디어의 역할과 언론 자유의 중요성, 자원 활동 단체와 비영리기구, 세계 시민권과 상호 의존, 지속 가능한 개발, 법과 정의 체계, 변화를 야기하고 갈등을 해소하는 법 등에 대한 지식의 본체를 습득한다. 하지만 시민 교육에는 지식 습득보다 훨씬 많은 것이 포함된다. 시민 교육은 어린이와 청소년에게 특정 형태의 행동과 사고방식을 심어 주면서 어떻게 살아야 할지 가르친다. '민주 시민을 위한 교육'이 정확한 용어인데, 단순히 민주주의에 **대한** 교육이 아니라 민주주의를 **위한** 교육이기 때문이다. 이러한 이유로 시민 교육은 "학교 내에서 첨예한 논란과 논쟁을 일으키며, 심지어 학교가 이런 학습 영역에 참여해야 하는지 문제를 제기하는 비평가들도 있다."[6]

"결과물로서의 시민권이라는 개념은 시민 교육에 포함된 강력한 수단적 동기를 드러낸다."[7] 테런스 매클로플린(Terence McLaughlin)의 표현에 따르면, 시민 교육은 누군가를 '최소한'이 아니라 '최대한'으로 '변화시키는' 것을 목표로 한다.[8] 많은 학교가 어린이와 청소년들에게 자유 민주주의에 **대해서** 가르칠 뿐만 아니라 매우 실제적으로 그러한 삶의 방식을 **믿도록** 가르친다. 학교 문화와 교과 과정이 이런 목적을 위한 수단으로 보일 수 있지만,[9] 사회 계약이라는 서사는 종합적인 성품 교육을 제공하기에 충분하지 않다는 사실도 발견한다.[10] 우리는 루이스를 통해 21세기에 당연시하는 가정과 관점을 고찰할 수 있다. 그는 자유와 개인의 선택에 대한 확고한 지지자다.

평등, 권리, 이성

이 문제는 많은 그리스도인 부모가 "다른 집단과의 동질성보다 자신들만의 종교적 신념에 따라 자녀를 양육할 자유를 원하기 때문에" 중요하다.[11]

물론 여기에는 종합적으로 자유주의 가치를 고취시키는 그런 종류의 교육과는 다른 교육이 포함될 것이다. 브렌다 앨몬드(Brenda Almond) 교수는 "국가는 어린이의 도덕 교육을 지시하는 전문가와 윤리 자문가를 통해 전통적 가정의 삶에서 선호하는 부모의 가치를 대체할 권리를 주장하지" 않도록 조심해야 한다고 말한다.[12] 영국에서 고든 브라운(Gordon Brown) 총리의 노동당 정부에서 제안한 배드먼의 "홈스쿨링의 현황과 문제 재고"에 담긴 권고 사항이 시행되었다면(영국 아동학교가족법 26조), 어린이 교육의 주요 책임이 근본적으로 부모에서 국가로 전환되었을 것이다.[13] 루이스는 아마 이러한 움직임을 국가가 가정의 권한을 중대하게 침범한 사건으로 보았을 것이다. 현재 영국에서는 부모가 자녀 교육을 일차적으로 책임지며 '효율적'이고 '적합하다면' 학교가 아닌 '다른 곳'에서 교육을 제공하는 것도 선택할 수 있다.[14]

미국의 그리스도인 부모들은 가정과 학교의 가치를 일치시키려고 '홈스쿨링'이나 기독교 학교를 선택하는 경우가 많다(2장 참고). 1776년 미합중국 13개 주의 "만장일치 선언"을 이끌어 낸 것은 종교**로부터의 자유**가 아닌 종교**를 행하기 위한 자유**였는데, 이때 종교는 당시 각 사람이 믿었던 각각 다른 형태의 기독교를 의미한다. 종교**로부터의 자유**와 종교**를 행하기 위한 자유**는 종교적 자유 관련 논쟁의 중심에 있다.[15] 21세기에 많은 사람들이 생각하는 '자유'의 의미는 1776년에 살던 사람들이 생각하는 그것과 같지 않다.

우리는 모든 사람이 평등하게 창조되었고, 창조주로부터 양도할 수 없는 권리를 받았으며, 그 권리 중에는 생명과 자유와 행복 추구권이 있다는 진리가

자명하다고 명시한다.[16]

도널드 윌리엄스는 "사회적으로 발생된 권리는 의미상 '양도할 수 없는' 권리가 될 수 없다"고 보았으며, '양도할 수 없는' 권리가 성립하려면 "국가나 자연보다 더 근본적인 데 기초를 두어야 한다"고 말했다.[17] 루이스에 따르면, 민주주의식 사고는 다른 곳으로 흘러넘치기 쉬워서 정당하지 않지만 영적 측면에도 적용된다. 『그 가공할 힘』에서 제인 스터독은 "사람들이 영혼의 문제에 있어서는 평등하다고 생각했다"고 하지만 랜섬은 "영혼이야말로 평등과 가장 거리가 먼 곳"이라고 설명한다.[18] 루이스는 법적 평등을 영적 평등으로 착각해서는 안 된다고 한다. 그는 그리스도가 우리를 위해 죽으신 이유는 희생할 만한 가치가 있거나 특별히 귀중해서가 아니라 **그분의** 위대한 사랑 때문이었음을 강조한다. 그리스도에 관해 쓴 글에서 루이스는 다음과 같이 말한다.

> 그리스도께서 모두를 평등하게 사랑하셨을 수도 있다. 분명 모두를 죽기까지 사랑하셨으니 말이다. 하지만 이 표현의 의미에 대해서는 확신이 없다. 평등이 존재한다면, 우리 안에 있는 것이 아니라 그분의 사랑 안에 있다.[19]

루이스는 "멤버십"이라는 글에서 평등이 해로운 것으로부터 우리를 보호하는 '덮개'가 되어 준다는 의미로 옷이라는 중요한 비유를 사용한다. 간단히 설명하면 다음과 같다. "평등은 옷과 같다. 옷은 타락의 결과"이며,[20] 새 하늘과 새 땅이 나타나면 타락 이전처럼 옷은 사라지고 그 속에 있던 영적 실재가 드러날 것이다. 랜섬은 평등이 사라질 시점에 대해 말한다.

"아, 평등!" 대장이 말했다. "우리 언제 한번 이 이야기를 해야겠지요. 맞습니다. 다른 사람의 탐욕으로부터 평등한 권리를 보장받아야 합니다. 우리 모두 타락했으니 말입니다. 같은 이유로 우리는 모두 옷을 입어야 하지요. 하지만 **더 이상 옷이 필요하지 않은 때가 차면** 그 속에 있던 벗은 몸이 드러날 것입니다. 아시다시피 평등이 가장 근본적인 개념은 아니에요."[21]

그 기간에 교회는 다가올 때를 위해 우리를 준비시켜 예배하고 경외하며 적절한 존경을 표시할 수 있도록 기회를 준다.

바깥세상에서 민주주의가 더욱 완성됨에 따라 경외를 표현할 기회가 잇따라 제거되면서, 재충전과 정화와 불평등으로 즐겁게 되돌아가게 하는 교회의 역할이 더욱 필요해졌다.[22]

교만은 "모든 죄의 어머니"이자 "루시퍼의 원죄"이며, "평등"을 진정 위협하는 것은 "우월성에 대한 증오"이기 때문에 앞의 내용은 중요하다.[23] '평등'이 자랑과 오만과 자만을 조장한다면 그것이야말로 가장 심각한 해를 끼치는 것이다.

우리가 관료주의나 특권 의식이 정치에 침범하지 못하도록 빈틈없이 저항하듯이, '나는 너만큼 괜찮다'라는 정신이 개인적·영적 삶에 침범하지 못하게 해야 한다.[24]

다른 사람이 우리보다 낫다고 생각할 수 없다면, 스스로를 너무 높게 생각하는 것이다. "단 한 번도 무릎 꿇거나 고개 숙이려고 하지 않는 사람은 상상력이 없는 야만인이기 때문이다."[25] 루이스가 "우리에게 필요한 법적 평등이라는 외피 속에 역동적으로 움직이는 계층적 세계와 마음 깊은 곳에서 기쁘게 받아들이는 영적 불평등의 조화가 살아 있어야 한다"며 마땅히 영광을 돌려야 할 존재에게 "의지적으로 완전히 영적인 경외심"을 표현하는 것이 옳다고 주장한 이유도 바로 이 때문이다.[26] 그는 "평등한 시민권이라는 허울 뒤에 잘 숨겨져 있지만 여전히 살아 있는 계층적 세계"[27]를 거리낌 없이 칭송하며, "하나님이 평등한 세상을 창조하셨다고 생각하지 않는다"고 말한다.[28] '법적 평등'은 타락에 필요한 처방이자 "잔인한 행동을 막기 위한 보호"라고 할 수 있지만,[29] 그 이상으로 여겨서는 안 된다.

> 평등을 처방이나 안전장치가 아니라 그 이상으로 여길 때 우월성이라면 싫어하고 보는 미숙하고 질투 어린 마음이 자라나기 시작한다.…민주주의 때문에 생긴 특수 질환이라 할 수 있다.[30]

루이스의 이 말을 곡해하지 않아야 한다. 그는 "모든 사람이 법 앞에 평등하다"고 생각하지만 "평등이 생명을 수호할 수는 있어도 생명을 만들어 내지는 못한다"고 주장하는 것이다.[31]

루이스는 정부의 통제에 대해, 또 '권리'가 도구로 사용된다는 사실에 대해 심각한 우려를 표했다. "국제 사회에는 모두가 수용한다고 정의하는 보편적 인권"이라는 개념이 있지만 "한편으로 문화와 종교적 전통 사이에, 다른 한편으로는 권리에 관한 보편적 개념들 사이에 분명한 긴장"이 존재한다.[32] 기독교의 관점에서 볼 때 권리라는 개념에는 문제가 있는데 『천국과 지옥의 이혼』(The Great Divorce)에서 이 점을 극적으로 보여 준다.[33] 뉘우치지 않는 죄인인 큰 사람(또는 이 책이 사후 세계를 다루고 있으니 큰 영혼이라고도 할 수 있다)은 죽기 전에 어떤 회사의 사장이었다. 그는 빛의 사람 하나를 만나는데, 그의 회사 직원이자 살인을 저질렀다가 뉘우친 렌이라는 사람이다. 예복을 입은 렌은 기쁜 모습으로 큰 영혼이 사물을 있는 그대로 보게 도우려고 한다. 하지만 렌이 아무리 설득하려고 애를 써도 큰 영혼은 계속해서 자기 권리를 주장한다. 큰 영혼은 격렬하게 주장한다.

> 나는 내 인생에 최선을 다했다고, 알아?…나는 정당하게 주어지지 않은 건 절대 요구하지 않았어.…돈을 받은 만큼 일도 열심히 했어, 알아?…다른 게 아니라 내 권리를 요구하고 있는 거야.…자네가 아는 내 권리를 누리고 싶어.…나는 권리를 누려 본 적이 없었어. 아니면 여기 올 이유가 없어.…나는 권리를 누려 본 적이 없어.…게다가 왜 내가 자네처럼 끔찍한 살인자 밑에 있어야 하는지 도무지 알 수가 없다고.…나는 그저 자네도 나와 같은 녀석이라고 말하는 것뿐이야. 나는 내 권리를 누리고 싶어. 누군가의 피 흘리는 사랑을 구하는 게 아니라고.[34]

그의 마지막 선언 후 밝게 빛나는 존재인 렌은 그 선언의 마지막이 될 말을 한다.

> 그러면 구하십시오. 딱 한 번, 피 흘리는 사랑을 구하십시오. 여기에 있는 것은 모두 구해야 얻을 수 있고 돈으로 살 수 있는 것은 아무것도 없습니다.[35]

사람은 이성만으로 '피 흘리는 사랑을 구할' 수 없다. 그러나 세속적 자유 민주주의에서는 사랑이 아닌 이성이 양립하는 가치, 즉 자유와 평등을 가치를 중재한다.

기독교와 민주 시민권

민주주의는 종종 자유의 동의어로 생각된다. 하지만 역설적으로, 권리에 관한 법률을 제정하여 규제나 '개입주의'가 심화되면 민주주의에서 경험하는 자유가 축소될 수 있다. 정부 각료들은 평등을 주장하지만, 권리에 의한 규제를 강화하는 복지 국가에서는 나머지 국민들에게 권한을 행사한다. 루이스가 민주주의를 반대했던 것은 아니지만 하나님이 인간 사회에 가진 원래 계획하셨거나 최고의 계획으로는 생각하지 않는다는 사실에 주목해야 한다. 그는 "민주주의가 진정으로 필요한 이유"는 단지 "다른 사람에 대한 권한을 감시하지 않으면 누구도 신뢰할 수 없을 정도로 인류가 타락했기 때문"이라고 선언한다.[36]

시민 교육에서 기독교는 중요한 요소인데, "정의와 민주주의 개념을 통해 법과 정부에 반영된 자유, 도덕적 평등, 사회적 책임의 의미와 정당성 자체가 기독교 교리에서 파생되었기" 때문이다.[37] "기독교는 모든 사람이 도덕을 행할 수 있으므로 각 사람에게 책임과 권리가 있다"는 생각을 제시하고 이를 지지하기 때문에 민주주의의 본질적 개념은 "기독교의 종교적 전통의 깊은 곳에 자리 잡은 두 가지 원천의 도움을 받았다고 할 수 있다. 첫째는 인간이 자유와 이성을 소유한 존재로서 존엄하며, 둘째는 인간이 원죄를 물려받아 악을 행하는 경향이 있다는 것이다." 첫 번째 원천은 "민주주의 정부를 가능하게 하며" 두 번째 원천은 "교만과 자만을 촉발하므로 여기에 제약을 가하기 위해 민주주의가 필요하다고 제안한다."[38] 루이스는 인간에 대해 갖는 신념이 민주주의를 보는 관점을 결정한다는 사실을 알고 있었다.

> 하지만 사람들은 두 가지 상반된 이유로 민주주의자가 된다. 어떤 사람은 모든 인간이 민주주의 정부에서 한몫 차지할 만큼 훌륭하며 민주주의 국가가 조언을 구할 정도로 지혜롭다고 생각할 것이다. 내 생각에 이것은 민주주의를 낭만적으로 바라보는 잘못된 신념이다. 반면, 어떤 사람은 타락한 인간이 너무 악해서 다른 사람을 책임질 권한이 주어질 때 믿을 만한 사람은 아무도 없다고 생각해서 민주주의자가 될 수도 있다.[39]

이런 관점은 학교 교육의 민주화에 대한 견해에도 깊은 영향을 주는데, 다음 장에서 이 주제를 다룰 것이다.

■ 과제 및 토론 질문

1. 자유 민주주의 국가에서 많은 학교가 성품 교육보다 시민권을 더 강조하는 이유는 무엇인가?
2. 민주주의는 어떻게 정치 체계를 넘어 생활양식이 되는가?
3. 민주주의는 우리의 사고방식에 어떤 영향을 주는가?
4. '민주 시민을 위한 교육'을 어떻게 생각하는가?
5. 민주주의의 핵심 신념은 무엇인가?

6. 어린이 교육을 일차적으로 책임지는 사람은 누구인가?

7. 우리는 모두 영적으로 동등한가?

8. 우리는 항상 '권리'를 주장해야 하는가?

9. '양도할 수 없는' 권리가 있는가? 있다면, 그 이유는 무엇인가?

10. 기독교가 시민 교육에서 중요한 이유는 무엇인가?

11. 당신의 환경에서는 시민권과 기독교의 연관성을 중요하게 여기는가? 그렇게 답한 이유는 무엇인가?

12. 당신이 활동하는 환경에서는 시민권이나 성품이 가장 강조되고 있는가?

9. 민주 교육
'바보 만들기'를 피하려면

> 이미 어렴풋이 등장한 '민주적인' 교육은 좋은 교육이 아니다.
> 악한 열정을 부추기고 질투심을 달래려 애쓰기 때문이다.
> – C. S. 루이스, "민주 교육"[1]

앞 장에서는 민주주의가 정치 체계를 넘어 생활양식이라는 듀이의 주장[2]과 그것이 우리가 스스로를 보는 관점과 세계관은 물론 학교 교육을 시작하는 방식에까지 영향을 미친다는 사실을 살펴보았다. 민주주의는 특정한 기대를 갖도록 조건을 형성한다.[3] C. S. 루이스가 정치적 평등은 인류가 타락하여 보호가 필요하다는 점에서 정당하다고 생각했다는 사실을 기억할 것이다. 민주주의에서 요구하는 평등을 '윤리'나 '지성'의 영역까지 확장하려고 한다면 적절한 경계를 넘어서는 것이며, 루이스는 이러한 민주주의를 일컬어 '죽었다'고 말한다.[4] 『인간 폐지』에서는 민주주의가 미래에 행사할 권력을 심각하게 경고한다(12장을 보라). 학교를 **부모를 대신하**는 어른이 청소년들에게 적절한 권한을 행사하고 이들을 위해 가장 좋은 결정을 내리는 또 하나의 '가정'이 아니라, '민주주의'로 여기면 학교의 전체 성격이 바뀐다. 학교가 민주적이어야 한다는 주장은 점점 더 많은 지지를 얻고 있으며, 이는 교사와 학생 간 서로 존중하는 관계 형성, 학생의 정체성, 교육 과정, 평가와 성적 부여, 행동과 훈육, 포부, 대학 입시, 그리고 어떤 학교 교육이 삶을 잘 준비하는 것인지 그 척도에도 영향을 준다.

학교 교육의 민주화

학교 교육이 더욱 민주적이어야 한다는 가정이 힘을 얻고 있다. 학교 교육의 민주화를 찬성하는 사람들은 학생이 민주 사회에서 살 수 있도록 준비시키려면 학교가 민주적이어야 한다고 주장한다. 하지만 이렇게 주장하는 사람들도 민주 사회 역시 '가진 자'와 '가지지 못한 자' 사이에 심각한 불평등이 존재하고 다수가 소수를 압제할 뿐만 아니라 강경한 소수가 여론을 움직여 사회에 악영향을 줄 수 있다는 점은 짚고 넘어가야 한다. 예를 들어, 『은 의자』에서는 소수의 '가해 학생들'이 유스터스와 질을 괴롭히는데 학교 교장은 이들을 효과적으로 다루지 못하기 때문이다.[5] 학교를 더욱 민주적으로 만드는 것이 반드시 더 공정한 곳으로 만드는 것은 아니다. 우리 사회가 **아직** 완전히 민주적인 것은 아니며 최선을 다해 민주 사회를 구현했다면 더욱 공정했을 것이라고 반박할 수도 있다. 하지만 민주주의가 이 땅에서 성취될 '구원' 곧 이상향이라고 하는 견해는 루이스의 관점과 꽤 거리가 있다는 점은 말할 것도 없다.

학교의 민주화는 학생이 교직원을 선임하는 등 중요한 역할을 하는 위원회에 소속되어 어떻게 자원을 배치할지 결정하며 강의 내용에 더욱 강한 발언권을 갖고 학교를 변화시키는 일들을 가능하게 한다. 교육에 종사하는 많은 사람이 이러한 행보를 환영하며 실현을 앞당겨야 한다고 생각한다. 물론 일부 학생에게 리더십을 부여하고 책임감을 갖도록 장려해야 한다. 그러나 적절한 경계가 지켜지는 것이 중요하다. 특히 학생들이 학교의 가치를 '선택'한다면 매우 큰 문제가 될 수 있다(1장에서 보듯이 루이스에게 가치 선택은 사탕을 '골라 먹는' 것과는 다른 문제다). 또한 이런 방침은 학생에게 비현실적으로 높은 기대감을 심어 주어 졸업 후 대기업에 취직했을 때 회사가 전략 수립 시 신입 사원의 주도적 역할을 기대하지 않는다는 사실에 충격을 받을 수 있다. 하지만 학교는 다른 곳에서 순진하다고 여길지 모르는 관행을 장려하기도 한다. 정치적 안건에서 어린이의 권리는 매우 높아서 어떤 경우라도 어린이가 의사 결정에 참여하지 못하면 자유를 심각하게 침해하는 것으로 생각할 때가 많다. 이런 현상이 미치는 영향은 매우 심각하다. 학교가 존재하는 최우선적이고 가장 중요한 이유가 학생이 민주 사회에서 살아가도록 준비시키는 것이라고 믿으면 전통적이고 위계질서 있는 학교는 교육 수준이 낮다고 여길 수도 있다. 그런 학교는 "학생이 교육 기관의 관행을 만드는 데 참여하는 것은 제한하면서도 방침에 따르기만 할 것을 기대하여 시민 교육의 핵심 메시지에 반하는 결과를 낳을 수 있다"는 제안도 나온다.[6] 학생의 책임감과 주도성을 장려하는 것과 학생이 과도한 영향력을 행사하여 교사와 학교 지도자의 권한을 존중하지 않는 것은 분명히 다르다.

민주주의가 그 자체로 모든 사람에게 정의를 보장하지 않는다는 사실은 받아들여지는 것 같지만, 일부 교육자들은 민주주의를 우리가 아는 불의를 모두 해소할 만병통치약으로 여기는 듯하다. 학교 위원회가 학생이 자신의 학교 공동체에 도움을 줄 수 있게 함으로써 귀중한 기여를 하지만 학생들에게 너무 많은 권한을 부여한다는 우려를 낳을 수도 있다. 만약 우리가 "부모는 아이에 대한 권한이 있다"[7]고 믿었던 루이스의 견해에 동의하고 학교에서는 교사가 **부모를 대신한다**는 사실을 인정한다면 다른 관점을 취하게 될 것이다. 민주주의 이념은 잠재적으로 많은 학교에 장애를 일으킬 수 있다. 학생들이 "자기 위치를 알지" 못하고, 따르고 싶지 않은 지시에 "이래라 저래라 하지 말라"며 교사를 존중하지 않을 가능성이 있기 때문이다. 최근 런던에 있는 한 학교 교장이 쓴 박사 논문을 검토한 적이 있었는데, 그녀는 학교가 '민주적'으로 발전하고 있어 기쁘지만 일부 교사는 학생들과 협업하기 위해 그녀가 도입한 변화들을 열렬히 지지하지는 않는다고 했다.

기대와 노력의 민주화

민주주의가 학생의 평균 수준을 유지하되 다른 사람보다 더 **나아지지 않아도** 된다는 의미라면, 학생의 근로 윤리 및 성취 기대에 심각한 영향을 준다. "스크루테이프가 축배를 제창하다"(1959)에서는 '평등'이라는 이념을 통렬히 비판하는데, 등장인물 스크루테이프는 집단 수준 또는 평균이 개인의 수월성에 어떻게 악영향을 미치는지 보여 준다.

> '폭군'으로 불린 어느 그리스 독재자가 다른 독재자에게 정부의 원칙에 관한 조언을 얻기 위해 특사를 보낸 이야기를 기억할 것이다. 특사를 만난 독재자는 그와 함께 옥수수 밭에 가서 일반적인 수준보다 1인치라도 큰 옥수수가 있으면 지팡이로 잘라 버렸다. 아주 이해하기 쉬운 교훈이다. 국민 중에 탁월한 사람이 없게 하라.…모두 평균 수준으로 잘라 버려라.…모두 동등해진다. 그러면 독재자는 어떤 의미에서는 '민주주의'를 실천할 수 있을 것이다. 하지

만 이제 '민주주의'는 독재자 없이도 이런 일을 할 수 있다. 지팡이를 들고 밭을 지나가지 않아도 된다. 작은 옥수수는 자기들끼리 높이 솟은 옥수수를 잘라 버린다. 큰 옥수수도 '다른 옥수수처럼' 되고 싶어서 자기 머리를 자르기 시작한다.[8]

이 이야기를 학교나 교실 환경에 적용하면 '평등'하려는 욕구가 수월성에 나쁜 영향을 미친다는 사실을 알 수 있다. 학생들은 학업, 직업, 운동이나 예술 등 어느 분야에서든 자신의 뛰어난 부분을 부끄러워할 필요가 없는데도 어떤 청소년은 '튀는 것'을 두려워하여 또래들에게 맞추려고 하며 그들처럼 되려고 뛰어나려는 노력을 그만두기도 한다.

루이스에 따르면, 세계 시장에서 경쟁할 민주 국가라면 수월성을 위해 노력해야 하며 학생들이 친구의 성공을 축하하도록 장려하는 것이 좋다. 학생을 천편일률적으로 대하는 것은 사회에 좋지 않다. 루이스는 "능력 있고 성실한 학생을 어리석고 게으른 학생과 동일하게 대하면 어떤 의미에서 민주적인 교육"이라며 "이런 것을 평등주의라 하는데 민주주의는 평등을 좋아한다"고 말한다. 그리고 나서 "『이상한 나라의 앨리스』에 나오는 모든 경주자가 이겼으니 모두에게 상을 주는 코커스 경주"를 민주적인 경주의 예로 든다.[9] 그리고 다른 글에서 '어리석은 학생'이란 지능이 낮은 사람이 아니라 '알고 **싶어 하지 않는** 학생'이라고 정의한다.[10] 루이스는 배울 의지가 없거나 열심히 노력하지 않는 학생에게 열심히 배우는 학생과 똑같이 '상'을 주는 관행을 통렬히 비판한다. 그는 "엄밀히 말해 민주 교육"은 "민주주의를 보존하려 한다"는 점에서 "가차 없이 귀족적이고 파렴치할 정도로 식자층의 전유물"이라고 단호하게 선언한다.[11] 우리 사회에서 '귀족적인' 것은 '민주적인' 것과 잘 어울리는 개념이 아니지만, 루이스가 '엘리트주의'라고 주장했던 개념을 설명하는 데는 더 정확할지도 모른다.

능력과 성취의 민주화

친구들이 열등감을 느낄까 봐 학생의 성취와 성공을 축하하지 않는다면, 정치적 권리의 영역에서는 '평등'을 없애고 교육의 맥락에서는 성취의 차이를 최소화하자고 주장하는 것과 같다. 어떤 학교는 잘못된 '평등' 개념과 '민주적' 사고의 영향을 받아 우수한 학생들을 따로 가르치기보다 능력에 차이가 있는 학생들과도 함께 가르치는데, 일부 학생을 친구들보다 우수하다고 하지 않기 위해서다. 또한 어떤 학교의 지도자들은 200명으로 이뤄진 한 학년에 속한 학생들이 각각 능력 면에서 큰 차이를 보이는 데도 여전히 우수한 학생들을 구분하려고 하지 않는다. 게다가 일부 교사와 지도자는 같은 반이라도 각 학생의 수준에 맞는 문제를 주어야 하는데도 학생들을 수준에 맞게 '분리'하려고 하지 않는다. 학생(과 부모)의 기분을 상하게 하거나 일부 학생들이 우월감을 느낄까 봐 두려워하는 것이다. 그 결과 더 어려운 문제를 풀 수 있고 진도를 더 빨리 나갈 수 있는 학생들이 앞으로 나아가지 못한다. 셰익스피어의 비극을 배우고 『리어왕』(King Lear, 1608)을 읽을 만한 학생이 존 스타인벡(John Steinbeck)의 『생쥐와 인간』(Of Mice and Men, 1937)을 읽고 있는 것이다. 반면, 이 아이들과 같은 반에는 기본 맞춤법과 철자법을 점검해야 할 정도로 『생쥐와 인간』을 매우 어려워하는 학생들도 있다. 교사는 학생들의 능력에 맞게 교수법과 과제를 개별화하려고 애쓰지만 대체로 절충한 텍스트나 과제를 선택한다. 이런 상황에서 수준에 맞게 배우는 학생은 중간 수준, 즉 다수에 속하는 학생들밖에 없다. 이러한 '민주적' 사고는 풀어야 할 문제가 많은데, 학생들에게는 좌절감과 따분함을 일으키고 교사들에게는 스트레스를 안겨 주기 때문이다. 루이스는 이렇게 '수월성'보다 '평등'을 추구하려는 움직임이 있을 것이라 예견했다.

> 도덕, 문화, 사회, 지식 영역에서 어떤 종류이건 수월성을 믿지 않고 끝내 배제하려는 거대한 움직임에 대해 지속적으로 관심을 가져야 한다. '민주주의'가 마치 주문처럼 고대의 독재자 같은 일을 하는 모습이 썩 유쾌하지는 않다. 새로운 교육은 기본적으로 부진하고 게으른 학생이 똑똑하고 근면한 친구에게 열등감을 느끼면 안 된다고 제안한다. '민주적이지 않다'는 이유에서다. 앞으로 나아갈 수 있는 학생을 인위적으로 억제한다. 뒤처지는 학생들이 트라우마를 느낄 수 있기 때문이다. 그리하여 명석한 학생들이 학교에 다니는 동안 민주적으로 자기 학년 수준에만 머무른다. 아이스킬로스(Aeschylus)나 단테(Dante)를 소화할 수 있는 학생이 '고양이가 돗자리에 앉아 있었다'는 [동급생의] 문장 맞춤법 발표를 듣고 있는 것이다. '나도 너만큼 괜찮다'는 생각이 완전히 실현될 때 사실상 합리적으로 기대할 수 있는 것은 교육의 폐지일 것이다. 학습에 대한 모든 보상과 학습하지 않는 것에 따른 모든 징계가 사라질 것이다. 학습을 원했을 소수의 학생을 미연에 차단할 테니 월등히 뛰어난 학생이 누가 있겠는가?[12]

질투와 시기로 인해 학생들의 학습 수월성이 장려되지 않을 수 있다. 실로 루이스는 앞을 내다보듯 '민주 교육'의 출현과 그것의 위험성을 예견한다.

루이스는 "'고양이가 돗자리에 앉아 있었다'는 문장을 철자법에 맞게 쓰려는" 노력을 언급할 때 무엇에 대해 말하는 것인지 개인적 경험을 통해 알고 있었다. 그는 "어린이의 수준에 맞추어 이야기하는 데 능했지만 절대 아랫사람을 대하듯 말하지는 않았다."[13] 루이스는 영국 옥스퍼드 외곽 헤딩턴 쿼리에 위치한 저택 킬른스에 머무는 동안 "정원사의 아들인 소년"에게 상당한 시간을 들여 글 읽는 법을 가르쳤다.[14] 여기서 루이스의 교육 전략은 물론 끈기와 인내에 주목할 필요가 있다.

> 소년의 정신 연령은 여덟 살 정도였다. 글을 읽고 쓸 줄 몰랐는데 글 읽는 법을 배우고 싶어 했다. 잭(루이스의 애칭)은 매일 저녁 글자와 그림과 단어로 카드를 만들었고, 매일 저녁 소년과 함께 알파벳을 암송했다. 그래도 소년의 실력은 크게 나아지지 않았다.[15]

루이스는 소년에게 "극도의 친절"을 보였는데,[16] 소년이 배우고 **싶어 했**기 때문이다. 학생의 태도가 투자하는 시간과 노력에 변화를 일으킨다. 모든 학생이 **똑같은** 열의를 가지고 학습에 임하는 것은 아니다. 소년에게는 분명 '특수한 교육적 필요'라고 할 만한 것이 있었다. 그러나 매우 유능한 학생의 학습 필요도 간과해서는 안 된다는 것이 루이스가 주장하는 바다. 일부 학생들은 교육 과정에서 최고의 유익을 얻지 못할 수도 있다. 그렇다고 해서 교육 과정의 혜택을 받을 수 있는 학생을 간과해서도 안 된다.

교육 과정의 민주화

루이스는 학업 기준을 높여야 한다는 입장이었고 직업 교육을 학업 교육과 동등한 것으로 보지 않았다. 직업 과목이 학업 과목과 '동등하다'는 개념을 반박했다. 누군가가 학업 과목을 통해 학업을 택한 대부분의 학생은 '불공정한 이득'을 취한다고 주장한다면,[17] 다음과 같은 루이스의 주장을 떠올려야 한다.

> [학교는] 교육 과정을 설계할 때 학습하기 원하고 학습할 수 있는 학생의 유익을 우선적으로 고려해야 한다.…교육 과정은 어떤 의미에서는 그런 소수의 유익을 다수보다 우위에 두어야 하며, 대학 진학을 고려한 교육도 염두에 두어야 한다. 그럴 때 비로소 학교는 민주주의를 비롯한 국가의 번영에 있어야 할 최고의 지성을 배출하는 양성소가 될 수 있다.[18]

반대로, 요즘 학교에서는 자주 학습 능력이 가장 낮은 학생에게 가장 많이 투자하는 방식으로 교육 과정을 운영한다. 내가 한 고등학교에서 교육 과정을 담당했을 때, 학습 능력이 가장 뛰어난 학생보다 가장 낮은 학생에게 더 많은 자원을 투입하는 정책을 펼쳤다. 학습 능력이 가장 뛰어난 학생들이 있던 반에서는 교사 한 명이 학생 서른여섯 명을 담당했다. 학습 능력이 가장 낮은 반에서는 교사 한 명과 보조 교사가 학생 여섯 명에서 여덟 명을 맡았다. 학습 능력이 낮은 학생을 교육하는 비용이 우수한 학생을 가르치는 것보다 훨씬 더 많이 들었다. 많은 학교에 이런 관행이 있는데 우리는 학습 능력이 낮은 학생들을 도울 의무도 생각해야 하지만, 루이스의 주장대로 가장 뛰어난 학생이 탁월성에 이를 수 있게 하는 데도 목표를 두고 교육 과정을 설계하는지 진지한 고민을 하게 된다. 루이스가 사망한 지 50년이 흐른 잉글랜드에서는 중등 교육 자격시험에서 C등급을 받는 학생의 비율이 학교의 평판에 매우 중요해서 조금 더 하면 A등급이 될 수 있는 학생보다 C등급과 D등급의 경계선에 있는 학생에게 자원을 더 많이 투입하는 경우가 많다. 학교는 일반적으로 다수 혹은 평균에 속하는 학생의 기대에 부응하고자 한다. 민주적 사고가 학교 교육에 교묘하게 스며들어 있다는 루이스의 분석에 비추어 학교 지도자들은 이 문제를 진지하게 고려해 볼 필요가 있다. 학교의 교육 과정은 모든 학생이 꽃을 피우게 해야 하는데 여기에는 가장 뛰어난 학생도 포함되는 것이다.

민주적 사고에서 '선택'은 중요하지만 학습 내용에 있어서 학생에게 과도한 선택권을 부여하는 것이 최선의 유익을 주는 것은 아니다. 다수의 학생이 문학보다 신문방송학을 수강할 권리가 있다고 생각한다고 해서 이들이 반드시 옳은 것은 아니다.[19] 충분한 문학 지식이 영화를 비판적으로 이해하는 데 도움이 될 수 있기 때문이다. 다수의 학생은 올바른 조언을 해 주는 교사 및 학교 지도자와 함께 좋은 교육 과정을 선택해야 한다. 학교는 학생들의 바람에 영합하여 대다수가 배우고 싶어 하는 것에만 주안점을 두어서는 안 된다. 교육은 연예 산업이 아니기 때문이다. 교육자들은 학생에게 가장 좋은 것을 줄 윤리적 의무가 있다. 때로 대다수의 학생이 라틴어 과목을 배우지 않더라도 가장 뛰어난 학생에게는 라틴어 교육을 제공할 수 있다는 의미이기도 하다.

2010년, 잉글랜드에 영국형 졸업 자격 검정(EBacc)이 도입되면서 학교들이 전통적 교육 과정에 관심을 갖기 시작했다. 중등 교육 자격시험에서 영어, 수학, 과학, (고대나 근대) 언어, (역사나 지리 같은) 인문학 과목 시험을 통과해야 졸업 자격 검정을 취득할 수 있게 되었기 때문이다. 어떤 부모는 아들이 시험 과목을 선택한 후에 이 정책이 도입되었다며 몹시 화를 냈다. 그는 성적이 가장 우수한 집단에 드는데도 학교에서 인문학 과목을 배우라고 하지 않아 졸업 자격 검정을 취득할 수 없었던 것이다. 반면, 전통적 교육 과정을 따랐던 학교에서는 학생들에게 인문학 과목을 선택하게 한 덕분에 훨씬 많은 학생들이 졸업 자격 검정을 취득할 수 있었다. 앞서 언급한 학교에서는 학생이 인문학 과목을 배우고 싶지 않으면 학습하지 않아도 되었다. 학생에게 너무 많은 선택권을 준 결과를 잘 보여 주는 예라 할 수 있다.

자격과 목적의 민주화

루이스는 학생이 다른 수업보다 어려운 수업이 있다는 사실을 받아들이기보다 '동등하다'는 기대감을 갖게 하는 것은 위험하며, 직무 자격이 학업 자격과 '동등하다'고 믿게 하는 것도 불공평한 처사라고 말한다. '컴퓨터'나 '정보 통신 기술'로 기본적인 작업을 하는 능력과 어려운 수학이나 영어 문제를 푸는 능력에 동등한 자격을 부여하는 것은 사회에 도움이 되지 않는다. 이렇게 부여된 자격들은 개별화될 수 없기 때문이다. 직업 교육에서 얻은 성과를 어려운 수학 수업을 통과한 것과 '동등하다'고 생각하기 시작하면서 각종 문제가 나타난다. 이러한 현상은 누구에게나 상을 주고자 하는 '민주' 사회에서 벌어지고 있다.[20] 이런 상황은 루이스가 묘사한 '직업'반에 편성된 한 남학생을 연상시킨다.

> 학생의 취미에 점수를 주고 그 취미를 공식적으로 인정해 보라. 결국 그 가여운 학생이 '나름대로' 실제 직업처럼 똑똑한 일을 한다고 믿게 만들어라.…그 아이는 살면서 실망감에 빠질 텐데…당신은 이 단순하고 착실한 친구를 웃음거리로 만든 것이다. 당신이었다면 결코 주지 않았을 열등감으로 인해 그는 분개할 것이다.[21]

루이스에 따르면, 학업의 수월성을 중시하는 시스템은 사실 직업 교육을 우선시하는 학생들에게 이롭다. 그는 '지적으로 명민하지 않은' 토미라는 남학생을 예로 들면서 '귀족적'이거나 엘리트 중심적이고 학문적인 학교 교육이 이 학생에게 유익하다고 제안한다.

> 이 학생이 능력을 인정받으면서 기쁘게 할 수 있는 직업은 수십 개다. (지성을 사용하는 것보다 돈도 더 많이 번다.) 무엇보다 자기가 지적으로 명민하지 않다는 사실을 알게 되는 것은 아주 귀중한 자산이다.…지성이 뛰어난 사람들,…골프장에서는 그가 그들을 이길 수 있다 해도, 자신이 알지 못하고 할 수 없는 것을 그들은 알고 할 수 있다는 사실을 기꺼이 받아들일 것이다. 그 학생은 민주주의의 기둥이 될 것이다. 지적으로 명민한 친구들에게 정당한 만큼의 기회가 허용되는 것을 인정할 것이다.[22]

토미에게는 공부 잘하는 학생들보다 분명 더 뛰어난 부분이 있고 돈을 더 많이 벌 수도 있다. 하지만 가장 중요한 것은 그가 자기 능력을 분명히 파악할 수 있다는 점이다. 그는 기만당하지 않았다. 하지만 어떤 학교는 정치의 영역을 넘어선 '민주주의' 이념에 물들어 명문대에 진학한 학생들이 노력하여 얻은 성취를 축하해 주지 못한다. 토미처럼 직업 교육 기관에 출석하는 학생의 사기를 꺾을까 봐 두려워하기 때문이다.

교육의 수월성

질(質)은 '민주적'일 수 없다는 점이 중요하다. 루이스는 1958년 미국에 사는 조운이라는 여자아이에게 편지를 쓰면서 아이가 받은 점수를 언급하며 축하해 주었다. (아이가 쓴 편지는 사라졌지만) 아이는 그 점수를 어떻게 받았는지 편지에 자세히 썼을 것이다. 루이스가 답장을 하면서 껄껄 웃는 소리가 들리는 듯하다.

> 플로리다에서는 아는 것이 아니라 교실에서 보낸 시간으로 점수를 주다니 참 재미있구나! 동물의 상태를 몸무게나 생김새가 아니라 먹인 음식의 양으로 판단하는 것 같지 않니?[23]

내가 플로리다를 처음 방문했을 때 대화를 나누다가, 대학에서 일한다는 말을 한 적이 있다. 그러자 교육을 '**몇 년**'이나 받았냐'는 질문이 이어졌다. 마치 '동물'의 상태를 사료의 양과 우리 안에 갇혀 있던 시간으로 측정할 수 있다고 생각하는 것 같았다. 질과 양을 착각해서는 안 된다. "스크루테이프가 축배를 제창하다"에서 선배 악마는 조카에게 '민주주의'라는 단어를 쓰라고 가르치는데, 그 말이 사람들을 억지로 끌고 다닐 수 있기 때문이었다. 악마는 어린 후배에게 '민주주의'가 '잘 팔리기' 때문에 꼭 써야 한다는 말도 말한다. 사람들이 그 말을 '우러러 보기' 때문이다. '정치적 이념'에서 출발해 '나도 너만큼 괜찮다'는 태도로 '슬며시 변화시키는 것'이 악마의 계획이며, 루이스는 이 계획을 매우 위험하다고 생각했다. 선배 악마의 말을 빌리면 "이를 통해 훌륭하고 확고하며 완전한 거짓말이 삶의 중심에서 왕좌를 꿰차게 되는 것이다."[24] 지금까지 본 것처럼 루이스는 전체 시스템의 기초를 '평균'에 두어서는 안 된다고 주장했다. 다음 장에서는 학생들이 수월성을 위해 노력하도록 영감을 불어넣는 뛰어난 교사가 되는 법을 살펴볼 것이다.

- 과제 및 토론 질문

1. 민주적으로 변하는 학교 교육의 요소에는 어떤 것이 있는지 예를 들어 보라.
2. 학교 교육의 민주화가 가져오는 문제는 무엇인가?
3. 지금 일하는 학교가 더 민주적으로 변해야 하는가, 덜 민주적으로 변해야 하는가?
4. 어떻게 하면 학생들이 지도력을 기르고 책임감 있게 행할 기회를 줄 수 있는가?
5. 학생이 학교 일에 책임을 맡아서는 안 되는가?
6. 학교는 엘리트주의를 택해야 하는가? 그 이유는?
7. 학교나 교사가 학업 수준이 가장 낮은 학생을 도우면서도 한편으로 뛰어난 학생에게 자극을 줄 수 있는 방법에는 어떤 것이 있는가?
8. 교육 과정 관련 문제에서 학생에게 얼마나 많은 선택권을 부여해야 하는가?
9. 루이스는 직업 교육을 어떻게 생각하는가?

10. 학교에서 수월성을 어떻게 도모할 수 있는가?
11. 학교가 '바보 만들기'를 피할 수 있는 방법은 무엇인가?
12. 왜 수월성이 중요한가? 이를 위해 노력해야 하는 이유는 무엇인가?

4부

교수의 집:
학교의 기풍과 교육의 수월성 이끌기

10. 교사 교육
탁월한 교사가 되려면

> 이런 학교에서는 아이들에게 무엇을 가르치는 걸까?
> – C. S. 루이스, 『사자와 마녀와 옷장』[1]

배움의 집

이번 장에서는 탁월한 교사가 되기 위해 필요한 가장 중요한 자질을 간략하게 살펴본다. 디고리 커크 교수는 학생들의 성품과 지성에 모두 관심을 가진다는 점에서 탁월한 교사다. 이따금 그가 아이들을 놀라게 하는 견해를 제시하긴 하지만 아이들은 그와 함께 있으면 안정감을 느끼고 그를 존경한다.

아이들이 도착하자 디고리 교수는 반갑게 집으로 맞아들인다. 흥미롭게도 '교육학'을 뜻하는 영어 단어 'pedagogy'는 '집' 또는 '가정'과 관련이 있으며, 학생들이 집에 머물면서 공통의 규칙에 따라 학습했던 파리 대학교에서 기원을 찾을 수 있다. 이 단어는 문자적으로 '자녀를 지도한다'는 의미이지만 '가르침'의 동의어로 가장 많이 쓰인다. 파리 대학교는 설립 초기인 13세기에 '기숙사' 또는 '교사의 집'에서 어린 학생들을 가르쳤는데, 이 중에는 열세 살짜리 아이들도 있었다. 학생들은 공동체 환경에서 생활하고 학습했다. 그래서 이 단어가 사용되는 데는 중요한 의미가 있다. "'pedagogy'는 공통된 규칙에 따라 학생의 지성과 영성이 형성되는 전인 교육의 환경, 곧 하나의 집"이기 때문에, **가르치고 배우는 일이 생활하면서** 이루어진다는 점에서 그렇다. 이 단어는 "어떤 집에서 양육받느냐에 따라…성품 발달이 달라질 수 있다"[2]는 중요한 사실을 시사한다.

호의적인 교사

아이들 중에 나이가 많은 피터와 수잔은 루시가 나니아에서 했던 경험을 이해하지 못한다. 솔직히 그런 나라의 존재를 믿지 않으며, 동생의 상상력이 지나친 것은 아닌지 걱정한다. 이때 디고리 교수는 친절하게 아이들을 돕는다. 존경받는 권위자로서 아이들의 이야기를 경청하며 안심시킨다. 또한 성품에 대해 올바른 판단을 하기도 한다.

> 그래서 아이들은 서재 문을 두드렸다. 교수는 "들어오렴" 하고 일어나 아이들에게 의자를 찾아 주었고, 하고 싶은 대로 하라고 했다. 그러고는 양 손가락 끝을 마주하고 아이들이 하는 말을 들었으며, 아이들이 이야기를 마칠 때까지 끼어들지 않았다. 이야기가 끝난 후에도 그는 꽤 오랫동안 말이 없었다. 그러다 교수는 목을 가다듬고 아이들이 전혀 예상하지 못한 말을 했다.
> "동생이 한 이야기가 사실이 아니란 걸 어떻게 알 수 있니?"라고 물은 것이다.
> "음, 하지만…." 수잔이 말을 하려다 멈추었다. 누구라도 이 노(老) 교수의 표정이 진지하다는 것을 알 수 있었을 것이다.

이후 디고리 교수는 논리적으로, 루시가 거짓말을 하거나 제정신이 아닌 게 아니라면 사실을 말하고 있다고 설명한다. 루시는 진실하지 않거나 정신이 나간 게 아니므로 수잔과 피터는 동생의 말을 믿고자 해야 한다. 루시가 사라진 시간 동안 나니아에서 겪었다고 주장한 것(예를 들면, 반인반수 툼누스와 차를 마신 일 등)이 실제가 아닐 수도 있다고 아이들이 지적하자, 디고리 교수는 무엇보다 루시가 진실을 말하고 있다는 가정에서 출발한다. 그는 순진하거나 잘 속는 사람이 아닌데, 다른 세계에서는 잉글랜드와 시간의 흐름이 다르다는 말을 루시 나이에 지어낼 수 없을 것 같다고 제안한다.

가르침과 배움의 수월성

가르침과 배움의 관점에서 디고리 교수와 아이들의 상호 작용을 통해 몇 가지 교훈을 얻을 수 있다. 교실의 많은 경우처럼 디고리 교수가 혼자 말하고 아이들은 수동적으로 들으면서 받아 적기만 하는 모습이 아니다. 이들은 진정한 대화를 나눈다. "교사와 학생이 대화를 나누는 중에 교육이 이루어지기 때문에" 이것은 필수적이다.[3] 아이들은 대화에서 주도권을 갖는다. 대화를 이끌어 가고 학습에 책임을 진다. 디고리 교수와 아이들의 대화에서는 인지 심리학자와 대화 전문가들이 '부분적 발화'(개시 발화-반응-피드백)라고 부르는 '순환'을 볼 수 있는데, 훌륭한 교사와 부모가 직관적으로 종종 사용하는 방법이다. 여기서 참된 대화와 진짜 질문이 오간다. '진짜' 질문이란 질문자가 정해진 답을 갖고 있지 않은 질문이다. 학생이 '추리 게임'을 하듯 교사가 원하는 답을 생각해 내게 하려는 '의례적' 질문이 아니라 실생활에서 접하기 마련인 질문이다. 다음 상황을 보면 '의례적' 질문이 실생활에서는 얼마나 이상하게 들리는지 알 수 있다. 만약 기차에 타서 옆자리에 앉은 남자에게 시간을 묻는다면 그 사람은 내가 시계나 휴대폰을 잃어버렸다고 생각할 것이다. 그런데 답을 들은 후 시계를 확인하면서 "정확히 맞추셨네요"라고 한다면, 그가 아무리 잘 봐줘도 나는 괴짜 취급을 받을 것이다. 그런데 교사들은 항상 이런 일을 하고 있다. 좋은 교사는 수업에서 '의례적' 질문은 물론 '진짜' 질문을 할 줄 아는 사람이다.

디고리 교수가 처음 던진 질문은 "동생이 한 말이 사실이 아니란 걸 어떻게 아느냐"였고, 아이들은 증거를 제시하여 루시가 옳지 않다는 자신들의 결론을 정당화하고 싶어 한다. 그는 단순히 그 결론이 틀렸다고 말하지 않는다. 질문을 통해 아이들이 스스로 사고하게 하는데, 이것이 **자극**이다. 디고리 교수는 아이들이 언어적 추리를 하도록 돕고 친절하게 '비계'(scaffolding)를 세워 주면서 사고를 지도한다. 전문 교육자는 이것이 어떻게 작용하는지 생각해 볼 만하다. 서양 발달 심리학에서 가장 영향력 있는 인물로 꼽히는 비고츠키(Vygotsky)는 처음에는 타인과의 언어 추론, 즉 개인 **간** 정신 활동으로 시작된 것이 나중에는 스스로 추론할 수 있는 개인 **내** 정신 활동으로 변한다고 주장한다." 디고리 교수가 피터와 수잔에게 종이와 펜을 나누어 주며 루시가 거짓말을 하고 있다는 명제에 찬성하거나 반대하는 논거를 대라는 (개별적으로 침묵 속에서 해야 하는) 과제를 주었다면, 아이들은 빈 종이와 마주할 뿐 전문가와 상의하거나 서로 이야기를 나누면서 생각할 기회를 얻지 못했을 것이다.

훌륭한 교사들은 디고리 교수처럼 아이가 제시하는 주장의 정당성을 요구한다. 루이스를 가르쳤던 교사도 그렇게 했다. 루이스가 '위대한 노크'라고 칭했던 그의 개인 교사도 정확히 이 방식을 사용했다. 그의 교육은 루이스가 싫어했던, 다른 어떤 사립학교에서 경험한 것보다 뛰어났다. 간단히 말해, 그 교사의 방식은 피터와 수잔을 가르친 디고리 교수처럼 대화를 통한 도제식 교육이었다. 우물가에서 예수님과 여인이 나눈 대화가 그랬듯, 학생들은 단순히 **답**을 하기보다 **질문**을 하면서 배운다.[5] 피터와 수잔은 디고리 교수의 사고에 이르는 데까지 성장한다. 비고츠키에 따르면, "인간의 학습은 아이들이 주변 사람들의 지적 삶에 이르기까지 성장하는 특별한 사회적 특성과 과정을 상정한다."[6] 뛰어난 또래나 교사나 부모와의 대화에 참여하는 과정을 통해, 도움을 받지 않고 과제를 수행할 능력을 갖출 때까지 아이의 학습에는 '비계'가 세워진다. 또한 아이가 자전거 타는 법을 배울 때까지 보조 바퀴를 달아 주는 것도 비유로 들 수 있다. 부모는 아이가 스스로 자전거의 균형을 잡을 수 있을 때까지 안장을 잡아 주는 경우가 많다. 기계 장치나 아이를 안심시키는 부모의 손길 대신, 언어로 도움을 주는 것이 우수한 교육이다. 교사나 뛰어난 또래가 사용하는 언어의 도움을 받는 것이다. 적절한 말은 보조 바퀴와 자극을 합친 것과 같다. 그러므로 교사가 언어를 사용하는 방식이 매우 중요하다. 어떤 교사나 부모는 아이가 친구들보다 훨씬 더 효과적으로 '자전거를 타게'(독립적으로 사고하고 추론하게) 한다. 훌륭한 교사인 디고리 교수는 적절한 후속(보충) 질문을 능숙하게 할 줄 안다(예를 들면, '왜'라는 질문). 말을 많이 하는 것은 아니지만 올바른 사고를 충분히 자극할 만한 말을 한다. 또한 아이들의 인지 작용을 지도하면서 명확한 설명과 가르침을 준다.

피터와 수잔은 선생님과 이야기하기 전, 짝을 이루어 대화를 나누었다. 이런 모습은 20-30명의 학생과 같은 교실에 앉아 있는 수동적 학습자와는 매우 다르다. 선생님이 이야기하는 동안 학생 머릿속에는 거의 아무런 사고도 진행되지 않는다. 두 명씩 짝지어서 행하는 활동을 잘 활용하면 무임 승차자 없이 모든 학생의 정신 활동을 이끌어 줄 수 있다. 학습에서 요구하는 양이 너무 적고 정신 활동에 적절한 종류의 자극을 받거나 그런 활동이 눈에 띄지 않으면, 학생들은 지적으로 지나치게 수동적이 될 수 있다. 하지만 피터와 수잔의 경우는 다르다. 이 아이들에게는 학습 의지가 있고, 올바른 가치를 가진 교사가 이들에게 활발한 인지 자극을 제공한다. 교사는 학생 중심적인 조력자일 뿐 아니라 그가 하는 이야기는 귀 기울여 듣게 되는 사람이며 존경을 받는 전문가이기도 하다. 디고리 교수는 아이들과 관련은 있지만 조금 어려운 과제를 준다. 그래서 피터와 수잔의 지적 발달에 도움이 되면서도 조용히 주의 깊게 들으면서 받아 적어야 하는 일부 교실과는 다른 모형을 제시한다. 후자는 도움이 되기보다는 일부 학생의 참여를 저하시킬 수 있으며, 대화가 더욱 효과적일 상황에서도 지식만 전달하는 데 그칠 수 있다.[7] 전문적인 교사의 명확한 가르침은 매우 중요하지만, 이러한 방식이 지나치면 주도적으로 의견에 정당성을 부여하고 협상하는 능력을 갖추지 못한 수동적 학생만 배출할 가능성이 높다.

비고츠키의 연구를 발전시켜 (아이들이 성장하고 사고하는 방식을 연구하는) 인지 발달 심리학에서는 학생이 도움을 받지 않고 특정 과제를 수행할 수 있을 때까지 어른이 도와주게 한다. 이 과정에서 지식과 이해를 구축하는 것은 사회적 활동이며 주로 언어를 매개로 이루어진다. 디고리 교수의 집에서 폐번시 가 아이들이 경험하는 것은 '근접 발달 영역'이다. 이 영역에서는 특히 생산적인 학습이 이루어지며 이해력이 눈에 띄게 발전한다. '근접 발달 영역'에 대한 고전적 정의는 "독립적으로 문제 해결이 가능한 실제적 발달 수준과, 어른의 도움이나 더 능력 있는 또래와 협업하여 문제 해결이 가능한 잠재적 발달 수준 사이의 거리"다.[8] 다시 말해, 학생이 도움을 받지 않고 할 수 있는 일과, 약간의 도움이나 '비계'를 통해 할 수 있는 일 사이의 차이라 할 수 있다.

아이들은 디고리 교수와 대화 이후 '의례적' 지식이 아닌 실제적 혹은 '원리에 입각한' 지식을 얻는다. 의례적 지식이란 '어떤 일을 하는 방법을 아는 것'[9]으로, 실제로 그 일이 일어나는 과정과 이유는 파악하지 못한다. 교실에서 바로 답을 얻을 수 있지만 그것이 왜 답인지 알지 못하는 것이다. 고전적 연구에서, 타바(Taba)와 엘지 프리먼(Elzey Freedman)은 수학 수업 시간에 '의례적' 지식을 발견했다. 정답을 얻기 위해 거치는 의례적 과정을 연습했지만 대수(代數) 규칙을 잘못 이해한 학생이 있었던 것이다. 학생들은 "원리를 이해하지 못한 채 수많은 대수 연산을 배울 수 있다."[10] 하지만 의례적 지식은 "그 바탕이 되는 원리를 이해하는 작업을 대체한다"는 점에서 문제가 된다.[11] 그러므로 교사들은 '의례적' 지식이 아닌 '원리에 입각한' 지식을 장려해야 한다.

원리에 입각한 지식은 어떤 절차와 과정을 이해하는 것을 지향하기 때문에 교사가 원하는 답을 임의로 말하는 것이 아니라 어떤 결론이 필연적이거나 유효한 이유를 본질적으로 설명한다.[12]

디고리 커크 교수는 아이들의 논리적인 사고를 돕는다. 그런데 그는

"이런 학교에서 도대체 무얼 **가르치는지** 궁금하구나"[13]라고 물으며 아이들이 경험한 학교 교육에 대해 어리둥절해한다. 그는 인지 발달을 위해서만 가르치지 않고 도덕적 토대 위에서 가르치며 학생들은 실재의 본질에 대해 근본적 질문을 생각한다. 이렇게 가르치고 배우는 만남을 통해 피터와 수잔은 더 나은 삶을 살게 되고, 타인(특히 루시)을 더욱 잘 이해하게 된다. 훌륭한 교사는 인지 심리학에 따라 효과적이고 효율적으로 가르침을 줄 뿐만 아니라 훌륭한 성품의 발달을 돕는다.

교사의 성품

교사가 학생의 훌륭한 성품을 기르는 양육자 역할을 하려면, 지성만이 아니라 성품이 매우 중요하다. 특정 기술과 전공 지식도 필요하지만 성품은 물론 학생들과 좋은 관계를 맺는 것이 필수적이다. 좋은 교사가 되려면 그런 사람이 되어야 한다. 훌륭한 전공 지식을 갖추고 어린이 및 청소년과 함께 지내고 싶어 하는 사람이라도 모두 교직에 적합한 것은 아니다.

> 그렇다면 한편으로는 신뢰, 존중, 공정, 인내, 충성, 원칙, 분별력, 책임감, 양심, 유머, 재치, 낙천적인 성격, 절제력, 끈기, 생동감을 갖춘 사람이 교직을 수행한다면 찬사를 받을 것이다. 반면, 신뢰할 수 없거나 무례하고 공정하지 않고 악의적이며 분별력 없고 게으르며 타인을 괴롭히고 유머 감각과 매력이 없고 동기를 부여하지 못하며 자기중심적인 사람이 교직을 수행한다면 어지간해서는 칭찬받기 어려울 것이다.[14]

물론 여기서 **성격**(personality)과 **성품**(character)은 주의를 기울여 구별해야 한다. 교사의 성품은 개인의 스타일보다 더 중요한 의미가 있는데, "일반적으로 성품 관련 자질에는 도덕적 덕목의 특성이 있는 반면, 성격 관련 자질에는 개인의 기호나 취향 등 미적 특성이 있기 때문이다."[15] 어떤 동료에게 일 처리 능력이나 유머감각, 교실이나 교무실에서 재미있게 이야기하는 능력이 있다고 해서 그에게 있는 성실하지 않거나 절제하지 못하는 면이 상쇄되지는 않는다. 덜 외향적인 성격보다 근무 태만(그리고 수업 준비 또는 채점을 하지 않는 것) 때문에 동료를 향한 비판이 생길 것이다. 그러므로 교사 교육에서는 수업에 필요한 카리스마만큼이나 성품을 고려해야 한다.

잉글랜드 『교사의 기준』(Teachers' Standards)에 따르면 교사는 "학생들에게 지속적으로 기대되는 긍정적 태도와 가치, 행동을 보여야 한다."[16] '가치'란 "**행동을 정당화하는 원칙과 근본적 확신**"으로 간단하게 정의할 수 있으며, 다음에 나오는 더 완전한 정의는 가치를 통해 선하고 추구할 만한 것을 판단할 수 있음을 보여 준다.

> 가치는 공적 영역에서 이루어지는 활동에 정당성을 부여하고 사적 행동을 전반적으로 지도하는 원칙이자 근본적 확신이다. 가치는 변함없는 신념으로서 추구할 만한 것을 가려내고, 사람들이 좇는 이상이자 특정 관행이 선하고 옳고 바람직하며 존중할 만하다고 판단하는 광범위한 기준이다.[17]

하지만 루이스가 지적한 바와 같이(1장을 보라), 가치는 선택하는 것이 아닌 인식하고 받아들이는 것이다. 교사의 성품은 매우 중요해서 직업적 영역과 사적 영역을 분리할 수 없다. 『천국과 지옥의 이혼』에서는 "사적인 일은 없다"[18]는 점을 상기시킨다. 우수한 '교사'이기도 했던 루이스는 교육에서 성품의 중요성에 대해 심오한 통찰을 제시한다.

악의적인 교사

『사자와 마녀와 옷장』의 디고리 커크 교수와 『마법사의 조카』의 앤드루 삼촌을 비교해 보면, 교사의 의무에 관해 몇 가지 교훈을 얻을 수 있다. 앤드루 삼촌은 '원리에 입각'하지 않은 '의례적' 지식이지만 일정한 능력과 지식을 갖추었다. 하지만 그는 나쁜 성품과 영적·도덕적으로 잘못된 방향을 지향하므로 교사가 될 자격을 갖추지 못한다. 앤드루 삼촌은 악의적인 교사이지만, 디고리 교수는 호의적인 교사다. 『마법사의 조카』는 『나니아 연대기』를 이루는 일곱 편의 소설 중 첫 번째로 『사자와 마녀와 옷장』에 등장하는 디고리 교수의 어린 시절과 옆집에 사는 여자아이 폴리의 이야기를 다룬다. 아이들은 이기적이고 비겁한 마법사 앤드루 삼촌의 반지 때문에 다른 세계로 이동한다. 황무지이며 생명이 없는 세계다. 서문에서 본 바와 같이, 루이스는 『인간 폐지』에서 아이들이 사막에 살지 않도록 **물을 대는** 것이 현대 교육자의 과업이라고 했다. 교묘하게 속이는 마법사 앤드루 삼촌을 교사의 표본으로 삼아서는 안 된다. 그는 아이들의 안정과 행복에는 관심을 두지 않은 채 강요와 감정적 협박을 일삼는다. 좋은 교육에서는 절대 '마법 반지'를 사용하지 않는다. 앤드루 삼촌 같은 교사가 실제적으로 끼칠 수 있는 해악을 생각해 보아야 한다. 디고리와 폴리는 결국 그 해악에서 빠져나와 문제를 극복하고 성취해 내는 능력을 증명했지만, 그것이 교사로서 앤드루 삼촌이 저지른 행동을 정당화하지는 못한다.

앤드루 삼촌은 자신이 감당할 수 없는 큰 권한을 가진 채 실험을 한다. 디고리와 함께 모험에 참여한 폴리를 속여서 큰 위험이 도사리고 있는 다른 세계로 보냈다. 『마법사의 조카』의 두 번째 장에서는 폴리가 사라진 직후 어린 디고리 혼자 앤드루 삼촌과 마주한다. 디고리가 폴리를 다시 데려올 것인지 묻자, 앤드루 삼촌은 (폴리가 이 세계에서 나갈 때 사용했던 노란 반지와 반대되는) 초록 반지가 있어야 돌아올 수 있다고 대답했다.

"하지만 폴리에겐 초록 반지가 없어요."
"그렇지." 앤드루 삼촌은 잔인한 미소를 띠며 말했다.
"그러면 돌아올 수 없잖아요." 디고리가 소리쳤다. "삼촌이 폴리를 죽인 거나 다름없어요."
"그 아이는 돌아올 수 있어." 앤드루 삼촌이 말했다. "노란 반지를 낀 누군가가 초록 반지를 두 개 들고 따라 간다면 말이지. 초록 반지 한 개는 그 사람이 돌아올 때 쓰고, 나머지는 폴리가 돌아올 때 쓰는 거지."
이제야 디고리는 자기가 함정에 빠졌다는 사실을 알았다. 그는 입을 다물지 못한 채 아무 말 없이 앤드루 삼촌을 바라보았다. 디고리의 안색이 창백해졌다.[19]

이제, 디고리는 삼촌의 속임수에 넘어가 함정에 빠져 두려운 일을 해야 한다. 오로지 삼촌의 이익을 위해서 말이다. 앤드루 삼촌은 심지어 여자들 손에 커서 용기가 없다며 디고리를 놀린다. 앤드루 삼촌은 그의 약점을 알고 있었다는 것이 중요한데, 디고리의 어머니는 죽어 가고 있었고 아버지는 인도에 있었다. 그럼에도 앤드루 삼촌은 디고리에게 자기가 원하는 일을 시키고 있다.

"빨리 갈수록 빨리 돌아올 수 있단다." 앤드루 삼촌은 쾌활하게 말했다.
"제가 돌아올 수 있을지 잘 모르시잖아요."
앤드루 삼촌은 어깨를 으쓱하고는 걸어가서 잠긴 문을 열어젖히고는 말했다.
"아, 그래 잘 알겠다. 좋을 대로 하렴. 내려가서 저녁이나 먹어. 그 어린 여자애가 다른 세계에서 야생 짐승에게 잡아먹히든지, 물에 빠져 죽든지, 굶어 죽든지, 영영 사라져 버리든지, 그게 네가 원하는 거라면 말이다. 나는 아무래도 상관없단다. 티타임 전에 플러머 씨 댁에 들러서 따님을 절대 볼 수 없을 거라고 말하는 게 좋겠지. 네가 그 반지를 끼기 무서워하니까 말이야."
"세상에나, 제 키가 삼촌 머리를 때릴 수 있을 만큼 컸더라면 좋았겠어요!" 디고리가 말했다.[20]

앤드루 삼촌은 아이들을 '실험 대상'으로 이용해 자기의 업적을 위한 실험을 하고 있다. 그는 허영심과 자만심이 많고 거드름을 피우며 교만하고 자기중심적이다. 그 결과 그는 아이들 안에 큰 좌절감과 분노를 일으킨다. 사실, 디고리는 참지 못하고 앤드루 삼촌을 물리적으로 공격하려고 했다. 하지만 앤드루 삼촌은 단순히 짜증을 내는 것을 넘어 아이들에게 겁주기까지 한다. 아이들은 그와 함께 있기 싫어하며 그를 벗어나고 싶어 한다. 함께 있으면 불편하기 때문이다. 아이들은 앤드루 삼촌과 있으면 위험하다고 느낀다. 그가 아이들의 안위에 전혀 관심을 보이지 않으므로 아이들이 그의 성품을 올바르게 판단했다고 할 수 있다. 『마법사의 조카』에서 아이들이 도착한 곳은 찬이라는 죽은 세상이다. 아이들은 그곳에서 잠자는 마녀를 깨우는데, 마녀는 대량 학살을 저질렀고 우리 세상에 있는 사람들에게 자기 뜻과 규칙을 강요하려는 인물이다. 앤드루 삼촌은 마땅한 벌을 받아 우스운 모습으로 굴욕을 당하지만, 이 이야기는 일부 교사와 그들이 데려가고 싶어 하는 '세상'이 건전하지 않으며 아이들에게 해가 될 수도 있다는 교훈을 준다.

소명으로서의 교육

교육을 '소명' 또는 '부르심'으로 여기는 경우가 많은데, 이 말에는 종교적 의미가 담겨 있다. 가르치는 것은 변호사 같은 직업보다 훨씬 '종교적인 일'[21]에 가깝다는 주장은 계속 있어 왔다. 종종 부르심 또는 소명으로 여겨지는 교육은 아이들이 새로운 경험을 하고 사건과 경험에서 영적이고 도덕적인 의미를 찾도록 돕는다. 이러한 일은 구약 시대에 선지자나 제사장이 담당했던 역할과 관련이 있다.[22] 교사는 (예술과 삶, 교육 과정과 학생, 텍스트와 독자 사이에서) **중재자** 역할을 하며, 제사장을 연상시킨다. 학생들의 학습에 **의미**와 일관성을 부여하고 교육 과정을 '누적된 목적 의식을 가지고 역동적 학습 경험으로' 전환시키기 때문이다.[23] 학습과 의미를 중재하는 역할은 교사의 몫이다. "공식적 교육 과정은 많은 구성 요소로 이루어져 있으며, 이러한 요소들이 주제별로 연결되어 있기는 하지만 쌓여서 어떤 의미를 만들어 내도록 계획된 것은 아니기 때문이다."[24] 우수한 교사는 '부분'이 아닌 '전체'를 볼 수 있도록 학생들에게 '큰 그림'을 보여주고자 한다.

학생들이 진정한 의미에서 '영감을 얻는다면' 풍성한 결실을 맺을 것이다. 영감을 뜻하는 영어 단어 'inspiration'은 '영혼 또는 숨'이라는 뜻을 가진 고대 프랑스어 *espirit*와 라틴어 *spiritus*에서 파생되었다. 또한 '숨쉬다'라는 뜻의 라틴어 *spirare*와 '생명을 불어넣다'라는 뜻의 *In-spirare*(현대 영어에서 'inspiration'이 된다)와 관련되어 있다.

영감을 주는 수업의 특징은 학생의 참여와 주도성과 책임감이다. 수업 참여자들은 서로를 존중하지만 친밀한 관계를 유지할 것이며 학생들은 묻는 말에 답하기만 하는 것이 아니라 열심히 질문할 것이다. 교육에서 교사와 학생에게 최고의 결과를 가져오는 요인은 서로 간의 건강한 관계다. 하지만 학생들은 종종 어떤 기대를 품어야 하는지 배우고, 만족을 유보하는 법을 익혀야 한다.

학교에서 그리스어 문법을 배우기 시작한 남학생이 소포클레스의 작품을 읽을 수 있기를 기대하는 것이 연인이 결혼을 기다리거나 장군이 전쟁에서 승리를 고대하는 것과 같을 수 없다. 이 학생은 점수를 얻거나 벌을 받지 않으려고 혹은 부모에게 기쁨을 주려고 아니면 지금은 상상하거나 바라지 않지만 나중에 도움이 되기를 바라면서 그리스어를 배우고 있을 것이다. 그러므로 그의 입장은 어떤 면에서 용병과 비슷하다. 실제로 정당하고 적절한 보상을 받을 것이지만 그것을 받기 전까지는 어떤 보상을 받을지 모른다. 물론 보상은 점진적으로 주어지며, 단순한 반복 속에 기쁨이 스며들기 시작한다. 그러나 누구도 어떤 보상이 중단되고 다른 보상이 시작되는 정확한 일시를 말하지 못할 것이다. 하지만 보상을 받기 시작하면 그 보상 자체를 바랄 수 있게 된다. 보상을 바라는 힘 자체가 보상을 받기 위한 예비 작업이 되는 것이다.[25]

교육 과정은 우리의 삶처럼 다채롭기 때문에 학생들이 항상 좋아하는 것만 할 수는 없다. 이런 과정은 꼭 필요한데, 학생들이 좌절감을 잘 다루고 좋아하지 않는 공부에 몰두하도록 훈련하는 과정에서 인내심과 다른 덕목을 계발할 수 있기 때문이다. 하지만 교사나 부모는 앤드루 삼촌처럼 고의로 학생을 좌절시키는 일은 분명 하지 말아야 한다. 커크 교수(어른이 된 디고리)와 앤드루 삼촌은 **교사로서 중요한 차이**를 보인다. 커크 교수는 학생의 관점에 진정으로 관심을 보이고 그들의 말을 경청하지만 앤드루 삼촌은 자신이 원하는 것을 얻으면 아이가 무슨 생각을 하는지 관심을 두지 않는다. 학생의 학습을 도우려면 반드시 그들과 잘 어울려야 한다. 교사는 말을 잘 해야 하지만 또한 잘 들어야 하며 정직해야 한다. 앤드루 삼촌은 아이들에게 거짓말을 하지만 교수가 된 디고리는 자기 지식의 한계까지도 정직하게 인정한다.

학생의 과제 평가 및 채점

교사의 정직성은 학생의 과제와 관련해 특히 중요하다. 학생이 수행한 과제가 상대적으로 어떤 장점이 있는지 분명히 말해 주어야 하는데, 강점과 약점을 명확히 말해 줄 때 장점은 발전시키고 상대적인 약점은 보완할 수 있다. 교실에서 무분별하고 부적절한 칭찬은 경계해야 한다. 학생의 기분을 좋게 만들기 위해, 또는 학생의 사기를 돋우려는 좋은 의도로 교사는 학생을 '과도하게 칭찬'할 수 있다. 이런 행동은 정직하지 못할 뿐 아니라 학생의 발전을 방해한다. 사기를 북돋우고 칭찬하는 것도 중요하지만, 정직하고 비판적인 자세로 학생이 과제에서 더 발전시킬 부분을 발견하게 하는 것도 중요하다.

교육학적으로 매우 유의미한 책 『루이스가 나니아의 아이들에게』에서 루이스는 학생들에게 정직한 반응을 보인다. 몇 가지 핵심 내용은 다음과 같다. 루이스는 나니아 소설이 출간되면서 전 세계 독자들로부터 편지를 받았다. 편지를 보낸 젊은 독자들 중에는 신출내기 작가들도 많아서 작품을 보내오기도 했다(대부분의 작품은 살아남지 못했다). 루이스가 그들의 작품에 의견을 제시하는 방식은 교사들이 참고할 만하다. 그의 의견 중에는 21세기 독자가 듣기에 다소 가혹한 것도 있다. 요즘에는 평균 이상 정도나 양호한 수준을 아주 뛰어나다고 칭찬하는 일도 많기 때문이다. 어떤 젊은 독자가 쓴 편지에 그는 이렇게 답한다.

> 당신 시의 심상은 꽤 좋은 편입니다. 독자가 시를 보고 그림을 잘 그릴 수 있다는 말이지요. 하지만 주제가 심각한 것에 비해 운율이 너무 튀는 느낌입니다. 게다가 (저를 용서하세요!) 운율을 썩 잘 다루는 것 같지 않네요. "천사 떼가 급히 달려오네"라는 부분은 구전 동요 '밴버리 크로스'에 나오는 것 같은 운율로 보입니다. 하지만 '떼'라는 단어가 그렇게 급히 달려오기에는 너무 길고 무거운 개념이 아닐까 싶네요.[26]

작품을 '꽤 좋다'고 한 것은 정직한 평가다. 하지만 요즘 교사들은 '꽤 좋다'보다는 '훌륭하다'든지 '노력이 훌륭하다'든지 '시의 심상을 아주 즐겁게 읽었다'고 평가하는 경우가 많을 것이다. 루이스는 불편한 진실을 스스럼없이 전달한다. 그는 작품의 약점에 대해 정직한 피드백을 주고 단순히 작품에 들인 노력이나 시간보다 질적인 기준에 따라 판단한다. 그는 전문적인 평가와 조건을 제시한다. 이 방법은 학생들이 **발전할 수 있는 길**을 명확하게 보여 주기 때문에 '형성 평가'의 좋은 예라 할 수 있다.

'학습을 돕는 평가'(Assessment for Learning)는 런던 대학교 소속 킹스 칼리지의 폴 블랙(Paul Black) 교수와 딜런 윌리엄(Dylan Wiliam) 교수가 처음 시도한 것으로, 가장 유명한 형성 평가의 모형이다. 이 모형은 잉글랜드 교육의 질에 큰 영향을 주었고 잘 활용되면 "학생들이 책임감을 가지고 자신의 학습에 적극적으로 임하게 할 수 있다."[27] 우수한 형성 평가란 학생과 교사가 향후 발전 방향과 그것을 성취할 방법을 모색할 단서를 찾아 해석하는 과정이다. 단지 총괄 점수를 주기보다는 발전 방향을 모색하는 데 주력하기 때문에 학생들은 과제를 즐기면서 할 수 있다. 『새벽 출정호의 항해』에서 유스터스가 용으로 변하기 전 학습 '주제'보다 '성적'에 집착했던 것과 다르게 말이다.

유스터스는 항상 공책을 가지고 다니면서 자기 점수를 적었다. 학습 주제 자체에는 별 관심이 없어도 점수에 엄청 신경을 썼기 때문이다. 친구들에게 "나는 점수를 잘 받았는데 너는 얼마나 받았니?" 하고 물어볼 정도였다.[28]

교사의 책무성과 표준을 위해서는 정확한 총괄 평가가 필요하지만, 훌륭한 학습을 위해서는 형성 평가가 필요하다. 블랙 교수와 윌리엄 교수는 "(교사와 학생의) 상호 작용의 질이 교육학의 중심"[29]이며 (디고리 교수가 보여 준 바와 같이) 관계의 질이라는 측면에서 평가를 고려해야 한다고 말한다. "형성 평가는 학생들을 일방적으로 평가하는 것이 아니라 학생들과 함께 만들어 나가는 것이기에"[30] 의사소통 능력이 반드시 필요하다. 신뢰는 다른 무엇보다 중요하다. 마샬과 윌리엄은 학생들을 두 명씩 여덟 조로 나누어 언어적 피드백을 제시한 어떤 수업을 예로 들면서, 교사는 "1조와 4조가 잘못된 방향으로 가고 있다고 말할 수 있을 정도로 교실에서 충분한 신뢰를 쌓았다"고 말했다.[31] 이런 신뢰를 어떻게 쌓을지 생각해 볼 만하다.

학생들이 교사를 신뢰하게 되는 과정은 설명하기 복잡하다. 하지만 교사 캐서린이 개입할 때 중요한 요소는 그저 생각할 주제를 일러 주는 것이 아니라 아이들의 말을 진심으로 듣고 관심을 보인다는 점이다. 그녀의 개입은 학생들을 판단하기보다 과제를 발전시키는 데 초점이 맞춰져 있고, 학생들은 교사가 깊은 사고를 끌어내기 위해 질문한다는 사실을 알 수 있다. 이렇듯 그녀의 교실에서는 다른 교실에서 탁구 경기처럼 의례적으로 오가는 대화가 아닌 진정한 대화가 이루어지고 있다. 사실 교사와 학생 사이에 이루어지는 효과적 대화의 특징은 교육 기관 밖에서 해도 어색하지 않다는 것인데, 전통적인 교사와 학생의 관계에서는 이런 대화를 찾기 어렵다.[32]

교육과 그 기반을 이루는 가치의 특징은 의미를 결정한다는 것이다. 올바른 가치 위에 신뢰하는 환경이 조성되면 기술적으로 효과적이고 효율적일 뿐 아니라 윤리적으로도 우수한 교육이 이루어진다. '학습을 돕는 평가'는 이 점을 정확히 이해하여 "과제 평가에서 일어나는 교사와 학생의 의사소통을 개선하고자 한다."[33] 이를 통해 학생들은 "자기 학습에 책임을 질 수 있고 그런 기대를 받는 적극적인 학습자"가 된다.[34] '학습을 돕는 평가'는 (모든 학생들이 평가에 참여하기 때문에) 손을 드는 학생만이 아니라 학생 개개인에게 집중하므로 학생의 개별성이 존중될 수 있다. 그래서 이것이 이상적으로 진행되면 "학생 개개인의 강점과 약점을 구체적으로 지도할 수 있다."[35] 단순히 학생의 수준이나 등급 면에서가 아니라 과제를 수행하는 기술이나 완성도에 중점을 두고 평가한다면, 교사가 관계 맺고 개입하면서 학생에게 고유한 동기를 부여할 수 있다. 고정된 기준을 가지고 성적이나 등급을 매기는 '절대 평가'가 다른 학생들의 결과에 따라 평가가 달라지는 '상대 평가'보다 윤리적이라고 할 수 있는데, '골대'가 움직이지 않기 때문이다. 루이스는 '수월성은 성취 수준이 아니라 얼마나 발전했는지로 측정한다'는 견해에는 동의하지 않았겠지만,[36] 그는 학생이 성품과 지성 면에서 발전하는 모습을 보기 위해 노력했다. 1958년 미국에 사는 조운에게 쓴 편지에서는 문체뿐만 아니라 글의 내용과 성품의 진실성에 대한 조언도 마다하지 않았음은 분명히 드러난다.

> 글의 내용을 보면 마지막 부분에서 사실을 약간 과장하고 있는 듯하구나. 내가 필요로 하는 모든 것이 내 영혼에 들었다고? 도무지 말이 안 되는 것 같구나. 그러려면 영혼에 아주 많은 덕목과 상당히 많은 지혜가 들어 있어야 한단다. 나는 물론이고 이 세상 누구도 그런 경지에 이를 수 없을 거다. 지금 내 영혼에는 필요한 것이 거의 들어 있지 않단다. 영혼에 원래 있어야 하는 겸손이나 진실성마저 없는 것 같고.…절대 과장하지 말기를. 원래 하려던 말에서 절대 더 나아가지 말기를.[37]

루이스는 문학적 장점을 평가하는 것에 얽매이지 않고 글의 진실성에 대해 말했다. 그리고 교육은 효과적인 동시에 윤리적이어야 한다고 생각했다. 그래서 학생의 사기를 돋우려고 실제보다 더 높은 점수를 주어야 한다고 생각하지 않았다.

점수를 관대하게 주면 당장은 멋지게 보일 수 있다. 하지만 나중에 학생이 실제 모습과 마주하면 실망할 수 있다. 미국의 대학 교수들은 대부분의 신입생들이 지나치게 기준이 낮은 고등학교에서 공부를 해서 스스로를 실제 수준보다 너무 높게 평가한다고 말한다. 즉 실제 수준을 말해 주었을 때 낙담하고 화를 내기도 한다는 것이다.[38]

이런 일화는 평가를 주고받으려면 훌륭한 성품, 특히 정직과 용기가 필요하다는 사실을 보여 준다. 루이스는 교육의 모든 면이 그렇듯 평가도 도덕성과 관련되어 있다고 생각한다. 다음 장에서 다룰 학교 리더십에도 같은 원리가 적용된다.

■ 과제 및 토론 질문

1. 우수한 교사는 어떤 자질을 가지고 있는가?
2. '진짜' 질문이란 무엇인가? 그것이 교육에 중요한 이유는 무엇인가?
3. 근접 발달 영역은 무엇이며 왜 중요한가?
4. 두 명이 짝을 이루어 수행하는 과제가 학습에서 특히 중요하다면 그 이유는 무엇인가?
5. 학습에서 듣고 말하는 것이 중요한 이유는 무엇인가? 어떤 '수업 기술'을 발전시키고 싶은가?
6. 대화 중 학습이 특별히 효과적으로 발전하는 부분이 있다면 녹음하여 기

록해 보라.

7. 교사의 수월성을 기술적인 면으로만 판단할 수 없는 이유는 무엇인가?
8. '영감을 주는' 교육은 어떤 형태인가?
9. 루이스는 평가와 채점에 대해 어떻게 조언하는가?
10. 상대 평가와 절대 평가 중 어떤 평가가 정당한가? 그 이유는 무엇인가?
11. 교사에게 용기가 필요한 이유는 무엇인가?
12. 교사로서 필요한 성품 관련 자질은 무엇인가?

11. 리더십 교육
탁월한 지도자가 되려면

> 교장은 [친구를 따돌린] 아이들이 심리학적으로 흥미로운 사례라며 그 아이들을 불러 오랫동안 이야기를 나누었다. 당신이 교장에게 어떤 말을 하면 될지 알고 있다면, 대화 후에 당신은 그가 가장 좋아하는 아이가 될 것이다.
> – C. S. 루이스, 『은 의자』[1]

학교의 행동 지침 세우기

C. S. 루이스의 소설 작품에는 학교 리더십 분석에 적용할 통찰이 담겨 있고, 그의 글은 학교 지도자들에게 많은 도움을 준다. 이번 장에서는 학생의 행동 및 교육 과정과 관련된 학교 리더십을 살펴본다. 또한 민주적인 리더십과, 성품 중심의 학교를 이끌어 가는 과정을 분석한다. 그러므로 이번 장과 더불어 9장과 10장을 함께 읽는 것이 가장 좋다.

『은 의자』의 실험 학교 리더십에 대한 풍자는 잘못된 학교 리더십을 가장 재치 있게 보여 주는 예다. 소설의 첫 부분에서 화자는 "질이 다니는 학교에 대해서는 말하지 않겠다. 이야기하기 즐거운 주제가 아니기 때문이다"라고 말한다. 분명 남학생과 여학생이 "섞여 있는 학교"이지만 "그곳을 운영하는 사람들의 마음은 섞이지" 못한 곳이다.[2] 반면, 우수한 학교 지도자는 명료한 교육 비전을 품고 올바른 가치와 성품을 통해 그 비전을 실행한다. 루이스는 실험 학교의 지도자들이 결단력 있게 행동하지 못하는 모습을 다음과 같이 나타낸다.

> 이 사람들은 학생들이 모두 원하는 대로 행동해야 한다고 생각했다. 안타깝게도 열다섯 명 남짓 되는 덩치 큰 아이들이 가장 원하는 것은 다른 아이들을 괴롭히는 일이었다. 보통 학교에서 적발되었다면 학기 절반이 지나기도 전에 벌써 중단시켰을 온갖 진저리나는 일들이 이 학교에서는 버젓이 일어났다. 설령 그들이 그런 일을 저질렀어도 그들은 쫓겨나거나 벌을 받지는 않았을 것이다.[3]

질서가 회복되자, 조사를 통해 "실험 학교에서 일어난 온갖 일들이 드러났고 열 명 정도가 추방되었다."[4] 루이스는 질과 유스터스가 다니던 실험 학교의 교장을 우스꽝스럽게 묘사하는데, 교장은 질서를 유지하지 않을 뿐더러 따돌림도 제지하지 않기 때문이다. 하지만 친구를 따돌리는 학생을 "심리학적으로 흥미로운 사례"로 보는 것은 21세기 일부 학교 지도자들이 생각하는 바와 똑같다.

오늘날 『은 의자』의 묘사처럼, 학교 폭력을 예방하기 위해 좋은 행동에는 지속적으로 상을 주고 나쁜 행동은 제재하는 방침을 시행하는 학교들이 많다. 그러나 사람이 아닌 행동에만 집중하면 성품의 중요성을 간과할 수 있다. 예를 들어, 후크(Hook)와 바스(Vass)는 "부적절한 행동을 해결하려면 언제나 사람이 아니라 행동을 꾸짖어야 한다"고 주장한다. 하지만 **행동**의 책임이 **사람**에게 있다는 점에서 이런 방식은 근본적으로 문제가 있다.[5] 행동 지침을 세우는 많은 학교에서는 학생을 징계하기보다 행동을 관리하려는 듯 교육 담당자들을 비주체화하면서 대립을 피하려고 한다. 교사는 갈등을 분산시키기 위해 스스로 선택하지 않고 단지 행동 지침을 따르는 사람으로 비춰진다. 특정 행동에는 특정 대처나 반응이 따르기 마련이다. 이러한 방식은 학생들의 훌륭한 성품을 발달시키는 데에 노력을 쏟는 가치 윤리보다는 심리학의 행동주의 이론에 뿌리를 두고 있다. 행동에서 사람을 분리시키면 학생이 자기 성품을 정확하고 정직하게 평가하고 어떻게 개선할지 결정하는 데 방해가 될 수 있다. 보상과 제재와 지속적인 접근이 필요하지 않다는 말이 아니다. 그러나 성품을 중시하는 학교의 우수한 지도자라면 학생의 행동을 수정하는 것보다 더 큰 목표를 위해 헌신할 것이다. 최근 잉글랜드에서 가장 우수한 학교의 교장이 말한 것과 같이 "성품을 첫째로 다루면 나머지는 따라온다." 우수한 학교 지도자는 '행동 관리'에서 더 나아간 목표에 헌신한다.

캔터(Canter)가 옹호했던 수많은 '긍정적 행동 전략'이나 '단호한 훈육 방법'은 '행동주의'에서 영향을 받았는데, 이 이론은 '조작적 조건 형성과 행동 훈련'을 창시한 하버드 대학교 심리학 교수 B. F. 스키너(Skinner)가 만든 것이다. 학교의 지침을 뒷받침하는 신념과 철학의 원천을 드러내는 것이 매우 중요하다. 스키너는 쥐를 '스키너 상자'에 넣고 레버를 밀면 사료가 나오게 했다. 쥐가 행동과 특정 결과를 연관시켜 올바른 행동을 하면 보상을 받는 것이다. 이 방법은 파블로프(Pavlov)의 개 실험과도 유사한데, 이 실험에서 개는 실험실 조교와 음식을 연관시켜 이 사람이 보이기만 하면 침을 흘렸다. 많은 사람이 행동주의 이론은 "인간의 행동과 환경적 요인의 상호 작용을 설명한다"[7]고 주장하며, 학교에서 시행하는 '긍정적' 또는 '단호한' 행동 지침은 대부분 스키너의 조작적 조건 형성 원리

또는 '행동과 결과 간의 기능적 관계 성립'을 기초로 하는 경우가 많다.[8] 이러한 견해에 따르면 학생들은 행동의 결과에 따라 자기의 행동을 수정한다. 강화를 통해 행동과 결과의 '기능적 관계'가 성립되기 때문이다.

하지만 조작적 조건 형성이 학교 내 행동 지침의 기반이 되면 몇 가지 심각한 문제가 발생한다. 스키너의 실험 쥐와 달리, 학생들에게는 긍정적 또는 부정적 관계보다 훨씬 더 많은 것을 분별할 능력이 있다. 스키너와 반대로 루이스는 인간에게 도덕적 감각이 있기 때문에 동물보다 더 낫다고 명확하게 선언한다. 하지만 분명 "모든 계획이나 지침은…인간이 오류를 범할 수 있고 불복종함으로써 발생하는 문제를 모두 해결하리라 기대할 수 없다."[9] 학교는 명확한 규칙을 가지고 그것을 위반했을 때 실행할 제재도 세워 놓을 수 있지만, 학생의 필요와 성품 발달에 주의를 기울임으로써 규칙의 효과를 증대시켜야 한다. 학생들이 자기 행동에 책임을 지게 하려면 학교 지도자들은 학생들에게 나쁜 것보다 좋은 것을 선택할 자유 의지가 있다고 믿어야 한다. 이러한 신념을 가지려면, 행동주의적 관점보다 인간을 더 높게 평가해야 한다.

많은 영향을 끼친 스키너의 책 『자유와 존엄을 넘어서』(*Beyond Freedom and Dignity*, 1971)는 루이스의 책 『인간 폐지』의 중심 논지를 정면으로 반박한다. 스키너는 9장 "인간이란 어떤 존재인가?"에서 다음과 같이 말한다.

> C. S. 루이스는 꽤 직설적으로 인간이 폐지되고 있다고 말한다.…루이스의 말은 인류가 폐지되고 있다는 의미가 아닐 것이다. 인류는 폐지되고 있지 않을 뿐더러 지구를 가득 채우고 있기 때문이다.…그는 "인간으로서의 인간" 또는 "사물이 아닌 사람으로서의 인간"이 위협받고 있다고 말한다. 이러한 표현은

썩 유용하지는 않지만 한 가지 단서를 제공한다. 폐지되고 있는 것은 자율적 인간, 즉 인간의 정신이며…자유와 존엄을 다룬 문헌의 옹호를 받는 인간이라는 것이다. 그렇다면 그가 말하는 인간 폐지는 아주 오래전에 일어난 일이다.[10]

루이스는 1943년에, 인간 폐지란 "현재 거의 모든 나라에서 모든 사람이 생산을 위해 일하고 있다"는 의미라고 말했다.[11] 루이스는 인간의 자유와 존엄을 옹호하고 '놀랄 만한' 도덕적 감각 때문에 인간이 동물보다 더 낫다고 주장하는 반면, 스키너는 과학적 '진보'를 이루기 위해 이러한 비과학적 시대착오를 '넘어서야' 한다고 주장한다.

우리는 이미 인간으로서의 인간을 속 시원히 떠나보냈다. 그가 사라져야만 인간 행동의 실제 원인에 주의를 기울일 수 있기 때문이다. 그래야만 추론에서 관찰로 넘어가고, 기적적인 것에서 자연스러운 것으로 나아가며, 범접할 수 없는 것에서 조작할 수 있는 것으로 발전한다. 과학이 이보다 더 획기적으로 전통적 사고방식의 변화를 요구한 적은 없었고, 이보다 더 중요한 주제도 없었다. 전통적 사고방식에서 인간은 주변 세계를 인지하고, 그 세계의 특징을 선택적으로 인식하며, 특징을 분별하여 좋은 것과 나쁜 것을 판단하고 더 좋은 쪽으로 변화시키며(부주의한 사람이라면 더 나쁜 쪽으로 변화시킬 수도 있다), 자기가 한 행동에 책임을 지고 결과에 따라 정당한 보상이나 징벌을 받을 것이다. 과학적 사고방식에서 인간은 우연한 사건을 통해 진화하면서 생존하여 형성된 종의 일원으로서 자신이 사는 환경의 통제하에 들어오는 행동 과정을 보이는데, 대체로 자신을 비롯한 수백만 명의 사람이 문화의 진화 과정에서 구성하고 지속시켜 온 사회적 환경의 통제하에 놓인다. 사람이 세상에 영향을

주는 것이 아니라, 세상이 사람에 영향을 주는 쪽으로 지배 관계가 역전된 것이다.[12]

루이스가 『인간 폐지』를 통해 대항했던 세력을 이보다 더 명확하게 묘사할 수는 없을 것이다. 이 세력은 21세기의 많은 학교 지도자와 교사의 정신과 행동에 여전히 강력하게 작용하고 있다. 학교 지도자들이 지닌 '인간에 대한 신념'은 학교의 행동 지침에 결정적 영향을 미친다. 루이스가 '훈련'을 옹호한 것은 사실이지만(1장에서 소개한 테니스 선수의 비유를 떠올려 보라), 그는 행동보다 성품에 관심이 있었다. 실험 학교의 교장처럼 어린이와 청소년을 환경의 '산물'로 보는 견해에는 문제가 있는데(물론 환경적 요인이 아무런 영향을 미치지 않는다고 말하는 것은 아니다), 인간이 '세상에 영향을 주는' 힘이 약화되면서, 옳게 선택하고 신실하게 행동하며 훌륭한 성품을 기르는 능력이 방해를 받기 때문이다. 행동주의자는 단순히 어린이가 옳게 행동하게 만드는 데 관심이 있지만, 우수한 성품 교육자로서 지도자는 옳게 행동하기 위한 올바른 동기를 기르도록 도울 것이다. 루이스가 "코안경을 쓴 부드러운 눈빛의 과학자"에 대해 쓴 글을 보면 (다윈의 영향을 받은) 스키너와 같은 사람들이 떠오른다. 루이스는 "스스로를 어떤 상품의 원재료로 대하기로 선택한 사람은 실제로도 그렇게 될 것"이라는 말을 경각심을 일깨우는 진실로 여겼다.[13]

『그 가공할 힘』에 등장하는 두 명의 지도자

루이스의 소설에는 학교 리더십의 좋은 예와 나쁜 예가 많이 담겨 있다.

미라즈의 독재자처럼 잔인한 리더십(그는 자기 가족을 위해서만 통치한다), 노련하지는 않지만 용감한 캐스피언 왕자의 리더십(그는 아슬란의 나라가 국민을 섬기도록 자기 욕구를 희생한다), 기이하지만 온정적인 코리아킨의 리더십(그는 쿵쿵다리를 외다리로 만든다)이 그 예다. 우리는 나니아 연대기에 등장하는 피터 대왕과 캐스피언 왕자의 리더십에서 많은 것을 배울 수 있는데, 매우 흥미로운 비교 대상이다. 하지만 『그 가공할 힘』이 『인간 폐지』의 메시지를 담고 있는 만큼 교육 및 학교 교육의 리더십과 관련해 올바른 길을 찾으려면 이 작품을 다루어야 한다. 루이스는 리더십의 심리학과 도덕적 차원 및 전략적 중요성에 대한 깊은 통찰을 지니고 있었다. 『그 가공할 힘』에 등장하는 '국가 공동 연구소'와 세인트 앤의 지도자만 보아도 이점을 알 수 있다.

위더

위더는 '국가 공동 실험 연구소'의 부소장이며, 그의 이름은 '죽어가는', '주저하는'이라는 의미다. 반면, 엘윈 랜섬 박사의 이름은 다른 사람을 돕고 구원한다는 뜻을 암시한다. 위더의 애매한 태도와 명료하지 않은 모습은 '국가 공동 실험 연구소'에 갓 들어온 마크 스터독에게 좌절감을 준다. 그는 위더로부터 자기가 할 일과 급여와 상관에 대해 명확한 정보를 듣지 못한다. 여러 번 만난 후에도 위더는 그가 누구인지 모르는 것 같았다. 마크가 계약에 대해 물었을 때 위더의 얼굴이 당황한 빛을 띠며 그렇게 명확히 하는 것을 그다지 좋아하는 것 같지 않았지만 결국 급여가 "일 년에 천오백 파운드"라고 언급한다.[14] 위더의 이런 모호한 태도는 너무 심각해서 마크의 불만족은 커졌고, 계약서에 서명한 후 전달하려고 다시 만났을 때 마크는 "위더가 정신은 여전히 다른 데 팔려 있고 품위마저 사라졌다"고 느낀다. 그리고 수습 기간에는 1년에 6백 파운드를 받기로 자신이 합의한 것처럼 계약서가 조작되었다는 사실을 깨닫는다. 위더는 그 건물에서 지속적으로 물리적 존재감을 드러내지만, 방법이 효과적이지는 않다.

> 위더는 늘 그렇듯 삐걱대는 소리를 내고 흥얼거리며 목적 없이 방을 어슬렁거리는 버릇이 있었다. 가끔 난롯가에 둘러앉은 사람들에게 다가와 자녀를 보는 듯 모호한 표정으로 사람들을 바라보며 그들이 하는 이야기를 듣곤 했다. 하지만 아무 말도 하지 않았고, 파티에 합류하지도 않았다.…그는 서재에서 굴욕감을 주는 면담을 한 후로 마크에게 아무 말도 하지 않았다.[15]

'국가 공동 실험 연구소'의 사회적 특성은 여느 학교와 비슷하다. (마크가 간절히 합류하고 싶어도 배제되었던) 중심 집단이 있고 주변부에는 소외된 사람들이 있다. 마크는 자신이 눈 밖에 났고, '때가 되면' 노인의 마음이 '녹을 것'이라는 말을 듣는다.[16] 이런 파벌이 생긴 것은 위더의 조작적 리더십 때문이다. 그는 직원을 착취하여 연구소에서 빠져나갈 수 없다고 생각하게 만든다. 공격적이고 변덕이 심하며 무능하고 사람을 불안하게 만들며 태도가 모호하고 체계가 없다. 팀에 합류한 새로운 사람이 영감을 받아 따를 만한 명확한 방향도 제시하지 않는다. 하지만 가장 나쁜 점은 그가 잘못된 영적 지도자를 따른다는 점이다.

안타깝게도 내가 아는 어떤 학교의 교장은 많은 면에서 위더와 닮았다.

학교 조례를 전혀 좋아하지 않고 학생들 앞에 서는 것을 불편해하는 듯하다. 학기 중 어떤 날에는 '집에서' 일하기도 한다. 아주 가끔씩 학교 주변에 나타나 그의 권위를 존중하지 않는 것 같은 행실 나쁜 학생들과 대화를 나눈다. 학생들은 단정하지 않고 교복도 제대로 입지 않았지만, 교장은 아이들과 친근하게 대화한다. 그리고 다른 이들을 괴롭히는 학생들에게 관대하다. 그런 행동을 그들이 통제할 수 없는 힘, 이를테면 자라온 환경 탓으로 돌리면서 말이다. 그는 '통합'에 매우 관심이 많고, 자기가 교장이 되면서부터 정학을 당하는 학생 수가 크게 줄었다는 사실에 기뻐한다. 학생들의 행동은 나아지지 않았지만 정학이 줄고 있기 때문에 서류상으로는 좋아 보인다. 하지만 행실이 나쁜 학생들은 여전히 교실에 남아 친구들의 학습을 방해하고 교사에게 스트레스를 주는 것이 실상이다. 가해 학생들을 보는 그의 태도는 『은 의자』에서 유스터스와 질이 다니던 실험 학교의 교장과 닮아 있다. 그녀는 이러한 학생들을 '심리학적으로 흥미로운 사례'이자,[17] 성장 환경의 산물로 보았다. 루이스에 따르면, 이런 교장은 '이상적' 장학사 후보로서 학교의 기준을 악화시키는 데 일조하면서 '통합' 수준을 높일 것이라고 말한다. 『은 의자』의 마지막 부분에는 이런 말이 있다.

교장의 친구는 그녀가 교장으로서는 쓸모없다고 생각했다. 그래서 그녀를 장학사로 만들어 다른 교장을 방해하게 했다.[18]

루이스가 무능한 교장이 장학사가 된다고 쓴 부분을 단순히 냉소적인 표현으로 볼 수도 있지만, 영국 BBC 뉴스는 최근 "일부 '무능한 교장' 영국 교육기준청(Ofsted) 장학사로 채용되다"라는 머리기사로 잉글랜드 상황을 다루었다.

BBC의 취재 결과 무능함이 드러나 학교를 떠나야 했던 전직 교장들이 교육기준청 장학사로 일하고 있다는 사실이 발견되었다.[19]

루이스의 소설에는 분명 학교 리더십의 현재 맥락과 닿아 있는 부분이 많다.

랜섬

이와 달리, 세인트 앤의 대장인 엘윈 랜섬 박사는 그를 따르는 충성스러운 사람들로부터 큰 존경을 받는다. 그는 제인 스터독이 어려운 질문을 해도 피하지 않는다. 예를 들어, 제인이 다른 답을 듣기 원하더라도 랜섬은 주저하지 않고 결혼에 대해 직접적인 답을 제시한다. 제인의 환심을 사려는 의도가 섞인 답을 하지 않는다. 제인이 세인트 앤에 합류하고 싶어 하지만 랜섬은 (그녀가 연구소에 엄청나게 귀중한 역할을 할 것이 분명한데도) 집에 돌아가는 것이 좋겠다고 말한다. 제인이 합류하기에 좋은 시기가 아니라고 생각했기 때문이다. 랜섬은 이 질문을 위원회에게 넘기거나 대답을 회피하지 않는다. 그는 뛰어난 대인 관계 기술로 제인이 원하지 않는 답을 말할 때조차 신뢰와 존경을 받는다. 명확한 결정을 내리고 이유를 제시한다. 유머 감각도 갖추고 있다. 그는 무거운 책임을 지고 한쪽 발에 심각한 부상을 입어 큰 고통을 느끼면서도 제인에게 자기가 훈련시킨 애완 쥐를 보여 준다. 쥐는 저녁 식사 후 부스러기를 깔끔하게 해치우며 그들에게 즐거움을 선사한다. 랜섬은 권위가 있고, 매우 존경받는다. 상당한 능력을 갖추었고 안정적인 사람이기도 하다. 가장 중요한 것은 그가 영적으로 올바른 길을 따르고 있다는 점이다.

내가 아는 또 다른 교장은 권위 있는 사람으로 존경받고 많은 교직원과 학생들로부터 사랑받는다. 그는 랜섬처럼 '질서와 규율에 따라' 학교를 운영하며, 어려운 결정을 내리고 그에 따르는 책임을 진다. 대체로 올바르게 행동하고 그의 권위를 존중하는 학생들에게 헌신적이다. 영감을 주는 교사이자 신뢰를 주는 지도자이기도 하다. 그가 (단정한 정장 차림에 윤이 나는 구두를 신고) 여러 반에서 온 열네 살 학생들을 맞이하던 모습이 오래 기억에 남는다. 이 아이들은 학업 성적이 가장 낮은 학생들인데 그가 가르치기로 자원했다. 그는 이렇게 '사랑받지 못한' 학생들을 만날 때마다 긍정적인 미소를 지으며 반짝이는 눈으로 환영했다. 그러면 끌려온 것 같은 얼굴로 있던 학생들의 표정이 밝아졌다. 그는 학습을 즐거운 일로 만들고 학생들은 최선을 다한다. 또한 정직하고 정확하게 교직원을 평가한다. 직원들이 잘한 일과 개선할 점을 말할 때는 고통스러울 정도로 정직한 이야기도 한다. 모든 직원을 이렇게 대하기 때문에 그가 평가하는 사람들이 항상 그를 좋아하지는 않는다.

성품 중심의 학교로 이끌어 가려면

학교에는 행정 업무가 많지만 학교 지도자들은 행정가보다는 진정한 지도자가 되어야 한다. 특히 민주적 리더십에 따른다면서 학교 내의 책임소재가 분명하지 않고 총괄 책임자가 없거나 교장의 도덕적 자질을 중요시하지 않는 일은 특히 경계해야 한다. 우수한 학교 지도자에게는 도덕적 정당성이 있다. 하지만 알마 해리슨(Alma Harrison)에 따르면, '분산적 리더십'은 "개인의 자질이 아니라 조직의 조건"이며 "지위나 역할이 아닌 활동에 근거를 둔다."[20] 조직이 크면 지도자가 많이 필요하지만 각 지도자 '개인의 자질'과 도덕적 성품이 중요하다는 점을 인식해야 한다. 어떤 이론가들은 이제 지도자와 따르는 자를 구분할 수 없으며, 특히 크고 복잡한 조직에서는 더욱 그렇다고 말한다. 또한 분산적 리더십은 "한 사람에게 권한을 준다는 발상을 영속시키기보다는 조직의 전반적 리더십 역량"에 집중한다.[21] 이렇게 되면 자연히 고위 지도자의 도덕적 성품에는 주의를 기울이지 않게 된다. 지도자의 위치에 있는 개인과 그 사람 '개인의 자질'에 관심을 두지 않으면 위계질서는 물론 루이스가 중요시했던 성품이라는 개념이 약화될 수 있다. 교무실과 교실에서 위계적 리더십이 성립하려면, 교사는 (완벽하지는 않더라도) 우수한 학교 지도자를 충실히 따라야 한다. 여기에는 분명 학교 이사회를 비롯해 교사들에게 적용되는 교훈이 있다.

학교의 기풍을 이끌어 가려면

고대 그리스에서 미래를 이끌어 갈 지도자들은 수사학을 배웠는데, 수사학은 생각을 표현하고 청중을 설득하기 위한 학문이었다. 오늘날 학교 지도자들도 부모와 교사와 학생에게 영합해서는 안 되지만 이들의 지지를 이끌어 내야 한다. 그러므로 학교 지도자들은 수사학에 능해야 한다. 우수한 지도자들은 그 출처는 인식하지 못하더라도 몇 가지 수사학적 요소를 사용하고 있을 것이다. 루이스는 옥스퍼드에서 '그레이츠'(Greats) 과정

(고전어, 고대사, 철학)을 이수하여 훌륭한 고전 교육의 도움을 받았다.[22] 고전 수사학에 따르면, 설득력 있고 빈틈없는 주장에는 '로고스'(logos)와 '파토스'(pathos)와 '에토스'(ethos)가 포함되어 있다. 설득력 있는 연사는 '말'을 한다('로고스'를 직역하면 '말'이지만 '연설'이나 '설명'으로도 해석할 수 있으며, '동화'나 '이야기'라는 의미도 내포하고 있다). 감정적인 면에서는 청중의 공감과 흥미를 이끌어 낸다('파토스'에는 '사람을 끌어당기는 말'이나 비유가 사용된다). 하지만 무엇보다도 청중을 설득하고자 하는 연사라면 처음부터 '에토스' 또는 '도덕적 역량'을 세워야 한다. 우수한 지도자는 가장 먼저 사람들의 존경과 신뢰를 받을 만한 도덕적 권위와 정당성을 확보해야 한다. 학교 지도자는 '도덕적 역량을 이끌어 가며' 학교의 '특성'을 책임진다. '에토스'라는 말을 가장 정확하게 번역하면 '성품'인데, 학교 지도자의 성품은 곧 학교의 특성에 영향을 준다. 리더십에서 성품의 중요성은 아무리 강조해도 지나치지 않다. 1991년, 걸프 전쟁에서 다국적군을 이끈 노먼 슈워츠코프(Norman Schwarzkopf, Jr.) 장군은 "리더십이란 전략과 성품의 강력한 결합이다. 하지만 그중 한 가지만 택해야 한다면 전략을 버려야 한다"[23]고 말했다. 이와 같이 명확한 전략만으로는 학교를 이끌어 갈 수 없다. 21세기에는 전략이나 기술이 "도덕적이고 지적인 덕목을 대체하는" 일이 자주 일어나는데, "의미, 가치, 자유의 세계가 기술 모형이 있는 현상적 세계로 바뀌었기" 때문이다.[24]

많은 사람이 학교의 '에토스' 또는 '기풍'을 논할 때, 느낌, 태도, 신념, 가치, 충성도, 헌신, 관계 등 모든 것이 학교 또는 교육 환경의 문화와 정체성에 영향을 준다는 점에 대체로 동의한다. 매클로플린은 학교가 '의도한 기풍'과 '경험으로 형성된 기풍'을 구별할 수 있다고 주장했으며,[25] 이러한 견해는 최근 학교 기풍에 관한 연구에 영향을 주었다.[26] 스턴은 최근에 '학교의 정신'과 '기풍'을 구분했으며, 후자는 조직의 '특성과 기질'을 나타낸다고 보았다.[27] 스턴의 견해는 '에토스'의 원래 의미에 가장 근접한 것으로 보인다. 영어 단어 'ethos'는 '성품'을 뜻하는 그리스어에 기원을 두며, 윤리를 뜻하는 'ethics'의 기원은 '도덕적 성품을 드러내는' 사람이라는 뜻의 그리스어 *ethikos*이다. 종종 학교에서 받는 '느낌'을 '기풍'이나 '분위기'로 말할 때가 많지만 '기풍'은 모호한 느낌이나 주관적 경험을 넘어서는 큰 개념이다. 지도자의 신념과 말과 행동이 직접적으로 드러난 결과다. 그러므로 지도자의 기대와 열망은 물론 훌륭한 삶에 대한 비전과 밀접하게 연결되어 있다.

어떤 공동체의 '기풍'이나 개인의 '성품'은 근본적 신념과 가치에서 비롯된다. 학교의 기풍은 지도자의 도덕 역량이나 정당성에 기초를 두고 있다. 그래서 고전 시대에 '기풍' 혹은 '도덕 역량'은 세 가지 구성 요소로 이루어졌다. '기풍'은 '실천적 지혜'(*phronesis*), '덕성'(*arête*), '선의'(*eunoia*)가 결합되어 만들어진다. '실천적 지혜'는 실제적으로 작용하는 지혜나 '분별'로서 학교 지도자의 핵심 자질 중 하나이다. '덕성'으로 번역한 *arête*라는 말은 때때로 '개인이 자신의 최고 수준'에 이르고 잠재력을 완전히 발현하여 최대의 역량을 발휘한다는 의미에서 '수월성'을 뜻하기도 한다.[28] 이때 '수월성'은 다른 사람보다 뛰어나다는 의미가 아니라 자신의 최고 수준을 달성하는 것을 말한다. '선의'는 선한 의지, 친절이며 로마의 키케로가 이 단어를 라틴어 *benevolentia*로 번역하여 자비를 뜻하는 영어 단어 'benevolence'의 어원이 되었다. 아리스토텔레스는 『니코마코스 윤리학』(*The Nicomachean Ethics*)에서 '선의'의 개념을 남편이 아내에게 또는 아내가 남편에게 베푸는 호의와 같다고 설명하는데, 그것이 인간의 윤리적 삶에 근본적인 개념이기 때문이다. 수사학에서 '선의'는 연사가 청중에게서 이끌어 내는 호의를 말한다. 우수한 리더십은 고전적 의미에서 기풍을 구성하는 세 가지 요소를 모두 추구한다. 교사는 학생들이 수월성 및 개인의 최고 수준을 달성하는 동시에 선의를 추구하고 실천적 지혜를 발휘하도록 도와야 한다.

학교 지도자 평가를 위해 유용한 도구로는 '성품 교육 파트너십'이 정한 "성품 교육의 특질 기준"이 있는데,[29] 이 기준은 효과적인 성품 교육의 원칙에 기초하고 있다.[30] 그중 아홉 번째 원칙은 "공통의 도덕적 리더십과 장기적인 지원"에 집중한다. 세 번째 원칙은 적극적 성품 교육을 강조하며, "성품을 열심히 교육하려는 학교는 교내에서 일어나는 모든 일들이 실제로 학생의 성품에 어떻게 영향을 미치는지 평가하기 위해 도덕적 잣대를 통해 스스로를 비추어 본다"고 지적한다. 네 번째 원칙은 학교가 "예의, 배려, 정의가 있는 사회의 축소판"이며, "교실을 비롯한 모든 학교 환경(이를테면 복도나 식당, 놀이터, 학교 버스, 경비실, 교사의 휴게 공간 등)에서 이루어지는 일상생활이 배려와 존중의 정서로 가득차 있어야 한다"고 말한다. 또한 다섯 번째 원칙은 학생들이 "도덕적 행동을 할 기회"를 얻어야 한다고 말하는데, 학생들도 지도자로서 "일상적 상호 관계에서 온정과 책임감과 공정함 등의 가치를 적용해 볼 다양한 기회가 필요"하기 때문이다. 최근 연구에서는 "성품 교육의 성패를 좌우하는 가장 중요한 인물은 학교 지도자"이며 "학교 전체에 긍정적인 영향을 주려면 교장의 역할이 필수적"이라는 결론을 내렸다.[31] 지도자가 가치에 따라 **살아야** 하는 것은 자명한 일이다.

효과적 원칙은 첫째로 '이해하기 쉽고', 둘째로 '믿을 수 있으며', 마지막으로 '따라 살 만한 것'이어야 한다. 다시 말해, 성품을 중시하는 학교를 이끌어 가려면 교장이 먼저 훌륭한 성품 교육에 포함된 특성을 완전히 이해해야 한다 (하지만 대부분의 사람들은 이렇게 하지 않는다). 그 후에는 이 비전에 완전히 몰두하여 그것이 실현되기를 진심으로 원해야 한다. 마지막으로 교장은 훌륭한 성품 교육에 필요한 능력을 갖춰야 하며, 계획상으로는 물론 개인의 삶에서도 그러한 교육을 **살아 내야** 한다.[32]

- **과제 및 토론 질문**

1. 루이스는 학교 지도자의 책임에 대해 어떤 견해를 가지고 있는가?
2. 루이스는 학교 지도자가 피해야 하는 함정이 무엇이라고 생각하는가?
3. 실험 학교에서 나타나는 잘못된 학교 훈육의 결과는 무엇인가?
4. 랜섬 박사와 관련하여 좋은 지도자의 자질을 설명해 보라.
5. 위더와 관련하여 나쁜 지도자의 자질을 설명해 보라.
6. 위계적 리더십과 분산적 리더십 중 어떤 것이 학교에 좋다고 생각하는가? 그 이유는 무엇인가?
7. 학교 지도자는 고전 수사학에서 무엇을 배울 수 있는가?
8. 학교의 기풍은 무엇이며, 그것을 구성하는 요소는 무엇인가?
9. 학교 지도자의 도덕적 성품이 중요한 이유는 무엇인가?
10. 지도자는 어떻게 '학교의 기풍을 이끌어 갈' 수 있는가?
11. 지도자는 어떻게 성품을 중시하는 학교를 이끌어 갈 수 있는가?
12. 리더십에서 전략과 성품 중 무엇이 중요한가? 그 이유는 무엇인가?

12. 미래의 교육
예언

학기가 끝나고 방학이 시작되었다. 꿈이 끝나고 아침이 되었다.
- C. S. 루이스, 『마지막 전투』[1]

'통제자'

『인간 폐지』의 세 번째 부분에서 루이스는 '인간'을 폐지하는 엘리트 집단 또는 기득권층인 '통제자'에 대해 다룬다. 그는 인간의 여러 세대를 보며 "마지막 인간"은 "거대한 계획자와 조작자"의 통제와 권력에 "가장 극심한 영향을 받을 것"이라고 예견한다.[2] 인간이 "완벽한 응용 심리학에 기초한 교육과 선동에 의해 스스로를 완전히 통제할 때" 마지막 단계가 올 것이다.[3] 그는 인간의 역사를 살펴볼 때 지금까지는 이런 부분에서 "교육학자의 계획이 거의 성취되지 않았다"고 주장한다.[4] C. S. 루이스는 새로운 지도자를 "절대적 권능"으로 권력을 행사하는 "새 시대의 인간 형성자", "원하는 모양으로 다음 세대를 만들 수 있는 조작자들"이라고 부른다.[5] 교육적 조작자라는 새로운 종은 "전혀 인간답지 않다."

그들은 도에서 벗어나 허공으로 들어섰다. 그들이 조작할 대상이 불행한 사람만은 아니다. 그들은 인간이 아니다. 인공물이다. 인간의 최종 정복지는 인간의 폐지인 것으로 드러났다.[6]

도널드 윌리엄스는 "인간을 동물이나 기계로 축소시켜 **도**에 대한 영적 책무를 무시하면[7] **인간**으로서의 자유를 누릴 수 없다"고 말한다. 다시 말해 "**도**에서 인간성을 발견하지 못하면, 우리는 인간성을 잃는다."

이러한 **도**는(물론 우리 자신도) 움직이는 원자로 축소될 수 없다. 우리는 **도**에 대한 책임을 느끼지만 여기에 반발하기도 한다.…이러한 현실을 가장 잘 설명하는 것은 우리가 육신을 입은 영으로, 스스로 인간이 되신 하나님의 형상으로 만들어진 존재이자, 타락하여 그분께 반발한 존재이며, 지금이라도 그분께 구원받을 수 있는 존재라는 사실이다. 그러므로 루이스가 사용한 **도**라는 말은 매우 정확한 표현이다. 그것이 성령의 성품에 뿌리를 두고 있기 때문인데, 그 성품은 창조물 전반에 새겨져 있고 특히 하나님의 형상을 따라 창조된 우리 속에 담겨 있다.[8]

"세속주의와 물질주의를 궁극적 진리"[9]로 받아들이면 심각한 결과가 나타나며, "인간의 본성에 관한 우리 관점은 교육 이론과 실제에 반드시 드러나기 마련이다."[10]

통제 대상이 되다

루이스는 "소수보다 우위에 있는 다수의 권력"과 "시민보다 우위에 있는 정부의 권력"을 언급하며[11] "지배당하는 인간의 물질을 조작자들이 지배하는 인간성 이후의 세계"를 예견한다.[12] 그 세계에서는 "수백 명이 수십억 명을 지배할 것"이라고 말한다.[13] 『그 가공할 힘』의 마크 스터독이 벨버리에서 여론을 움직일 기사를 작성하여 다수가 '국가 공동 실험 연구소'의 비전을 지지하게 하는 일은 의미심장하다. 이 연구소는 "잉글랜드의 삶을 재창조하고 궁극적으로 인간의 존재 자체를 재창조하는 데 심취해 있었다."[14] 그곳을 빠져나와 어느 바에 들어간 마크는 옆 사람의 대화를 듣게 되었고, 그의 기사가 여론을 형성했음을 깨닫는다. 마크를 선동가로 채용한 것은 아주 적절한 선택이었다. 그는 일생 동안 다양한 집단이 그의 의견을 형성하게 두었기 때문이다. 나중에 독방에 앉아서 조작자들이 "그의 목을 매려고 하고"[15] 그의 "이야기가 끝났다"는 생각이 들자[16] 마크의 "주변을 흐리는 것들이 사라져"[17] 상황을 명확히 볼 수 있게 되었다. 무리에 편입되려고 무던히 애쓰고 인정과 용납을 받기 위해 온갖 아첨을 떨었던 자기 삶이 "역겨울 정도로 우울하게" 느껴졌다. 그는 학창시절 인기 많은 운동부 '그립'에 들어가기 위해 정말 좋아했지만 "고통스러워하며 떠나야 했던 피어슨"[18]을 떠올렸다. "새로운 클럽에 매료될 때마다" 이런 일이 반복되었다.[19] 보통 때라면 "먼지와 깨진 병조각으로 점철된 삶"을 성장 배경 탓으로 돌리며 심리학이나 사회학적으로 설명하려고 했을 것이다. 하지만 지금 독방에 앉은 그는 "먼지와 깨진 병 조각, 깡통 캔이 가득하며 메마르고 숨 막히는 공간을 선택한 것은 이 우주에서 다른 누구도 아닌 자기 자신이었음"을 깨달았다.[20] 마크는 일생 동안 스스로를 다른 사람의 의견에 맡겼다. 그는 "원하는 것을 해 본 적이 있는지" 자문한다.[21] 열 살짜리 내 아들 루크는 루이스의 작품 중 『그 가공할 힘』에 등장하는 마크 스터독에게서 가장 깊은 인상을 받았다고 한다. 책에서는 마크가 처참할 정도로 결정을 내리지 못하고 그런 자신에게 점점 절망을 느끼는 모습과 주위의 압력에 취약한 모습을 강조하고 있기 때문이다. 그는 이렇게 소감을 썼다.

> 마크 스터독은 인기 있는 사람이 되기를 간절히 원하고 인정에 목말라 있기 때문에 몇 가지 당황스러운 결정을 내린다.…가장 와 닿았던 부분은 마크가 '국가 공동 실험 연구소'의 독방에서 자기가 저지른 실수를 깨닫고 삶을 돌아보는 장면이었다.…마크는 내면에서 진정으로 원하는 것보다는 다른 사람에게 어떻게 보일지만 생각했다. 그는 가장 친한 친구를 잃었다.…스스로를 배반했다.…내 주변에도 마크처럼 실제로는 다른 것을 하고 싶어도 인기를 얻기 위해 시간을 보내는 사람들이 있다. 나는 이 사람들이 변화되도록 간절히 돕고 싶고, 나 자신도 이런 함정에 빠지지 않기를 바란다. (루크 파이크, 10세)

객관적 진리보다는 자기나 다른 사람의 주관적 인식에 삶의 기초를 두면 삶을 배반하게 된다. 루이스는 도나 도덕률을 객관적 실재가 아닌 "순전히 주관적인 산물"로 보는 순간,[22] '절제'나 인간을 온전하게 만드는 다른 덕목들에 대해 의미 있는 대화조차 할 수 없어진다고 말한다. 그는 '교육'의 미래를 이렇게 예견한다.

조작의 일부로 학생들 사이에 가치 판단이 생겨날 것이다. 어떤 도이든 교육의 동기가 아닌 교육의 산물이 될 것이다. 조작자들은 이 모든 것에서 해방되었다.…그들에게 적용되는 '선'과 '악'은 내용이 없는 말뿐이다. 조작자들로부터 이런 말의 실체가 파생된 것이기 때문이다.[23]

존경받는 영국 윤리학자 브렌다 앨몬드 교수는 루이스의 입장을 연상시키는 질문을 통해 다양성이 부각되는 다원 사회에서 국가가 시민에게 어떤 것을 기대하는지 살펴본다. 국가는 시민이 자신과 완전히 다르며 선하다고 생각하지 않는 생활 방식과 관습을 지지하기 원한다는 것이다.

이런 것들을 허용할 뿐만 아니라 지지해야 하는가? 아무런 판단도 하지 않아야 하는가? 나쁘다고 생각하는 것을 비난하면 안 되는가? **아니면 선과 악에 대해 생각하는 것조차 잘못된 것인가?** 도덕적 중립성이 새로운 덕목인가?[24]

21세기에 루이스가 '통제자'라고 칭한 사람들은 '관용' 또는 '사회 통합'이라는 미명하에 시민들이 자신의 생각과 정반대되는 신념과 관습을 찬성하거나 지지하기를 바라는 것처럼 보인다. 미국과 영국의 예를 통해 '통제자들'이 '관용'의 정의를 적용하는 방식까지 통제하려고 하면 다원 사회가 어떤 문제에 직면하는지 알 수 있다.

미국의 교육 통제자들

미국은 역사적으로 자유를 수호하고 개인이 국가와 다른 견해를 가질 권리가 있다고 생각해 왔지만, 미국 철학 협회(APA)의 일부 회원들은 최근 특정 종교에 소속된 학교에 차별적 관행이 있다며 우려를 표명했다. 이후 협회는 '차별 금지' 성명을 채택했다.[25] 다만 협회는 종교에 소속된 교육 기관의 뚜렷한 사명을 인정하며 선언문을 통해 교육 기관이 선언문에 열거된 다른 항목들에 관해 차별하지 않는다면 특정 종교의 신앙을 대학원 입학과 채용 기준으로 유지해도 좋다고 밝혔다. 선언문에 포함된 항목으로는 인종, 피부색, 종교, 정치 성향, 국가, 성별, 장애, 성적 취향, 성 정체성, 나이가 있다. 하지만 종교를 포함한 모든 항목에서 차별을 금지하면서도, 그중 여러 항목이 종교적 의미를 담고 있다는 점이 모순된다. 예컨대, 특정 교육 기관의 채용이나 입학 사정에서 무신론자처럼 해당 기관의 종교적 목적과 반대되는 신념을 가진 사람을 거부할 수 없다는 주장이 포함된 것이다. 이러한 입장을 취하면 해당 교육 기관이 '종교에 바탕을 두고' 뚜렷한 기풍을 유지하는 일은 거의 불가능해진다. 이런 '통제자들'의 계획이 법안으로 발의되면 '인간 폐지'가 나타나기 시작하는 것이다. 이런 일들은 미국뿐 아니라 영국에서도 진행되고 있는 듯하다.

영국의 교육 통제자들

영국에서는 기독교 입양 기관들이 문을 닫았다. 선한 양심에 따라 동성 부부에게 아이들을 입양시킬 수 없었기 때문이다. 본질적으로 성이 종교를 이긴 것이다. 부모와 교사와 학교 지도자는 남자와 여자 사이에 이루어지는 전통적 결혼 관계와 다른 생활 방식을 지지하거나 그런 관행을 도덕적으로 용납할 준비가 되지 않은 경우 관용적이지 않다고 비난을 받을 수 있다. 예를 들어, 2009년 런던의 한 초등학교에서는 학생 서른 명의 부모들이 검찰에 넘겨진다는 경고를 받은 일이 있었다. 학교에서 이성 간 관계와 똑같이 정당한 레즈비언과 게이와 트랜스젠더 관계를 지지하고 알리기 위해 일주일간 특별 의무 수업이 진행되었는데, 이를 피하려고 아이들을 학교에 보내지 않았기 때문이다. 관용을 배우고 모든 사람의 가치가 동등하다고 가르치는 것이 이 학교의 목표였다. 하지만 사람의 가치를 존중하고 나와 다른 선택을 수용하는 것과 일부 구성원이 믿는 성경에서 공식적으로 금하는 생활 방식을 지지하고 찬성하는 것 사이에는 큰 차이가 있다. 이럴 경우 기독교나 이슬람교를 믿는 부모들은 법정에서 감옥형을 받을 수도 있다. '국가'의 신념(혹은 '통제자들'의 신념)은 분명 이런 시민들과 같지 않은데, 루이스가 지적한 바와 같이 '다른 신념'은 '다른 행동'으로 이어진다.[26] 앨몬드 교수는 이런 통찰을 제시한다.

> 국가가 개인 및 가정의 삶에 종교의 가르침을 바탕으로 깊이 뿌리내린 신념과는 양립할 수 없는 결론을 내릴 때가 있다. 나아가 공식 교육 정책에 따라 학교에서 교사나 부모가 아닌 국가가 결정한 대로 관용을 해석하고 적용하는 관점을 부여하면서 국가와 가정 사이에 간극을 만들 수도 있다.[27]

'관용'의 통제자

루이스처럼 앨몬드 교수도 많은 서양 국가들, 특히 영국이 '후기 기독교'의 특징을 보인다고 지적한다. "가족의 기본 구조인 결혼은 눈에 띄게 줄고, 그 자리를 동거와 별거와 이혼이 증가하면서 메우고 있다."[28] 루이스가 사망한 1963년과 이 책이 출판된 2013년 사이에, 북미와 유럽에서는 결혼하지 않고 동거하는 추세가 증가했는데, 이는 사회 행동에 나타난 큰 변화다. 1963년 영국에서는 16세 미만의 청소년들이 대부분 결혼한 두 부모와 함께 살았지만 이제 그러한 청소년의 비율은 절반 정도로 줄었다. 영국은 유럽 연합 국가 중 동거 비율이 가장 높은 나라 중 하나이며, 별거와 이혼율도 가장 높다. 앨몬드 교수는 "국가가 가족 관계에 부여한 새로운 이념"을 보면서 "사회적·법적으로 구축한 배우자 및 부모 관계로 가족에 대한 생물학적 이해를 대체하는 것이 목표"라고 지적했다.[29] '관용'은 상대방의 감정을 상하지 않도록 발언의 자유를 제한하는 것으로 재정의되고 있다. 교육의 문제에서 관용은 다음과 같이 정의된다.

> 국가가 전통적 가족의 삶을 중시하는 부모의 가치를, 국가 고용 전문가 및 윤리 자문가가 기획하거나 윤리적으로 모순된 가정에 기초한 어린이 도덕 교육 접근법으로 대체할 권리를 주장하는 것이 여기 해당된다. 대체로 이런 자문가는 관용이 그 자체로 가치가 있는 것이 아니라 다른 것보다 가치 있는 삶의 방식은 없다는 신념으로서 관용을 추구하는 경우가 많다.[30]

『인간 폐지』 3부에서 예견하는 상황과 같다. 앨몬드 교수는 다음과 같이 질문한다.

> 관용과 자유, 특히 종교의 자유와 사상의 자유, 표현의 자유를 가장 높은 정치적 이상으로 삼는 영국과 미국 같은 나라에서 어떻게 이런 일이 일어날 수 있는가? 다양성에 대한 관용(과 차별 금지)이라는 일반화된 원칙을 통해 특정 관행에

대해 종교적·도덕적으로 반대하는 행위를 어떻게 범죄로 몰아갈 수 있는가?[31]

마지막 전투

하지만 미래의 사회와 정치에만 치중하여 이 책의 끝을 맺는다면 태만한 결론이 된다. 루이스는 대부분의 사람들이 "이 세계에서 일어날 수 없는 일을 절실하게 바랄 때 전인적 교육을 통해 우리의 정신을 이 세계에 고정시킬 수 있다"고 지적한다.[32] 루이스는 영원을 바라보는 사람들은 현재에 관심을 가진다고 역설하며 "노예 무역을 폐지한 윌버포스 같은 그리스도인들은 천국에 마음이 사로잡혀 있었기에 이 땅에 족적을 남길 수 있었다"는 사실을 상기시킨다.[33] 『마지막 전투』의 마지막 부분에서 아이들은 "위대한 이야기의 첫 장"을 시작한다.

> 그분이 말을 하자 더 이상 사자처럼 보이지 않았고, 기록할 수 없을 만큼 위대하고 아름다운 일들이 일어나기 시작했다. 이야기가 끝났으니 모두 영원히 행복하게 살았다고 말할 수도 있다. 하지만 진짜 이야기는 이제 시작이다. 그들이 이 세계에서 살았던 삶과 나니아에서 겪은 모험은 겨우 책의 표지와 제목을 장식했을 뿐이다. 이들은 마침내 이 세상에서 누구도 읽어 보지 못한 **위대한 이야기의 첫 장을 시작한다.** 그 이야기는 영원히 지속되며 장이 넘어갈수록 이전보다 더 좋은 것이 나올 것이다.[34]

'나니아'는 앞으로 도래할 '새로운 나니아'를 희미하게 보여 주었을 뿐이다. "진정한 생명이 그림자와 다른 것처럼" 이 둘은 매우 다르다. 새로운 나니아는 "풀 한 포기, 꽃 한 송이가 큰 의미를 갖는 더 깊이 있는 나라"다.[35] 루이스는 우리의 진정한 목적지가 '더 높고 더 깊이 있는' 곳이며, 아슬란을 진정으로 따르는 사람들이 새로운 나니아에서 영원한 생명을 누린다고 말한다. 그곳에서는 달려도 덥거나 피곤하거나 숨이 차지 않는다.[36] 기분이 내키면 온종일 달릴 수도 있다. 그리고 이런 탄성을 지르게 될 것이다.

> 마침내 집에 왔어! 진정한 내 나라야! 나는 여기 속해 있어. 지금껏 알지도 못했지만 일생 동안 이 땅을 찾았던 거야.…더 높이, 더 깊은 곳으로 와 봐![37]

아이들은 "진짜 아슬란의 발아래" 있다. 『마지막 전투』에서 가장 많이 인용되는 내용은 진정한 '마지막'의 모습을 간략하게 묘사하는 부분이다. "학기가 끝나고 방학이 시작되었다. 꿈이 끝나고 아침이 되었다." 교육 및 학교 교육은 학교를 떠나는 학생들이 갈 최종 목적지를 염두에 두고 행해져야 한다. 루이스의 유명한 말처럼, 그가 만나는 사람 중에 '그저 죽어 없어질 사람'은 아무도 없다.

- **과제 및 토론 질문**

1. '통제자들'은 누구인가?
2. '녹색 책'의 저자들과 '국가 공동 실험 연구소'의 마크 스터독은 직업적으로 어떤 점이 유사한가?
3. 오늘날 여론에 영향을 주는 사람과 매체는 무엇인가?

4. 마크 스터독은 어디에 편입되고 싶어 하는가? 당신이 편입되고 싶은 곳은 어디인가?
5. '관용'을 나와 다른 것을 '지지하는 것'으로 정의하면 어떤 문제가 발생하는가?
6. 성(性) 문제와 같은 어떤 사안에 대해 신념을 표현하는 일이 타인의 감정을 상하게 한다는 이유로 범죄시된다면 어떤 문제가 발생하는가?
7. 사회에서 따라야 한다는 압력을 느끼는 부분은 어떤 것이 있는가?
8. 모든 사람이 찬성하기를 기대하는 부분은 어떤 것이 있는가?
9. 미국과 영국의 예를 다시 읽어 보라. '통제자들'의 영향을 느끼는 다른 예가 있는가?
10. 미래에는 '통제자들'이 어떤 방식으로 자유를 제한하려고 할 것이라 생각하는가?
11. 통제자들에게 어떻게 저항해야 하는가?
12. 최종 목적지를 염두에 두고 교육한다는 것은 어떤 의미인가?

주

서문: 순전한 교육
1. Kruisinga, M. A. (1933) 'Reclaimed Land in Holland', *National Geographic Magazine*, September 1933, 64 (3), pp. 293-320.
2. Lewis, C. S. (1978/1943) *The Abolition of Man: Reflections on Education with Special Reference to the Teaching of English in the Upper Forms of Schools* (Glasgow: Fount) p. 13.
3. The Bible (1611) Authorised Version (Cambridge: Cambridge University Press), 사 35:1.

1. 성품 교육: 평생 배워야 할 것
1. Lewis, C. S. (1948/1943) *Christian Behaviour* (London: Geoffrey Bles), p. 15.
2. Lickona, Thomas (1997) 'A Comprehensive Approach to Character-Building in Catholic Schools', *Catholic Education: A Journal of Inquiry and Practice*, December 1997, p. 2.
3. Lewis, C. S. (1978/1943) *The Abolition of Man: Reflections on Education with Special Reference to the Teaching of English in the Upper Forms of Schools* (Glasgow: Fount), p. 19.
4. Seldon, A. (2012) 'We need to fix Britain's character flaws' in *The Daily Telegraph*, 15 May 2012 [http://www.telegraph.co.uk/culture/9267396/ We-need-to-fix-Britains-character-flaws.html].
5. Lewis, C. S. (1978/1943) *The Abolition of Man: Reflections on Education with Special Reference to the Teaching of English in the Upper Forms of Schools* (Glasgow: Fount).

6. Lewis, C. S. (2005/1945) *That Hideous Strength* (London: Harper Collins).
7. Lewis, C. S. (1989/1950) *The Lion, the Witch and the Wardrobe in Tales of Narnia* (London: Collins/WH Smith).
8. Miller, L. (2008) *The Magician's Book: A Skeptic's Adventures in Narnia* (New York: Back Bay Books).
9. Lewis, C. S. (1981/1952) The 'Cardinal Virtues', Chapter 2, in *Mere Christianity* (London: Fount) pp. 70-74.
10. C. S. Lewis (1995/1967) 'On Ethics' in *Christian Reflections* (Grand Rapids, Michigan: Eerdmans), p. 53.
11. Lewis, C. S. (1981/1952) *Mere Christianity* (London: Fount), p. 17.
12. Lewis, C. S. (1981/1952) *Mere Christianity* (London: Fount), p. 16.
13. Lewis, C. S. (1978/1943) *The Abolition of Man: Reflections on education with special reference to the teaching of English in the upper forms of schools* (Glasgow: Fount), p. 30.
14. Pike, M. A. (2011) 'Ethical English Teaching: Learning Democratic Values or Living by the Tao?', *Changing English: Studies in Culture and Education*, 18 (4), pp. 351-359.
15. Lewis, C. S. (1978/1943) *The Abolition of Man: Reflections on Education with Special Reference to the Teaching of English in the Upper Forms of Schools* (Glasgow: Fount), p. 15.
16. Tankard, P. (2007) Didactic Pleasures: Learning in C. S. Lewis' Narnia, *VII: An Anglo-American Literary Review*, 24, pp. 65-86, p. 72.
17. Lewis, C. S. (1981/1952) *Mere Christianity* (London: Fount), p. 17.
18. 같은 책, p. 133.
19. Lewis, C. S. (1978/1943) *The Abolition of Man: Reflections on Education with Special Reference to the Teaching of English in the Upper Forms of Schools* (Glasgow: Fount), p. 14.
20. 같은 책, p. 23.
21. 같은 책, p. 24.
22. Obama, B. (2009) President Obama's Inaugural Address, *New York Times*, accessed online: [http://www.nytimes.com/2009/01/20/us/politics/20text-obama.html].
23. Arthur, J. (2005) The Re-Emergence of Character Education in British Education Policy, *British Journal of Educational Studies*, 53 (3), p. 249.
24. Lickona, T. (2004) *Character Matters* (London: Touchstone), p. 8.
25. Lickona, T. (1991) *Educating for Character: How Our Schools Can Teach Respect and Responsibility* (New York: Bantam Books); Lickona, T. (2004) *Character Matters* (London: Touchstone).
26. Lickona, T. (1991) *Educating for Character: How Our Schools Can Teach Respect and Responsibility* (New York: Bantam Books), p. 20.
27. Lewis, C. S. (1978/1943) *The Abolition of Man: Reflections on Education with Special Reference to the Teaching of English in the Upper Forms of Schools* (Glasgow: Fount),

p. 17.
28. 같은 책, p. 19.
29. Berkowitz, M and Bier, M (2004) 'Research-Based Character Education', *The Annals of the American Academy of Political and Social Science*, 591 (7), p. 80; Aristotle's *The Nicomachean Ethics* (trans J. E. C Weldon) (New York: Prometheus Books)도 보라.
30. Bohlin, K. (2005) *Teaching Character Education through Literature* (London and New York: Routledge Falmer), p. 4.
31. 같은 책.
32. Jarvis, F. W. (1993) 'Beyond Ethics' in *Journal of Education* 175 (2), pp. 65-66.
33. Arthur, J. (2003) *Education with Character* (London: Routledge), p. 37.
34. Holmer, P. L. (1976) *C. S. Lewis The Shape of his Faith and Thought* (New York: Harper & Row), p. 54.
35. Holmer, P. L. (1976) *C. S. Lewis: The Shape of his Faith and Thought* (New York Harper & Row), p. 50.
36. Dow, P. E. (2013) *Virtuous Minds: Intellectual Character Development* (Downers Grove, Illinois: IVP Academic).
37. Arthur, J. (2005) The Re-Emergence of Character Education in British Education Policy, *British Journal of Educational Studies*, 53 (3), p. 249.
38. Lewis, C. S. (1978/1943) *The Abolition of Man: Reflections on Education with Special Reference to the Teaching of English in the Upper Forms of Schools* (Glasgow: Fount), p. 61, p. 22.
39. 같은 책, p. 9.
40. 같은 책.
41. 같은 책, p. 8.
42. Lewis, C. S. (1978/1943) *The Abolition of Man: Reflections on Education with Special Reference to the Teaching of English in the Upper Forms of Schools* (Glasgow: Fount), p. 11.
43. Elshtain, J. B. (2008) 'The Abolition of Man: C. S. Lewis's Prescience Concerning Things to Come' in Baggett, D., Habermas, Gary R. & Walls, Jerry, L. (eds.) (2008) *C. S. Lewis as Philosopher Truth, Goodness and Beauty* (Downers Grove, Illinois: IVP Academic), p. 88.
44. 같은 책, p. 91.
45. Lewis, C. S. (1978/1943) The Abolition of Man: Reflections on Education with Special Reference to the Teaching of English in the Upper Forms of Schools (Glasgow: Fount), p. 37.
46. Lewis, C. S. (1978/1943) *The Abolition of Man: Reflections on Education with Special Reference to the Teaching of English in the Upper Forms of Schools* (Glasgow: Fount), p. 9.

47. Hall, K. (2003) *Listening to Stephen Read: Multiple Perspectives on Literacy* (Buckingham: Open University Press), p. 179.
48. Luke, A., Carrington, V. & Kapitzke, C. (2003) 'Textbooks and Early Childhood Literacy' in J. Marsh (Ed.) *Handbook of early childhood literacy* (London: Falmer), pp. 249-257, p. 254.
49. 같은 책.
50. 같은 책, p. 251.
51. 같은 책.
52. Hall, K. (2003) *Listening to Stephen Read: Multiple Perspectives on Literacy* (Buckingham: Open University Press), p. 176.
53. Postman, N. (1992) *Technopoly: The Surrender of Culture to Technology* (New York: Alfred Knopf), p. 13.
54. Wordsworth, D. (1897) *Journals of Dorothy Wordsworth Vol 1* (ed) William Knight, [http://www.archive.org/stream/journalsofdoroth027709mbp/journalsofdoroth027709mbp_djvu.txt].
55. Longinus, D. (1964) *On the Sublime*, (ed.) D. A. Russell (Oxford: Clarendon Press).
56. Burke, E. (1958) *A Philosophical Enquiry into the Origin of Our Idea of the Sublime and Beautiful*, ed. Boulton, J. T. (London: Routledge & Kegan Paul).
57. Kant, I. (1960/1764) *Observations on the Feeling of the Beautiful and Sublime* trans. John T. Goldthwaite (Berkeley: University of California Press).
58. Lewis, C. S. (1978/1943) *The Abolition of Man: Reflections on Education with Special Reference to the Teaching of English in the Upper Forms of Schools* (Glasgow: Fount), p. 14.
59. 같은 책, p. 16.
60. 같은 책, p. 7.
61. 같은 책, p. 14.
62. 같은 책, p. 16.
63. Taylor, C. (1989) *The Sources of the Self: The Making of the Modern Identity* (Cambridge, MA: Harvard University Press), p. 255.
64. Higgins, C. (2010) 'Work and Flourishing: Williams' Critique of Morality and its Implications for Professional Ethics', *Journal of Philosophy of Education*, 44 (2-3), pp. 211-236, p. 221, 저자 강조.
65. Lewis, C. S. (1978/1943) *The Abolition of Man: Reflections on Education with Special Reference to the Teaching of English in the Upper Forms of Schools* (Glasgow: Fount), p. 31, 저자 강조.
66. 같은 책, p. 14.
67. Lewis, C. S. (1981/1952) *Mere Christianity* (London: Fount), p. 73, 저자 강조.

68. Holmer, P. L. (1976) *C. S. Lewis: The Shape of His Faith and Thought* (New York: Harper & Row), p. 52.
69. Lewis, C. S. (1981/1952) *Mere Christianity* (London: Fount), p. 74.
70. 같은 책.

2. 기독교 교육: 자유를 주는 믿음, 소망, 사랑

1. Lewis, C. S. (1948/1943) *Christian Behaviour* (London: Geoffrey Bles), p. 57.
2. Arthur, J. (2003) *Education with Character* (London: Routledge), p. 56.
3. Pike M. A. (2009b) Judeo-Christian Sources of Character Education: Learning from England's Most Academically Improved Academy, *Journal of Research in Character Education*, 7 (1), pp. 25-40.
4. Morris, A. (2005) 'Diversity, deprivation and the common good: Pupil attainment in Catholic schools in England' in *Oxford Review of Education*, 31 (2), pp. 311-330, p. 311.
5. 'So God created man in his [own] image, in the image of God created he him; male and female created he them'(창 1:27).
6. Pike, M. A. (2010) 'Transaction and transformation at Trinity: Private sponsorship, core values and Christian ethos at England's most improved academy', *Oxford Review of Education*, 36 (6), pp. 749-765.
7. Lewis, C. S. (1981/1952) *Mere Christianity* (London: Fount), p. 114.
8. 같은 책, p. 105.
9. 같은 책, pp. 116-117.
10. 같은 책, p. 127.
11. 같은 책, p. 122.
12. Lewis, C. S. (1960/1947) *Miracles* (London: Collins/Fontana), p. 98.
13. Lewis, C. S. (1981/1952) *Mere Christianity* (London: Fount), p. 112.
14. 같은 책, p. 109.
15. 같은 책, p. 112.
16. Green, R. L. & Hooper, W. (1979/1974) *C. S. Lewis A Biography* (Glasgow: Fount Paperbacks), p. 105.
17. Lewis, C. S. (1981/1952) *Mere Christianity* (London: Fount), p. 123.
18. 같은 책.
19. 같은 책, p. 74.
20. The Bible (1611) Authorised Version (Cambridge: Cambridge University Press), 사 64:6.
21. 같은 책, 엡 2:8-9.

22. Lewis, C. S. (1981/1952) *Mere Christianity* (London: Fount), p. 123.
23. Pike, M. A. (2010) 'Transaction and transformation at Trinity: Private Sponsorship, Core Values and Christian Ethos at England's Most Improved Academy', *Oxford Review of Education*, 36 (6) pp. 749-765, p. 755.
24. The Bible (1611) Authorised Version (Cambridge: Cambridge University Press), 눅 4:18-19.
25. Lewis, C. S. (1989/1955) *The Voyage of the 'Dawn Treader'* (London:Collins/Lion), p. 236.
26. Lewis, C. S. (1960/1947) *Miracles* (London: Collins/Fontana), p. 149.
27. 예수님은 야곱의 우물가에서 만난 사마리아 여인에게 말씀하셨다. "내가 주는 물을 마시는 자는 영원히 목마르지 아니하리니 내가 주는 물은 그 속에서 영생하도록 솟아나는 샘물이 되리라"(요 4:14). 계 21:6과 계 22:17을 보라. "나는 알파와 오메가요 처음과 마지막이라 내가 생명수 샘물을 목마른 자에게 값없이 주리니", "성령과 신부가 말씀하시기를 오라 하시는도다 듣는 자도 오라 할 것이요 목마른 자도 올 것이요 또 원하는 자는 값없이 생명수를 받으라 하시더라."
28. Lewis, C. S. (1989/1955) *The Magician's Nephew* in *Tales of Narnia* (London: Collins/WH Smith), p. 118-119.
29. 같은 책, p. 119.
30. 같은 책.
31. 같은 책, p. 118.
32. 같은 책.
33. The Bible (1611) Authorised Version (Cambridge: Cambridge University Press), 창 18:19.
34. 같은 책, 신 6:4-9, 저자 강조.
35. Lewis, C. S. (1981/1952) *Mere Christianity* (London: Fount), p. 122.
36. Pike, M. A. (2004d) 'The Challenge of Christian Schooling in a Secular Society', *Journal of Research on Christian Education*, 13 (20), pp. 149-166; Pike M. A. (2005) 'Citizenship Education and Faith Schools: What should Children in Christian Schools Understand and Appreciate about a Liberal and Secular Society?', *Journal of Education & Christian Belief*, 9 (1) pp. 35-46; Pike, M. A. (2009) 'Religious Freedom and Rendering to Caesar: Reading democratic and Faith-Based Values in Society, Schools and Citizenship Education', *Oxford Review of Education*, 35 (2), pp. 133-146; Pike M. A. (2011d) 'The Value of Christian-Ethos Schooling for Secular Students', *Journal of Research in Christian Education*, 20 (2), pp. 1-17.
37. Lewis, C. S. (1989/1956) *The Last Battle* (London: Collins/Lion), p. 50.
38. Lewis, C. S. (1989/1955) *The Voyage of the 'Dawn Treader'* (London: Collins/Lion), p. 278.

39. 같은 책.
40. Lewis, C. S. (1960/1947) *Miracles* (London: Collins/Fontana), p. 176.
41. 막 7:6-13을 보라.
42. Theissen, E. (1993) *Teaching for Commitment: Liberal Education, Indoctrination and Christian Nurture* (Montreal: McGill-Queen's University Press), p. 139.
43. Lewis, C. S. (1978/1943) *The Abolition of Man: Reflections on Education with Special Reference to the Teaching of English in the Upper Forms of Schools* (Glasgow: Fount), p. 31.
44. Jackson, R. (2003) 'Should the State Fund Faith-Based Schools? A Review of the Arguments', *British Journal of Religious Education*, 25 (2), pp. 89-102, p. 97.
45. 같은 책, p. 96
46. Lewis, C. S. (1948) 'Preface' in Sandhurst, B. G. *How Heathen is Britain? A Revised and Enlarged Edition* (London: Collins).
47. Brighouse, H. (2008) 'Liberal Democracy and Faith Schools', S. J. McKinney (ed.) *Faith Schools in the Twenty-First Century* (Edinburgh: Dunedin Press), p. 22.
48. 같은 책.
49. Copley, T. (2005) *Indoctrination, Education and God* (London: SPCK), Copley, 2005, p. xiii.
50. 같은 책, p. xi.
51. Peshkin, A. (1986) *God's Choice; The Total World of a Fundamentalist Christian School* (Chicago: University of Chicago Press), p. 284.
52. Pring, R. (2005) 'Are faith schools justified?' in Gardner, R., Cairns, J. & Lawton, D. (eds) *Faith Schools Consensus or Conflict?* (London, Routledge Falmer), pp. 58-59.
53. Lewis, C. S. (1996/1958) 'Willing Slaves of the Welfare State' in Hooper, W. (ed) *Compelling Reason* (London: Fount), p. 182, 저자 강조.
54. Hunter, J. (2000) *The Death of Character: Moral Education in an Age without Good or Evil* (New York: Basic Books), p. 155.
55. Pike, M. A. (2010c) 'A Tale of Two Schools: Comparing and Contrasting Jacobus Fruytier Scholengemeenschap in The Netherlands and Bradford Christian School in England', *The Journal of Beliefs and Values: Studies in Religion and Education*, 31 (2), pp. 181-190.
56. 같은 책, p. xiii.
57. 같은 책, p. 223.
58. 같은 책.
59. 같은 책.
60. Glanzer, P. (2003) 'Did the Moral Education Establishment Kill Character? An Autopsy of *The Death of Character*', *Journal of Moral Education*, 32 (3), pp. 291-306.
61. 같은 책, p. 304.

62. Rawls, J. (1993) *Political Liberalism* (New York: Columbia University Press), pp. 37-38.
63. Glanzer, P. (2003) 'Did the Moral Education Establishment Kill Character? An Autopsy of *The Death of Character*', *Journal of Moral Education*, 32 (3), pp. 291-306, p. 294.
64. 같은 책, p. 296.
65. 같은 책, p. 300.
66. Hunter, J. (2000) *The Death of Character: Moral Education in an Age without Good or Evil* (New York: Basic Books), p. 225.
67. 같은 책, p. 227.
68. 같은 책, p. 15.
69. Lewis, C. S. (1978/1943) *The Abolition of Man: Reflections on Education with Special Reference to the Teaching of English in the Upper Forms of Schools* (Glasgow: Fount), p. 20.
70. Hunter, J. (2000) *The Death of Character: Moral Education in an Age without Good or Evil* (New York: Basic Books), p. 226.
71. Lewis, C. S. (1978/1943) *The Abolition of Man: Reflections on Education with Special Reference to the Teaching of English in the Upper Forms of Schools* (Glasgow: Fount), p. 20.
72. Williams, Donald T. (2006) *Mere Humanity G. K. Chesterton, C. S. Lewis, and J.R.R. Tolkien on the Human Condition* (Nashville, Tennessee: Broadman & Holman Publishers), p. 30.
73. The Bible (1611) Authorised Version (Cambridge: Cambridge University Press), 롬 2:15, 저자 강조.
74. Cicero (1999) *De Republica* trans. Zetzel, J. (Cambridge: Cambridge University Press), 11:33.
75. Hooper, W. (2005/1996) *C. S. Lewis: The Companion & Guide* (London: Harper Collins), p. 595.
76. Lewis, C. S. (1981/1952) *Mere Christianity* (London: Fount), p. 17.
77. 같은 책, p. 69.
78. 같은 책, p. 86.
79. Scruton, R. (2013) 'Shameless and loveless', accessed online: [http://catholiceducation.org/articles/sexuality/se0121.html], Scruton, R. (2006/1986) *Sexual Desire* (London: Continuum)도 보라.
80. Glanzer, P. (2003) 'Did the Moral Education Establishment Kill Character? An Autopsy of *The Death of Character*', *Journal of Moral Education*, 32 (3), pp. 291-306.
81. Lewis, C. S. (1981/1952) *Mere Christianity* (London: Fount), p. 90.
82. 같은 책, p. 91.
83. 같은 책, p. 92.
84. 같은 책, p. 91.
85. Lewis, C. S. (1964/1960) *The Four Loves* (London/Glasgow: Collins/Fontana), p. 91.

86. Lewis, C. S. (1981/1952) Mere Christianity (London: Fount), p. 92.
87. The Bible (1611) Authorised Version (Cambridge: Cambridge University Press), 벧후 1:2-8, 저자 강조.

3. 영성 교육: 지도를 보면서 해변 걷기
1. Lewis, (1960/1947) *Miracles* (London: Collins/Fontana), p. 175.
2. Pike, M. A. (2004a) 'Well-being' through reading: drawing upon literature and literacy in spiritual education, *International Journal of Children's Spirituality*, 9 (2), pp. 155-162.
3. Lewis, C. S. (1960/1947) *Miracles* (London: Collins/Fontana), p. 175.
4. The Bible (1611) Authorised Version (Cambridge: Cambridge University Press), 창 2:7.
5. Lewis, C. S. (1978/1943) *The Abolition of Man: Reflections on Education with Special Reference to the Teaching of English in the Upper Forms of Schools* (Glasgow: Fount), p. 13.
6. SCAA (1995) *Spiritual and Moral Development* (London: HMSO), p. 4.
7. Williams, Donald T. (2006) *Mere Humanity G. K. Chesterton, C. S. Lewis, and J. R. R. Tolkien on the Human Condition* (Nashville, Tennessee: Broadman & Holman Publishers), p. 32.
8. Nye, R. (1998) *Relational Consciousness: A Key to Unlocking Psychological Facets of Children's Spirituality*, Paper presented at the International Seminar on Religious Education and Values, 13-16, July 1998, p. 5.
9. Reimer, K. S. & Furrow, J. L. (2001) 'A Qualitative Exploration of Relational Consciousness in Christian Children', *International Journal of Children's Spirituality*, 6 (1), pp. 7-23, p. 15.
10. Hay, D. (1998) 'Why Should we Care about Children's Spirituality?', *Pastoral Care*, March, p. 11.
11. Long, J. (2000) 'Spirituality and the Idea of Transcendence', *International Journal of Children's Spirituality*, 5 (2), pp. 147-161, p. 149.
12. Wordsworth, W. (1799/1988) 'The Prelude' in S. Gill (ed.) *William Wordsworth* (Oxford: Oxford University Press).
13. Smith, D. (2001) 'Spirituality and Teaching Methods: Uneasy Bedfellows?', in Best, R. (ed.) *Education for Spiritual, Moral, Social and Cultural Development*, pp. 52-67 (London & New York: Continuum), p. 65.
14. Pike, M. A. (2012) 'The Trees of Knowledge and Life Growing Together' in The Educational Vision of C. S. Lewis: Why Medway and Stevens are Almost Right about Enlightenment and Romantic Values in English, *Changing English: Studies in Culture and Education*, 19 (2), pp. 249-259.

15. Arnold, M. (1908) General Report for the Year 1880, in *Reports on Elementary Schools, 1852-1882* (London: HMSO).
16. Lewis, C. S. (1975/1939) 'Learning in War-Time' in Hooper, W. (ed) *Fern-seed and Elephants and Other Essays on Christianity by C. S. Lewis* (London: Fontana), p. 32.
17. Lewis, C. S. (1981/1952) *Mere Christianity* (London: Fount), p. 132.
18. Newbolt Committee (1921) *The Teaching of English in England* (London: HMSO), p. 257, 원문 강조.
19. Leavis, F. R. (1948) *The Great Tradition* (London: Chatto and Windus).
20. Richards, I. A. (1929) Practical Criticism: *A Study of Literary Judgement* (London: Routledge & Kegan).
21. Eliot, T. S. (1932) *Selected Essays*, 1917-1932 (London: Faber & Faber).
22. McGuinn, N. (2004) 'Romantic Words and Worlds' in Stevens, D. and McGuinn, N. *The Art of Teaching Secondary English: Innovative and Creative Approaches* (London: Routledge Falmer), p. 53.
23. Hegel, G. W. F. (1997) 'Introduction to Aesthetics' in *Aesthetics: the Classic Readings* Cooper, David E. (ed) (Oxford: Blackwell).
24. Lewis, C. S. (1960/1947) *Miracles* (London: Collins/Fontana), p. 175
25. 같은 책.
26. Downing, D. C. (2005) *Mysticism in C. S. Lewis: Into the Region of Awe* (Downers Grove, Illinois: IVP), p. 91.
27. 같은 책, p. 98.
28. Lewis, C. S. (1963/1943) *Voyage to Venus* [Perelandra] (London: Pan Books), p. 81.
29. 같은 책, p. 82.
30. 같은 책, p. 83.
31. 같은 책, p. 81.
32. King, U. (1994/1989) *The Spirit of One Earth: Reflections on Teilhard de Chardin and Global Spirituality* (New York: Paragon House), p. 2.
33. Lewis, C. S. (1963/1943) *Voyage to Venus* [Perelandra] (London: Pan Books), p. 82.
34. Birx, H. J. (1991) *Interpreting Evolution: Darwin and Teilhard de Chardin* (New York: Prometheus Books), p. 214.
35. Lewis, C. S. (1963/1943) *Voyage to Venus* [Perelandra] (London: Pan Books), p. 82.
36. Lewis, C. S. (1960/1947) *Miracles* (London: Collins/Fontana), p. 98, 저자 강조.
37. 같은 책, p. 85
38. Lewis, C. S. (1963/1943) *Voyage to Venus* [Perelandra] (London: Pan Books), p. 83.
39. 같은 책, p. 85.
40. 같은 책.
41. 같은 책, p. 86.

42. Lewis, C. S. (1960/1947) *Miracles* (London: Collins/Fontana), p. 123
43. Lewis, C. S. (1963/1943) *Voyage to Venus [Perelandra]* (London: Pan Books), p. 86.
44. 같은 책.
45. Williams, Donald T. (2006) *Mere Humanity G. K. Chesterton, C. S. Lewis, and J. R. R. Tolkien on the Human Condition* (Nashville, Tennessee: Broadman & Holman Publishers), p. 26.
46. The Bible (1611) Authorised Version (Cambridge: Cambridge University Press), 엡 6:12.
47. Lewis, C. S. (1963/1943) *Voyage to Venus [Perelandra]* (London: Pan Books), p. 118.
48. Van der Elst, P. (1996) *C. S. Lewis A Short Introduction* (London/New York: Continuum), p. 103.
49. Lewis, C. S. (1960/1947) *Miracles* (London: Collins/Fontana), p. 123, p. 34.
50. Wilson, A. N. (1991) *C. S. Lewis A Biography* (London: Flamingo), pp. 125-126.
51. Vaus, W. (2004) *Mere Theology: A Guide to the Thought of C. S. Lewis* (Downers Grove, Illinois; IVP), p. 23.
52. Lewis, C. S. (1981/1952) *Mere Christianity* (London: Fount), p. 130.
53. 같은 책, p. 131.

4. 자유 교육: 자유 사회에서 잘 살려면

1. Lewis, C. S. (1960) *Studies in Words* (Cambridge: Cambridge University Press), p. 131.
2. Holmes, A. F. (1991) *The Idea of a Christian College*, revised edn (Grand Rapids, MI: Eerdmans), pp. 28-29.
3. Cicero (1942) *De Oratore* trans. E. W. Sutton, MCMLXVII (MA: Harvard University Press).
4. Sayers, D. L. (1963) 'The Lost Tools of Learning' in *The Poetry of Search and the Poetry of Statement* (London: Victor Gollancz).
5. Lewis, C. S. (1949) 'Learning in War-Time' in *The Weight of Glory: And Other Addresses* (New York: Macmillan), p. 46.
6. Lewis, C. S. (1960) *Studies in Words* (Cambridge: Cambridge University Press), p. 130.
7. Newman in Lewis, C. S. (1960) *Studies in Words* (Cambridge: Cambridge University Press), p. 131.
8. Morris, E. E. (ed) (1895) Milton, John *Tractate of Education* (London: Macmillan), p. xxiii.
9. Milton in Hughes, M. Y. (1957) *John Milton: Complete Poems and Major Prose* (Indianapolis: Bobbs-Merrill), p. 631, 저자 강조.
10. Martin Luther, Letter to Eoban Hess, 29 March 1523. *Werke*, Weimar edition, *Luthers*

Briefwechsel, III, 50. Cited in Leland Ryken, (2008) 'The Bible as Literature and Expository Preaching', in *Preach the Word*, ed. Ryken, L. and Wilson, T. A. (Good News Publishers/Crossway Books) p. 38.
11. Lewis, C. S. (1961) *An Experiment in Criticism* (Cambridge: Cambridge University Press).
12. Auden, W. H. (1968) *Secondary Worlds* (New York: Random House), p. 49.
13. Pike, M. A. (2002) Aesthetic Distance and the Spiritual Journey: Educating for Morally and Spiritually Significant Events Across the Art and Literature Curriculum, *International Journal of Children's Spirituality*, 7 (1), pp. 9-21.
14. Hooper, W. (1996) *C. S. Lewis A Complete Guide to His Life and Works* (New York: Harper San Francisco), p. 567.
15. Ward, M. (2008) *Planet Narnia* (Oxford: Oxford University Press), p. 17.
16. 같은 책.
17. Lewis, C. S. (2005/1943) *Perelandra* [*Voyage to Venus*] (London: Harper Collins), p. 137.
18. 같은 책.
19. Sydney, Sir Philip (1954/1583) 'A Defense of Poetry' in *The Renaissance in England: Non-Dramatic Prose and Verse of the Sixteenth Century*, Rollins, H. and Baker, H. (eds) pp. 605-624 (Lexington: D. C. Heath), p. 610.
20. C. S. Lewis in Ryken, L. (ed) (2002) *The Christian Imagination* (Colorado Springs, Colorado: Shaw Books/WaterBrook Press), p. 107.
21. Walford, E. J. (2012) 'Learning to Perceive Through Visual Art' in Davis, J. C. & Ryken, P. G. (eds.) *Liberal Arts For The Christian Life* (Wheaton, Illinois: Crossway), p. 223.
22. MacDonald, G. (1883) 'The Imagination: Its Function and Its Culture' in *The Imagination and Other Essays* (Boston: D. Lothrop Company) p. 36.
23. Lewis, C. S. (1989/1955) *The Voyage of the 'Dawn Treader'* (London:Collins/Lion), p. 201.
24. 같은 책, p. 201.
25. 같은 책, p. 202.
26. 같은 책, p. 204.
27. Langer, S. (1957) *Problems of Art: Ten Philosophical Lectures* (London: Routledge and Kegan Paul), p. 28.
28. Lewis, C. S. & Tillyard, E. M. W. (2008/1939) *The Personal Heresy: A Controversy* Joel. D. Heck and Bruce L. Edwards (eds.) (Concordia: Concordia University Press), p. 11.
29. Lewis, C. S. (1970/1945) 'Meditation in a Toolshed' originally in *The Coventry Evening Telegraph* (July 17, 1945); reprinted in *God in the Dock* (Eerdmans, 1970: 212-15), ac-

cessed online: [http://web.ics.purdue.edu/~ivcfgf/wp-content/uploads/2011/04/C-S-Lewis-meditation-in-atoolshed.pdf].
30. Lewis, C. S. (1955) *Surprised By Joy: The Shape of my Early Life* (New York/London: A Harvest/HBJ Book, Harcourt Brace Jovanovich), p. 15.
31. Lewis, C. S. (1971/1964) *The Discarded Image: An Introduction to Medieval and Renaissance Literature* (Cambridge: Cambridge University Press), p. 109.
32. Lewis, C. S. (1980/1969) 'The Anthropological Approach' in *Selected Literary Essays* ed. Walter Hooper (Cambridge: Cambridge University Press), p. 305.
33. Heck, Joel D. (2005) *Irrigating deserts C. S. Lewis on Education* (St Louis, MO: Concordia Academic Press), Part 2: C. S. Lewis as a Student.
34. Richmond, L. (2012) 'Liberal Education and Book Learning' in Davis, J. C. & Ryken, P. G. (eds.) *Liberal Arts For The Christian Life* (Wheaton, Illinois: Crossway), p. 45.
35. D'Souza, D. (2008/2007) *What's So Great About Christianity?* (Carol Stream, Illinois: Tyndale House Publishers).

5. 성교육: 절제와 구매 저항

1. Lewis, C. S. (2005/1945) *That Hideous Strength* (London: Harper Collins), p. 377.
2. 같은 책.
3. *Metro*, Friday, June 1, 2012.
4. Bailey, R. (2011), *Letting Children be Children: Report of an Independent Review of the Commercialisation and Sexualisation of Childhood* (London: HMSO), p. 37.
5. Lewis, C. S. (1981/1952) *Mere Christianity* (London: Fount), p. 90.
6. The Bible (1611) Authorised Version (Cambridge: Cambridge University Press), 마 15:19.
7. Williams, Donald T. (2006) *Mere Humanity G. K. Chesterton, C. S. Lewis, and J. R. R. Tolkien on the Human Condition* (Nashville, Tennessee: Broadman & Holman Publishers), p. 32.
8. Lickona, T. and J. with Boudreau, W., M. D. (2003) *Sex, Love and You: Making the Right Decision* (Notre Dame, IN Ave Maria Press).
9. Lickona, T. (2004) *Character Matters* (London: Touchstone), pp. 83-108.
10. 참고. C. S. Lewis's letter to Keith Masson, 3 June 1956 in Hooper, W. (ed) (2007) *The Collected Letters of C. S. Lewis, Vol 3: Narnia, Cambridge and Joy, 1950-1963* (New York: Harper Collins).
11. Lewis, C. S. (1964/1960) *The Four Loves* (London/Glasgow: Collins/Fontana), pp. 105-106.
12. 같은 책, pp. 87-88.

13. Lewis, C. S. (2005/1945) *That Hideous Strength* (London: Harper Collins Publishers), p. 531.
14. Lewis, C. S. (1981/1952) *Mere Christianity* (London: Fount), p. 87.
15. 같은 책, p. 86.
16. 같은 책, p. 30.
17. 같은 책, p. 89.
18. Lewis, C. S. (2005/1945) *That Hideous Strength* (London: Harper Collins), p. 532.
19. 같은 책, p. 531.
20. 같은 책, p. 530.
21. The Bible (1611) Authorised Version (Cambridge: Cambridge University Press), 엡 5: 22-25.
22. General Teaching Council (2009) General Teaching Council for England (2009) *Revised Code of Conduct and Practice for Registered Teachers*, 1 July 2009, accessed online: [http://www.gtce.org.uk/teachers/thecode].
23. Almond, B. (2010) Education for Tolerance: Cultural Difference and Family Values, *Journal of Moral Education*, 39 (2), pp. 131-143, p. 138.
24. The Bible (1611) Authorised Version (Cambridge: Cambridge University Press), 레 18:22.
25. 코란 7:81; 27:55.
26. Lewis, C. S. (1981/1952) *Mere Christianity* (London: Fount), p. 81.
27. The Bible (1611) Authorised Version (Cambridge: Cambridge University Press), 롬 1:26-27.
28. Lewis, C. S. (1981/1952) *Mere Christianity* (London: Fount), p. 87.

6. 성경 교육: 자유의 기초

1. Lewis, C. S. (1989/1953) *The Silver Chair* (London: Collins/Lion), p. 37.
2. Hirsch, E. D. (1987) *Cultural Literacy* (Boston: Houghton Mifflin).
3. Lewis, C. S. (1989/1953) *The Silver Chair* (London: Collins/Lion), p. 12.
4. Pike, M. A. (2003a) 'The Bible and the Reader's Response', *Journal of Education and Christian Belief*, 7 (1), pp. 37-52. Pike, M. A. (2003b) 'Belief as an Obstacle to Reading: the Case of the Bible?', *Journal of Beliefs and Values: Studies in Religion and Education*, 24 (2), pp. 155-163.
5. Newbolt Committee (1921) *The Teaching of English in England* (London: HMSO).
6. Wachlin, M. G. (1997) 'The place of Bible literature in public high school English classes' in *Research in the Teaching of English*, 31, pp. 7-8.
7. 같은 책, p. 11.

8. Francis, L. J. (2000) 'Who reads the Bible? A study Among 13-15 Year Olds' in *British Journal of Religious Education*, 22 (3), p. 165.
9. Lewis, C. S. (1950) *The Literary Impact of The Authorised Version*, The Ethel M. Wood Lecture delivered before the University of London on 20 March 1950 (London: The Athlone Press), pp. 25-26.
10. 같은 책.
11. Carr, D. (2004) On the Grammar of Religious Discourse and Education, *Zeitschrift fur Erziehungswissenschaft*, 7 (3), pp. 380-393, p. 391, 저자 강조.
12. Lewis, C. S. (1950) *The Literary Impact of The Authorised Version*, The Ethel M. Wood Lecture delivered before the University of London on 20 March 1950 (London: The Athlone Press), pp. 23, 26.
13. Eliot, T. S. (1935) Religion and literature, in *Selected Essays* (London: Faber), p. 390.
14. McGrath, A. (2001) *In The Beginning: The Story of the King James Bible and How it Changed a Nation, a Language and a Culture* (London: Hodder and Stoughton), p. 2.
15. Alter, E. and Kermode, F. (eds) (1987) *The Literary Guide to the Bible* (Cambridge, MA: Harvard University Press), p. 2.
16. Jasper, D. (1999) 'How Can we Read The Bible?', pp. 9-26, in L. Gearon (Ed.) *English Literature, Theology and the Curriculum* (London: Cassell), pp. 12-13.
17. 이 성경본은 이 책 전체에 인용되었다(Cambridge: Cambridge University Press).
18. McCrum, R. Cran, W. and MacNeil, R. (1987) *The Story of English* (New York: Viking Penguin), p. 113.
19. Crystal, D. (2010) *Begat: The King James Bible & the English Language* (Oxford: Oxford University Press), p. 6.
20. 같은 책, p. 257.
21. 같은 책, p. 258.
22. 같은 책.
23. 같은 책.
24. 같은 책, p. 5.
25. 같은 책.
26. 같은 책.
27. 같은 책, pp. 114-115.
28. 같은 책, p. 6.
29. 같은 책.
30. 같은 책, p. 29.
31. 같은 책, p. 1, 저자 강조.
32. Nicolson, A. (2011) 'The Bible of King James' in *National Geographic*, 220 (6), pp. 36-61, p. 49.

33. Lewis, C. S. (1950) *The Literary Impact of The Authorised Version*, The Ethel M. Wood Lecture delivered before the University of London on 20 March 1950 (London: The Athlone Press), pp. 20, 26.
34. 같은 책.
35. Stacey, J. (1964) *John Wyclif and Reform* (London: Lutterworth), p. 82.
36. McGrath, A. (2001) *In The Beginning: The Story of the King James Bible and How it Changed a Nation, a Language and a Culture* (London: Hodder and Stoughton), p. 20, 저자 강조.
37. 같은 책, p. 8.
38. 같은 책, p. 95.
39. 같은 책, p. 141.
40. From the Preface to the Authorized Version, found online: [http://www.kingjamesbibleonline.org/1611-Bible/1611-King-James-Bible-Introduction.php].
41. Crystal, D. (2010) *Begat: The King James Bible & the English Language* (Oxford: Oxford University Press).

7. 문화 교육: 기초 이해하기

1. Dorsett, L. W. (ed) (1988) *The Essential C. S. Lewis* (New York: Collier Books/MacMillan), p. 478.
2. 같은 책.
3. 같은 책, p. 274.
4. Dorsett, L. W. (ed) (1988) *The Essential C. S. Lewis* (New York: Collier Books/MacMillan), p. 478.
5. 같은 책.
6. Kreeft, Peter (1994) *C. S. Lewis for the Third Millennium Six Essays on The Abolition of Man* (San Francisco: Ignatius Press), p. 94
7. Dorsett, L. W. (ed) (1988) *The Essential C. S. Lewis* (New York: Collier Books/MacMillan), p. 480.
8. 같은 책.
9. Williams, Donald T. (2006) *Mere Humanity G. K. Chesterton, C. S. Lewis, and J. R. R. Tolkien on the Human Condition* (Nashville, Tennessee: Broadman & Holman Publishers), p. 33.
10. Spears, P. D. & Loomis, S. R. (2009) *Education for Human Flourishing: A Christian Perspective* (Downers Grove, Illinois: IVP Academic), p. 69.
11. 같은 책.
12. 같은 책.

13. Haydon, G. (1997) *Teaching About Values: A New Approach* (London: Cassell), p. 128.
14. Koch, R. & Smith, C. (2006) *Suicide of the West* (London and New York: Continuum), p. 130.
15. 같은 책, p. 39.
16. Lewis, C. S. (1981/1952) *Mere Christianity* (London: Fount), p. 121.
17. Stables, A. (2005) *Living and Learning as Semiotic Engagement: A New Theory of Education* (New York: Edwin Mellen), p. 237.
18. Lewis, C. S. (1996) *Compelling Reason, Essays on Ethics and Theology*, ed. by Walter Hooper (London: Fount), p. 180.
19. Lewis, C. S. (1978/1943) *The Abolition of Man: Reflections on Education with Special Reference to the Teaching of English in the Upper Forms of Schools* (Glasgow: Fount), p. 35.
20. 같은 책, p. 45.
21. Lewis, C. S. (1996/1958) 'Willing Slaves of the Welfare State' in Hooper, W. (ed) *Compelling Reason* (London: Fount), p. 178.
22. 같은 책, p. 179.
23. 같은 책, p. 182.
24. 같은 책.
25. Koch, R. & Smith, C. (2006) *Suicide of the West* (London and New York: Continuum), p. 47.
26. The Bible (1611) Authorised Version (Cambridge: Cambridge University Press) 창 1:27.
27. Koch, R. & Smith, C. (2006) *Suicide of the West* (London and New York: Continuum), p. 118.
28. The Bible (1611) Authorised Version (Cambridge: Cambridge University Press) 갈 3:28.
29. Koch, R. & Smith, C. (2006) *Suicide of the West* (London and New York: Continuum), p. 39.
30. The Bible (1611) Authorised Version (Cambridge: Cambridge University Press) 행 17:17.
31. 같은 책, 행 26:25.
32. 같은 책, 마 22:37.
33. Hand, M. (2006) 'Against autonomy as an educational aim', *Oxford Review of Education*, 32 (4), pp. 535-551, p. 538, 저자 강조.
34. 같은 책, p. 539, 저자 강조.
35. Elshtain, J. B. (2008) 'The Abolition of Man: C. S. Lewis's Prescience Concerning Things to Come', in Baggett, D., Habermas, Gary R. & Walls, Jerry, L. (eds.) (2008) *C. S. Lewis as Philosopher Truth, Goodness and Beauty* (Downers Grove, Illinois: IVP Aca-

demic), p. 89.
36. Myers, Doris T. (1994) *C. S. Lewis in Context* (Kent, Ohio: The Kent State University Press), p. 78.
37. Freathy, R. (2007) 'Ecclesiastical and religious factors which preserved Christian and traditional forms of citizenship in English schools, 1934-1944', *Oxford Review of Education*, 33 (3), pp. 367-377, p. 372.
38. Lewis, C. S. (1996/1958) 'Willing Slaves of the Welfare State', in Hooper, W. (Ed) *Compelling Reason* (London: Fount), p. 179.

8. 시민 교육: 생각 형성하기

1. Lewis, C. S. (1996/1958) 'Willing Slaves of the Welfare State' (1958) in Hooper, W. (ed) *Compelling Reason* (London: Fount), p. 179.
2. Bloom, A. (1987) *The Closing of the American Mind* (London: Penguin).
3. Dewey, J. (2002/1916) *Democracy and Education: An Introduction to the Philosophy of Education* (New York: Macmillan), p. 101.
4. Lewis, C. S. (1960/1947) *Miracles* (London: Collins/Fontana), p. 152.
5. Macedo, S. (1990) *Liberal Virtues: Citizenship, Virtues and Community in Liberal Constitutionalism* (Oxford: Clarendon Press), p. 62.
6. Osler, A. and Starkey, H. (2005) *Citizenship and Language Learning: International Perspectives* (Stoke on Trent: Trentham), p. 4.
7. Biesta, G. & Lawy, R. (2006) 'From Teaching Citizenship to Learning Democracy: Overcoming Individualism in Research, Policy and Practice', *Cambridge Journal of Education*, 36 (1), pp. 63-79, p. 72.
8. McLaughlin, T. H. (2000) 'Citizenship education in England: The Crick Report and beyond', *Journal of Philosophy of Education*, 34 (4), pp. 541-570.
9. Pike, M. A. (2008) 'Faith in citizenship? On teaching Children to Believe in Liberal Democracy', *British Journal of Religious Education*, 30 (2), pp. 113-122.
10. Glanzer, P. (2003) 'Did the Moral Education Establishment Kill Character? An Autopsy of *The Death of Character*', *Journal of Moral Education*, 32 (3), pp. 291-306.
11. Halstead, J. M. (1995) 'Voluntary Apartheid? Problems of Schooling for Religious and Other Minorities in Democratic Societies', *Journal of the Philosophy of Education*, 29 (2), p. 264.
12. Almond, B. (2010) 'Education for Tolerance: Cultural Difference and Family Values', *Journal of Moral Education*, 39 (2), pp. 131-143, p. 139.
13. Badman, G. (2009) *Review of Elective Home Education* (EHE) (London: HMSO).
14. Education Act 1996 (London: HMSO), p. 4, 1.1.7.

15. Pike, M. A. (2011b) 'Human Rights, Citizenship and Religious Education' in Barnes, L. P. (ed) *Debates in Religious Education* (London: Routledge).
16. *The Unanimous Declaration of the Thirteen United States of America*, 1776, accessed online: [http://memory.loc.gov/cgi-bin/query/r?ammem/bdsdcc:@field(DOCID+@lit(bdsdcc02101))].
17. Williams, Donald T. (2006) *Mere Humanity G. K. Chesterton, C. S. Lewis, and J. R. R. Tolkien on the Human Condition* (Nashville, Tennessee: Broadman & Holman Publishers), p. 37.
18. Lewis, C. S. (2005/1945) *That Hideous Strength* (London: Harper Collins), p. 196.
19. Lewis, C. S. (1975/1945) 'Membership' in Hooper, W. (Ed) *Fern-seed and Elephants and Other Essays on Christianity* (London: Fontana), p. 21.
20. Lewis, C. S. (1975/1945) 'Membership' in Hooper, W. (Ed) *Fern-seed and Elephants and Other Essays on Christianity* (London: Fontana), p. 19.
21. Lewis, C. S. (2005/1945) *That Hideous Strength* (London: Harper Collins), p. 196.
22. 같은 책, p. 21.
23. Green, R. L. & Hooper, W. (1979/1974) *C. S. Lewis: A Biography* (Glasgow: Fount Paperbacks), p. 105.
24. Lewis, C. S. (1996/1943) 'Equality' in Hooper, W. (Ed) *Compelling Reason* (London: Fount), p. 31.
25. 같은 책, p. 29.
26. 같은 책, p. 30.
27. Lewis, C. S. (1975/1945) 'Membership' in Hooper, W. (Ed) *Fern-seed and Elephants and other essays on Christianity* (London: Fontana), p. 20.
28. Lewis, C. S. (1975/1959) 'Fern Seed and Elephants' in Hooper, W. (ed) *Fern-seed and Elephants and Other Essays on Christianity* (London: Fontana), p. 19.
29. Lewis, C. S. (1996/1943) 'Equality' in Hooper, W. (ed) *Compelling Reason* (London: Fount), p. 29.
30. 같은 책.
31. Lewis, C. S. (2005/1945) *That Hideous Strength* (London: Harper Collins Publishers), p. 196.
32. Gearon, L. & Brown, M. (2003) 'Active Participation in Citizenship' in Gearon, L. (ed.) *Learning to Teach Citizenship in the Secondary School* (London & New York: Routledge Falmer), p. 205.
33. Lewis, C. S. (1972/1946) *The Great Divorce* (Glasgow: Collins/Fontana).
34. 같은 책, p. 31.
35. 같은 책, p. 32.
36. Lewis, C. S. (1996/1943) 'Equality' in Hooper, W. (ed) *Compelling Reason* (London:

Fount), p. 28.
37. Haldane, J. (1986) Religious Education in a Pluralist Society, *British Journal of Educational Studies*, 34 (1), pp. 25-43. Reprinted in L. J. Francis & A. Thatcher (eds.) *Christian Perspectives for Education* (London: Fowler Wright, 1990), p. 176.
38. 같은 책.
39. Lewis, C. S. (1975/1945) 'Membership' in Hooper, W. (Ed) *Fern-seed and Elephants and Other Essays on Christianity* (London: Fontana), pp. 18-19.

9. 민주 교육: '바보 만들기'를 피하려면

1. Lewis, C. S. (1996/1944) 'Democratic Education' in Hooper, W. (ed) *Compelling Reason* (London: Fount), p. 40.
2. Dewey, J. (2002/1916) *Democracy and Education: An Introduction to the Philosophy of Education* (New York: Macmillan).
3. Pike, M. A. (2011c) 'Ethics and Citizenship Education' in *Debates in Citizenship Education* in Arthur, J. & Cremin, H., Arthur J. (eds.) (London: Routledge).
4. Lewis, C. S. (1996/1944) 'Democratic Education' in Hooper, W. (ed) *Compelling Reason* (London: Fount), p. 41.
5. Lewis, C. S. (1989/1953) *The Silver Chair* (London: Collins/Lion).
6. Deakin-Crick, R., Coates, M., Taylor, M. & Ritchie, S. (2004) *A Systematic Review of the Impact of Citizenship on the Provision of Schooling* (London: Institute of Education, EPPI Centre).
7. Lewis, C. S. (1975/1959) 'Fern Seed and Elephants' in Hooper, W. (ed) *Fern-seed and Elephants and Other Essays on Christianity* (London: Fontana), p. 19.
8. Lewis, C. S. (2001/1965) 'Screwtape Proposes a Toast', *The Screwtape Letters* (New York: Harper Collins), pp. 201-202.
9. Lewis, C. S. (1996/1944) 'Democratic Education' in Hooper, W. (ed) *Compelling Reason* (London: Fount), p. 39.
10. 같은 책, p. 41.
11. 같은 책.
12. C. S. Lewis (1987/1959) 'Screwtape Proposes a Toast' in *The World's Last Night and Other Essays* (Orlando, Florida: A Harvest Book), 저자 강조.
13. Gresham, D. (2000) 'Postscript' in C. S. Lewis (2005/1950) *The Lion, The Witch and The Wardrobe* (London: Harper Collins Children's books), p. 187.
14. Wilson, A. N. (1991) *C. S. Lewis A Biography* (London: Flamingo), p. 188.
15. 같은 책.
16. 같은 책.

17. Lewis, C. S. (1996/1944) 'Democratic Education' in Hooper, W. (ed) *Compelling Reason* (London: Fount), p. 39.
18. 같은 책, p. 41.
19. Pike M. A. (2003d) 'The Canon in the Classroom: Students' Experiences of Texts from other Times', *Journal of Curriculum Studies*, 35 (3), pp. 355-370.
20. Phillips, M. (2002/1996) *All Must Have Prizes* (London: Time Warner Paperback).
21. Lewis, C. S. (1996/1944) 'Democratic Education' in Hooper, W. (ed), *Compelling Reason* (London: Fount), p. 43.
22. 같은 책, p. 42.
23. Lewis, C. S. (1985) *Letters to Children* (ed.) Dorsett, L. W. and Lamp Mead, M. (London: Collins Fount Paperback), p. 88, i.e. not attendance but output.
24. Lewis, C. S. (1996/1959) 'Screwtape Proposes a Toast' in Hooper, W. (ed) *C. S. Lewis A Complete Guide to His Life and Works* (New York: Harper Collins/Harper San Francisco), p. 278.

10. 교사 교육: 탁월한 교사가 되려면

1. Lewis, C. S. (1989/1950) *The Lion, the Witch and the Wardrobe in Tales of Narnia* (London: Collins/ WH Smith), p. 219.
2. Shortt, J. and Smith, D. (2004) 'Editorial: Pedagogy as Method, Ecology and Home', *Journal of Education and Christian Belief*, 8 (1), p. 8.
3. Edwards, D. & Mercer, N. (1987) *Common Knowledge* (London: Routledge), p. 101.
4. Vygotsky, L. (1978) *Mind in Society* (Cambridge, MA: MIT).
5. 요 4:7-26.
6. 같은 책. p. 88.
7. Pike, M. A. (2003c) 'From Personal to Social Transaction: A Model of Aesthetic Reading in the Classroom', *Journal of Aesthetic Education*, 37 (2), pp. 61-72.
8. Vygotsky, L. (1978) *Mind in Society* (Cambridge, MA: MIT), p. 88.
9. Edwards, D. & Mercer, N. (1987) *Common Knowledge* (London: Routledge), p. 1987.
10. 같은 책, p. 96.
11. 같은 책, p. 97.
12. 같은 책.
13. Lewis, C. S. (1989/1950) *The Lion, the Witch and the Wardrobe in Tales of Narnia* (London: Collins/ WH Smith), p. 219.
14. Carr, D. (2007) 'Character in Teaching', *British Journal of Educational Studies*, 55 (4), pp. 369-389, p. 370.
15. 같은 책.

16. *Teachers' Standards* (2012) (London: HSMO).
17. Halstead, J. M., and Pike, M. A. (2006) *Citizenship and Moral Education: Values in Action* (London and New York: Routledge), p. 24.
18. Lewis, C. S. (1972/1946) *The Great Divorce* (Glasgow: Collins/Fontana), p. 33.
19. Lewis, C. S. (1989/1955) *The Magician's Nephew in Tales of Narnia* (London: Collins/WH Smith), pp. 29-30.
20. 같은 책, p. 32.
21. Carr, D. (2006) Professional and Personal Values and Virtues in Education and Teaching, *Oxford Review of Education*, 32 (2), pp. 171-183, p. 177.
22. Pike, M. A. (2004) *Teaching Secondary English* (London: Paul Chapman Publishing), p. 177.
23. Stables, A., Morgan, C. & Jones, S. (1999) 'Educating for Significant Events: The Application of Harre's Social Reality Matrix Across the Lower Secondary School Curriculum', *Journal of Curriculum Studies*, 4 (31), pp. 449-461, p. 450.
24. 같은 책.
25. Lewis, C. S. (1988/ 1941) 'The Weight of Glory and Other Addresses' in Dorsett, L. W. (ed) *The Essential C. S. Lewis* (New York: Collier Books/ MacMillan), p. 362.
26. Lewis, C. S. (1985) *Letters to Children* ed. by Dorsett, L. W. and Lamp Mead, M. (London: Collins Fount Paperback), p. 103.
27. Black, P. & Wiliam, D. (1998) *Inside the Black Box: Raising Standards through Classroom Assessment* (London: KCL), p. 5.
28. Lewis, C. S. (1989/1955) *The Voyage of the 'Dawn Treader'* (London:Collins/Lion), p. 27.
29. Black, P. & Wiliam, D. (1998) *Inside the Black Box: Raising Standards through Classroom Assessment* (London: KCL), p. 16.
30. 같은 책, p. 4.
31. 같은 책, p. 12.
32. 같은 책.
33. Black, P., Harrison, C., Lee, C., Marshall, B., and Wiliam, D. (2003) *Assessment for Learning: Putting it into Practice* (Maidenhead: Open University Press), p. 31.
34. 같은 책, p. 7.
35. Black, P. & Wiliam, D. (1998) *Inside the Black Box: Raising Standards through Classroom Assessment* (London: KCL), p. 12.
36. Black, P., Harrison, C., Lee, C., Marshall, B., and Wiliam, D. (2003) *Assessment for Learning: Putting it into Practice* (Maidenhead: Open University Press), p. 76.
37. Lewis, C. S. (1985) *Letters to Children* ed. by Dorsett, L. W. and Lamp Mead, M. (London: Collins Fount Paperback), p. 87.
38. 같은 책, pp. 83-84.

11. 리더십 교육: 탁월한 지도자가 되려면
1. Lewis, C. S. (1989/1953) *The Silver Chair* (London: Collins/Lion), p. 9.
2. 같은 책.
3. 같은 책.
4. 같은 책, p. 190-191.
5. Hook, P. and Vass, A. (2011) *Behaviour Management Pocketbook* (Hampshire: Teachers' Pocketbooks), p. 44.
6. Canter, L. and Canter, M. (2001) *Assertive Discipline: Positive Behavior Management for Today's Classroom* (3rd edn) (Bloomington: Solution Tree).
7. Maag, J. W. (2004) *Behavior Management: From Theoretical Implications to Practical Applications* (2nd edn) (London: Wadsworth/Thompson Learning), p. 15.
8. 같은 책, p. 48.
9. Rogers, B. (2000) *Behaviour Management: A Whole-School Approach* (London: Paul Chapman Publishing), p. 214.
10. Skinner, B. F. (1971) *Beyond Freedom and Dignity* (Indianapolis, Indiana: Hackett Publishing Company Inc), p. 200.
11. Lewis, C. S. (1978/1943) *The Abolition of Man: Reflections on Education with Special Reference to the Teaching of English in the Upper Forms of Schools* (Glasgow: Fount), p. 44.
12. Skinner, B. F. (1971) *Beyond Freedom and Dignity* (Indianapolis, Indiana: Hackett Publishing Company Inc), p. 200.
13. Lewis, C. S. (1978/1943) *The Abolition of Man: Reflections on Education with Special Reference to the Teaching of English in the Upper Forms of Schools* (Glasgow: Fount), p. 45.
14. 참고. 5장 'Elasticity'.
15. Lewis, C. S. (2005/1945) *That Hideous Strength* (London: Harper Collins), p. 166.
16. 같은 책.
17. Lewis, C. S. (1989/1953) *The Silver Chair* (London: Collins/Lion), p. 9.
18. 같은 책, pp. 190-191.
19. Cave, R. (2012) 'Some 'failing heads' employed as Ofsted inspectors' BBC News Education & Family (26 June 2012) [http://www.bbc.co.uk/news/education-18512428].
20. Harris, A. (2008) *Distributed Leadership* (London: Routledge), accessed online: [http://almaharris.co.uk/distributed_leadership.htm].
21. Gronn, P. (2002) 'Distributed Leadertship' in Leithwood, K., Hallinger, P. Seashore Louis, K., Furman Brown, G., Gronn, P., Mulford, W. and Riley, K. (eds.) *Second International Handbook of Educational Leadership and Administration* (Dordrecht: Kluwer), p. 17: Spillane, J. P., Halverson, R. and Diamond, J. B. (2004) 'Towards a Theory

of Leadership Practice: A Distributed Perspective', *Journal of Curriculum Studies*, 36 (1), pp. 3-34도 보라.
22. Heck, Joel D. (2005) *Irrigating Deserts C. S. Lewis on Education* (St Louis, MO: Concordia Academic Press).
23. Charlton, J. (ed.) (2002) *The Military Quotation Book: Revised and Expanded* (New York: Thomas Dunne Books, St Martin's Press), p. 83.
24. Loomis, S. R. and Rodriguez, J. P. (2009) *C. S. Lewis: A Philosophy of Education* (NY: Palgrave Macmillan), p. 72.
25. McLaughlin, T. H. (2000) 'Citizenship Education in England: The Crick Report and Beyond', *Journal of Philosophy of Education*, 34 (4), pp. 541-570.
26. Pike, M. A. (2010) 'Transaction and transformation at Trinity: Private Sponsorship, Core Values and Christian Ethos at England's Most Improved Academy', *Oxford Review of Education*, 36 (6), pp. 749-765.
27. Stern, J. (2009) *The Spirit of the School* (London: Continuum), p. xv.
28. Pike, M. A. (2010) 'Transaction and transformation at Trinity: Private Sponsorship, Core Values and Christian Ethos at England's Most Improved Academy', *Oxford Review of Education*, 36 (6), pp. 749-765.
29. Character Education Partnership (CEP) (2008) *Character Education Quality Standards: A Self Assessment Tool for Schools and Districts* (Washington, DC: Character Education Partnership).
30. Lickona, T., Schaps, E., and Lewis, C. (2007) *Eleven Principles of Effective Character Education* (Washington, DC: Character Education Partnership).
31. Berkowitz, M. and Bier, M. (2004) 'Research-Based Character Education', *The Annals of the American Academy of Political and Social Science*, 591 (7), p. 77.
32. 같은 책, 저자 강조.

12. 미래의 교육: 예언

1. Lewis, C. S. (1989/1956) *The Last Battle* (London: Collins/Lion), p. 161.
2. Lewis, C. S. (1978/1943) *The Abolition of Man: Reflections on Education with Special Reference to the Teaching of English in the Upper Forms of Schools* (Glasgow: Fount), p. 36.
3. 같은 책, p. 37.
4. 같은 책.
5. 같은 책.
6. 같은 책, p. 40.
7. Williams, Donald T. (2006) *Mere Humanity G. K. Chesterton, C. S. Lewis, and J. R. R. Tolkien on the Human Condition* (Nashville, Tennessee: Broadman & Holman Publishers),

p. 37.
8. 같은 책, p. 34.
9. 같은 책, p. 38.
10. 같은 책, p. 27.
11. Lewis, C. S. (1978/1943) *The Abolition of Man: Reflections on Education with Special Reference to the Teaching of English in the Upper Forms of Schools* (Glasgow: Fount), p. 35.
12. 같은 책, p. 45.
13. 같은 책, p. 37.
14. Howard, T. (1980) *The Achievement of C. S. Lewis: A Reading of his Fiction* (Wheaton, Illinois: Harold Shaw Publishers), p. 123.
15. Lewis, C. S. (2005/1945) *That Hideous Strength* (London: Harper Collins Publishers), p. 337.
16. 같은 책.
17. 같은 책.
18. 같은 책.
19. 같은 책.
20. 같은 책, p. 338.
21. 같은 책.
22. Lewis, C. S. (1978/1943) *The Abolition of Man: Reflections on Education with Special Reference to the Teaching of English in the Upper Forms of Schools* (Glasgow: Fount), p. 45.
23. 같은 책, p. 39 저자 강조.
24. Almond, B. (2010) Education for Tolerance: Cultural Difference and Family Values *Journal of Moral Education*, 39 (2), pp. 131-143, p. 132, 저자 강조.
25. APA (2009) American Philosophical Association (2009) Statement on Non-Discrimination, adopted by the APA Board of Officers, November 2009, accessed online: [www.apaonline.org/governance/statements/non-discrimination].
26. Lewis, C. S. (1981/1952) *Mere Christianity* (London: Fount), p. 69.
27. Almond, B. (2010) 'Education for Tolerance: Cultural Difference and Family Values', *Journal of Moral Education*, 39 (2), pp. 131-143, p. 132.
28. Almond, B. (2010) 'Education for Tolerance: Cultural Difference and Family Values', *Journal of Moral Education*, 39 (2), pp. 131-143.
29. 같은 책, p. 136.
30. 같은 책, p. 139.
31. 같은 책.
32. Lewis, C. S. (1981/1952) *Mere Christianity* (London: Fount), p. 117.

33. 같은 책, p. 116.
34. Lewis, C. S. (1989/1956) *The Last Battle* (London: Collins/Lion), pp. 171-172.
35. 계 21:1-5를 보라: 'And I saw a new heaven and a new earth: for the first heaven and the first earth were passed away...And God shall wipe away all tears from their eyes; and there shall be no more death, neither sorrow, nor crying, neither shall there be any more pain: for the former things are passed away. And he that sat upon the throne said, Behold, I make all things new.'
36. 'But they that wait upon the Lord shall renew their strength; they shall mount up with wings as eagles; they shall run, and not be weary; and they shall walk, and not faint.' 사 40:30-31.
37. 같은 책, p. 161.

참고 문헌

Almond, B. (2010) 'Education for Tolerance: Cultural Difference and Family Values', *Journal of Moral Education*, 39 (2), pp. 131-143.
Alter, E. & Kermode, F. (eds) (1987) *The Literary Guide to the Bible* (Cambridge, MA: Harvard University Press).
APA (2009) American Philosophical Association (2009) Statement on Non-Discrimination, Adopted by the APA Board of Officers, November 2009 [www.apaonline.org/governance/statements/nondiscrimination].
Aristotle (1987) *The Nichomachean Ethics* (trans J. E. C. Weldon) (New York: Prometheus Books). 『니코마코스 윤리학』(동서문화사).
Arnold, M. (1908) 'General Report for the Year 1880', in *Reports on Elementary Schools, 1852-1882* (London: HMSO).
Arthur, J. (2003) *Education with Character* (London: Routledge).
Arthur, J. (2005) 'The Re-Emergence of Character Education in British Education', Policy, *British Journal of Educational Studies*, 53 (3), pp. 239-254.
Auden, W. H. (1968) *Secondary Worlds* (New York: Random House).
Badman, G. (2009) *Review of Elective Home Education* (EHE) (London: HMSO).
Bailey, R. (2011) *Letting Children be Children: Report of an Independent Review of the Commercialisation and Sexualisation of Childhood* (London: HMSO).
Baxter, R. (1838) *The Practical Works of Richard Baxter* (London: George Virtue).
Berkowitz, M. & Bier, M. (2004) 'Research-Based Character Education', *The ANNALS of the American Academy of Political and Social Science* 591; 7.
Biesta, G. & Lawy, R. (2006) 'From Teaching Citizenship to Learning Democracy: Overcoming Individualism in Research, Policy and Practice', *Cambridge Journal of*

Education, 36(1), pp. 63-79.
The Bible (1611) Authorised Version (Cambridge: Cambridge University Press).
Birx, H. J. (1991) *Interpreting Evolution: Darwin and Teilhard de Chardin* (New York: Prometheus Books).
Black, P. & Wiliam, D. (1998) *Inside the Black Box: Raising Standards through Classroom Assessment* (London: KCL).
Black, P., Harrison, C., Lee, C., Marshall, B., & Wiliam, D. (2003) *Assessment for Learning: Putting it into Practice* (Maidenhead: Open University Press).
Bloom, A. (1987) *The Closing of the American Mind* (London: Penguin). 『미국 정신의 종말』(범양사).
Bohlin, K. (2005) *Teaching Character Education Through Literature* (London and New York: Routledge Falmer).
Brighouse, H. (2008) 'Liberal Democracy and Faith Schools', in S. J. McKinney (Ed.) *Faith Schools in the Twenty-First Century* (Edinburgh: Dunedin Press).
Burke, E. (1958) *A Philosophical Enquiry into the Origin of Our Idea of the Sublime and Beautiful*, (ed.) J. T. Boulton, (London: Routledge & Kegan Paul).
Burke, Kevin J. & Segall, Avner (2011) 'Christianity and its Legacy in Education' in *Journal of Curriculum Studies*, 43 (5), pp. 631-658.
Canter, L. & Canter, M. (2001) *Assertive Discipline: Positive Behavior Management for Today's Classroom*. (3rd edn) (Bloomington: Solution Tree).
Carr, D. (2004) 'On the Grammar of Religious Discourse and Education', *Zeitschrift für Erziehungswissenschaft*, 7 (3), pp. 380-393.
Carr, D. (2006) 'Professional and Personal Values and Virtues in Education and Teaching', *Oxford Review of Education*, 32 (2), pp. 171-183.
Carr, D. (2007) 'Character in Teaching', *British Journal of Educational Studies*, 55 (4), pp. 369-389.
Cave, R. (2012) 'Some 'failing heads' Employed as Ofsted Inspectors' BBC News Education & Family (26 June 2012) [http://www.bbc.co.uk/news/education-18512428].
Character Education Partnership (CEP) (2008) *Character Education Quality Standards 3: A Self Assessment Tool for Schools and Districts* (Washington, DC: Character Education Partnership).
Charlton, J. (ed.) (2002) *The Military Quotation Book. Revised and Expanded* (New York: Thomas Dunne Books, St. Martin's Press).
Cicero (1999) *De Republica* trans. Zetzel, J. (Cambridge: Cambridge University Press). 『국가론』(한길사).
Cicero (1942) *De Oratore* (trans. E. W. Sutton) MCMLXVII (Harvard University Press).
Copley (2005) *Indoctrination, Education and God* (London: SPCK)
Crystal, D. (2010) *Begat: The King James Bible and the English Language* (Oxford: Oxford

University Press).
Dalin, P. (2005) *School Development: Theories and Strategies* (London: Continuum).
Davies, I., Gorard, S. & McGuinn, N. (2005) 'Citizenship Education and Character Education: Similarities and Contrasts', *British Journal of Educational Studies*, 53 (3), pp. 341-358.
Dawkins, R. (2006) *The God Delusion* (London: Transworld, Black Swan).『만들어진 신』(김영사).
Deakin-Crick, R., Coates, M., Taylor, M. & Ritchie, S. (2004) *A Systematic Review of the Impact of Citizenship on the Provision of Schooling* (London: Institute of Education EPPI Centre).
DfE (2012) *Teachers' Standards* (London: HSMO).
D'Souza, D. (2008/2007) *What's So Great About Christianity?* (Carol Stream, Illinois: Tyndale House Publishers).
Dewey, J. (2002/1916) *Democracy and Education: An Introduction to the Philosophy of Education* (New York: Macmillan).『민주주의와 교육』(교육과과학사).
Dorsett, L. W. (ed) (1988) *The Essential C. S. Lewis* (New York: Collier Books/MacMillan).
Dow, P. E. (2013) *Virtuous Minds: Intellectual Character Development* (Downers Grove, Illinois: IVP Academic).
Downing, D. C. (2005) *Mysticism in C. S. Lewis into the Region of Awe* (Downers Grove, Illinois: IVP).
Education Act 1996 (London: HMSO).
Edwards, D. & Mercer, N. (1987) *Common Knowledge* (London: Routledge).
Eliot, T. S. (1932) *Selected Essays*, 1917-1932 (London: Faber & Faber).
Eliot, T. S. (1935) 'Religion and Literature', in *Selected Essays* (London: Faber).
Eliot, T. S. (1946) 'Modern Education and the Classics' in *Essays Ancient and Modern* (New York: Harcourt).
Elshtain, J. B. (2008) 'The Abolition of Man: C. S. Lewis's Prescience Concerning Things to Come' in Baggett, D., Gary R. Habermas, & Jerry, L. Walls (eds.) (2008) *C. S. Lewis as Philosopher Truth, Goodness and Beauty* (Downers Grove, Illinois: IVP Academic).
Francis, L. J. (2000) 'Who Reads the Bible? A Study among 13-15 Year Olds' in *British Journal of Religious Education*, 22 (3), pp. 165-172.
Freathy, R. (2007) 'Ecclesiastical and Religious Factors which Preserved Christian and Traditional Forms of Citizenship in English schools, 1934-44', *Oxford Review of Education*, 33 (3), pp. 367-377.
Gearon, L. & Brown, M. (2003) 'Active Participation in Citizenship' in L. Gearon, (ed.) *Learning to Teach Citizenship in the Secondary School* (London & New York: Routledge Falmer).

General Teaching Council (2009) General Teaching Council for England (2009) Revised Code of Conduct and Practice for Registered Teachers, 1 July 2009, [http://www.gtce.org.uk/teachers/thecode].

Glanzer, P. (2003) 'Did the Moral Education Establishment Kill Character? An Autopsy of *The Death of Character*', *Journal of Moral Education*, 32 (3), pp. 291-306.

Grace, G. (2003) 'British Foreword' in J. Arthur, (2003) *Education with Character* (London: Routledge).

Green, R. L. & Hooper, W. (1979/1974) *C. S. Lewis A Biography* (Glasgow: Fount Paperbacks).

Gresham, D. (2000) 'Postscript' in C. S. Lewis (2005/1950) *The Lion, The Witch and The Wardrobe* (London: Harper Collins Children's books).

Gronn, P. (2002) 'Distributed Leadertship' in K. Leithwood, P. Hallinger, K. Seashore Louis, G. Furman Brown, P. Gronn, W. Mulford, and K. Riley, (eds) *Second International Handbook of Educational Leadership and Administration* (Dordrecht: Kluwer).

Haldane, J. (1986) 'Religious Education in a Pluralist Society', *British Journal of Educational Studies*, 34 (1), pp. 25-43. Reprinted in L. J. Francis & A. Thatcher (eds) *Christian Perspectives for Education* (London: Fowler Wright, 1990).

Hall, K. (2003) *Listening to Stephen Read: Multiple Perspectives on Literacy* (Buckingham: Open University Press).

Halstead, J. M. (1995) 'Voluntary Apartheid? Problems of Schooling for Religious and Other Minorities in Democratic Societies', *Journal of the Philosophy of Education*, 29 (2), pp. 257-272.

Halstead, J. M. & Pike, M. A. (2006) *Citizenship and Moral Education: Values in Action*. (London and New York: Routledge).

Hand, M. (2006) 'Against Autonomy as an Educational Aim', *Oxford Review of Education*, 32 (4), pp. 535-551.

Harris, A. (2008) *Distributed Leadership* (London: Routledge).

Harris, A. 'Distributed Leadership' (2008) [http://almaharris.co.uk/distributed_leadership.htm].

Hay, D. (1998) 'Why should we care about children's spirituality?' in *Pastoral Care*, March issue.

Hay, D. & Nye, R. (2006) *The Spirit of the Child* (London: Jessica Kingsley). 『어린이 영적 세계의 탐구』(대서).

Haydon, G. (1997) *Teaching About Values: A New Approach* (London: Cassell).

Heck, Joel D. (2005) *Irrigating Deserts C. S. Lewis on Education* (St Louis, MO: Concordia Academic Press).

Hegel, G. W. F. (1997) 'Introduction to Aesthetics' in *Aesthetics: The Classic Readings*, Da-

vid E. Cooper (ed) (Oxford: Blackwell).
Higgins, C. (2010) 'Work and Flourishing: Williams' Critique of Morality and its Implications for Professional Ethics', in *Journal of Philosophy of Education*, 44, (2-3), pp. 211-236.
Hirsch, E. D. (1987) *Cultural Literacy* (Boston: Houghton Mifflin).
Holmes, A. F. (1991) *The Idea of a Christian College*, rev. edn (Grand Rapids, MI: Eerdmans). 『기독교 대학의 이념』(CUP).
Holmer, P. L. (1976) *C. S. Lewis The Shape of His Faith and Thought* (New York: Harper & Row).
Hook, P. & Vass, A. (2011) *Behaviour Management Pocketbook*. (Hampshire: Teachers' Pocketbooks).
Hooper, W. (1996) *C. S. Lewis A Complete Guide to his Life and Works* (New York: Harper San Francisco).
Hooper, W. (2005/1996) *C. S. Lewis The Companion & Guide* (London: Harper Collins).
Hooper, W. (ed) (2007) *The Collected Letters of C. S. Lewis, Vol 3: Narnia, Cambridge and Joy, 1950-1963* (New York: Harper Collins).
Howard, T. (1980) *The Achievement of C. S. Lewis: A Reading of his Fiction* (Wheaton, Illinois: Harold Shaw Publishers).
Hoyle, E. & Wallace, M. (2005) *Educational Leadership: Ambiguity, Professionals and Managerialism* (London: Sage).
Huebner, D. (1999/1962) The Art of Teaching, in V. Hillis (Ed.) *The Lure of the Transcendent* (New Jersey: Laurence Erlbaum).
Hughes, M. Y. (1957) *John Milton: Complete Poems and Major Prose* (Indianapolis: Bobbs-Merrill).
Hunter, J. (2000) *The Death of Character: Moral Education in an Age without Good or Evil* (New York: Basic Books).
Jackson, R. (2003) 'Should the State Fund Faith Based Schools? A Review of the Arguments', *British Journal of Religious Education*, 25 (2), pp. 89-102.
Jacobs, A. (2005) *The Narnian: The Life and Imagination of C. S. Lewis* (New York: Harper Collins).
Jarvis, F. W. (1993) 'Beyond Ethics', *Journal of Education*, 175 (2), pp. 59-74.
Jasper, D. (1999) 'How can we Read the Bible?', in L. Gearon (ed) *English Literature, Theology and the Curriculum* (London: Cassell), pp. 9-26.
Kant, I. (1960/1764) *Observations on the Feeling of the Beautiful and Sublime*, trans. John T. Goldthwaite (Berkeley: University of California Press).
King, U. (1994/1989) *The Spirit of One Earth: Reflections on Teilhard de Chardin and Global Spirituality* (New York: Paragon House).
King, A. & Ketley, M. (1939) *The Control of Language: A Critical Approach to Reading and*

Writing (London: Longmans, Green & Co).
Koch, R. & Smith, C. (2006) *Suicide of the West* (London and New York: Continuum).
Kreeft, Peter (1994) *C. S. Lewis for the Third Millennium Six Essays on The Abolition of Man* (San Francisco: Ignatius Press).
Krell, D. F. (Ed.) (1993) *Basic Writings: Martin Heidegger* (London: Routledge).
Kruisinga, M. A. (1933) 'A New Country Awaits Discovery: The Draining of the Zuider Zee Makes Room for the Excess Population of the Netherlands', *The National Geographic Magazine*, September 1933, 64 (3), pp. 293-320.
Langer, S. (1957) *Problems of Art: Ten Philosophical Lectures* (London: Routledge & Kegan Paul).
Leavis, F. R. (1948) *The Great Tradition* (London: Chatto and Windus).
Lewis, C. S. (2002/1933) 'The Pilgrim's Regress', *C. S. Lewis Selected Books* (London: Harper Collins). 『순례자의 귀향』(홍성사).
Lewis, C. S. (1975/1939) 'Learning in War-Time' in Hooper, W. (ed) *Fern-seed and Elephants and other essays on Christianity by C. S. Lewis* (London: Fontana).
Lewis, C. S. & Tillyard, E. M. W. (2008/1939) *The Personal Heresy: A Controversy* Joel. D. Heck & Bruce L. Edwards (eds.) (Concordia: Concordia University Press).
Lewis, C. S. (1988/ 1941) 'The Weight of Glory and Other Addresses' in Dorsett, L. W. (ed) *The Essential C. S. Lewis* (New York: Collier Books/MacMillan).
Lewis, C. S. (1948/1943) *Christian Behaviour* (London: Geoffrey Bles).
Lewis, C. S. (1978/1943) *The Abolition of Man: Reflections on Education with Special Reference to the Teaching of English in the Upper Forms of Schools* (Glasgow: Fount). 『인간 폐지』(홍성사).
Lewis, C. S. (1996/1943) 'Equality' in W. Hooper, (ed) *Compelling Reason* (London: Fount).
Lewis, C. S. (2005/1943) *Perelandra* [*Voyage to Venus*] (London: Harper Collins). 『페렐란드라』(홍성사).
Lewis, C. S. (1952/1943) *Christian Behaviour* (London: Faber) reprinted in Lewis, C. S. (1952) *Mere Christianity* (Glasgow: Collins Fount).
Lewis, C. S. (1996/1944) 'Democratic Education' in W. Hooper, (ed) *Compelling Reason* (London: Fount).
Lewis, C. S. (1970/1945) 'Meditation in a Toolshed' originally in *The Coventry Evening Telegraph* (July 17, 1945); reprinted in *God in the Dock* (Eerdmans, 1970: 212-15) [http://web.ics.purdue.edu/~ivcfgf/wpcontent/uploads/2011/04/C-S-Lewis-meditation-in-a-toolshed.pdf].
Lewis, C. S. (1975/1945) 'Membership' in W. Hooper (ed) *Fern-seed and Elephants and other essays on Christianity* (London: Fontana).
Lewis, C. S. (2005/1945) *That Hideous Strength* (London: Harper Collins). 『그 가공할 힘』

(홍성사).
Lewis, C. S. (1972/1946) *The Great Divorce* (Glasgow: Collins/Fontana). 『천국과 지옥의 이혼』(홍성사).
Lewis, C. S. (1960/1947) *Miracles* (London: Collins/Fontana). 『기적』(홍성사).
Lewis, C. S. (1948) 'Preface' in B. G. Sandhurst, *How Heathen is Britain? A Revised and Enlarged Edition* (London: Collins).
Lewis, C. S. (1949) 'Learning in War-Time' in *The Weight of Glory: And Other Addresses* (New York: Macmillan). 『영광의 무게』(홍성사).
Lewis, C. S. (1989/1950) *The Lion, the Witch and the Wardrobe* in: *Tales of Narnia* (London: Collins/ WH Smith). 『사자와 마녀와 옷장』(시공주니어).
Lewis, C. S. (1950) *The Literary Impact of The Authorised Version*, The Ethel M. Wood Lecture delivered before the University of London on 20 March 1950 (London: The Athlone Press), 26.
Lewis, C. S. (1981/1952) *Mere Christianity* (London: Fount). 『순전한 기독교』(홍성사).
Lewis, C. S. (1989/1953) *The Silver Chair* (London: Collins/Lion). 『은 의자』(시공주니어).
Lewis, C. S. (1989/1955) *The Magician's Nephew* in *Tales of Narnia* (London: Collins/WH Smith). 『마법사의 조카』(시공주니어).
Lewis, C. S. (1989/1955) *The Voyage of the 'Dawn Treader'* (London: Collins/Lion). 『새벽 출정호의 항해』(시공주니어).
Lewis, C. S. (1955) *Surprised By Joy: The Shape of my Early Life* (New York/London: A Harvest/ HBJ Book, Harcourt Brace Jovanovich). 『예기치 못한 기쁨』(홍성사).
Lewis, C. S. (1989/1956) *The Last Battle* (London: Collins/Lion). 『마지막 전투』(시공주니어).
Lewis, C. S. (1996/1958) 'Willing Slaves of the Welfare State' in W. Hooper, (ed) *Compelling Reason* (London: Fount).
Lewis, C. S. (1975/1959) 'Fern Seed and Elephants' in W. Hooper, (ed) *Fernseed and Elephants and Other Essays on Christianity* (London: Fontana).
Lewis, C. S. (1987/1959) 'Screwtape Proposes a Toast' in *The World's Last Night and Other Essays* (Orlando, Florida: A Harvest Book).
Lewis, C. S. (1996/1959) 'Screwtape Proposes a Toast' in W. Hooper, (ed) *C. S. Lewis A Complete Guide to his Life and Works* (New York: Harper Collins/Harper San Francisco).
Lewis, C. S. (1960) *Studies in Words* (Cambridge: Cambridge University Press).
Lewis, C. S. (1964/1960) *The Four Loves* (London/Glasgow: Collins/Fontana). 『네 가지 사랑』(홍성사).
Lewis, C. S. (1989/1961) *Reflections on the Psalms* (London/Glasgow: Collins/Fount). 『시편 사색』(홍성사).
Lewis, C. S. (1961) *An Experiment in Criticism* (Cambridge: Cambridge University Press). 『문학 비평에서의 실험』(동문선).

Lewis, C. S. (1971/1964) *The Discarded Image: An Introduction to Medieval and Renaissance Literature* (Cambridge: Cambridge University Press).

Lewis, C. S. (2001/1965) 'Screwtape Proposes a Toast' *The Screwtape Letters* (New York: Harper Collins). 『스크루테이프의 현지』(홍성사).

Lewis, C. S. (1966) *Of Other Worlds, Essays and Stories* (San Diego/New York/London: A Harvest Book, Harcourt Inc.).

Lewis, C. S. (1995/1967) 'On Ethics' in *Christian Reflections* (Grand Rapids, Michigan: Eerdmans). 『기독교적 숙고』(홍성사).

Lewis, C. S. (1980/1969) 'The Anthropological Approach' in *Selected Literary Essays* ed. Walter Hooper (Cambridge: Cambridge University Press).

Lewis, C. S. (1985) *Letters to Children* (ed) L. W. Dorsett, & M. Lamp Mead (London: Collins Fount Paperback). 『루이스가 나니아의 아이들에게』(홍성사).

Lewis, C. S. (1996) *Compelling Reason: Essays on Ethics and Theology* (ed) Walter Hooper (London: Fount).

Lickona, T. (1991) *Educating for Character: How Our Schools can Teach Respect and Responsibility* (New York: Bantam Books). 『인격 교육론』(백의).

Lickona, T. (1997) 'A Comprehensive Approach to Character-Building in Catholic Schools' in *Catholic Education: A Journal of Inquiry and Practice*, December 1997.

Lickona, Thomas (2001) *What is Effective Character Education?*, The Stony Brook School Symposium on Character, October 6 (State University of New York at Cortland).

Lickona, T. & J. with Boudreau, W., M. D. (2003) *Sex, Love and You: Making the Right Decision* (Notre Dame, IN: Ave Maria Press).

Lickona, T. (2004) *Character Matters* (London: Touchstone). 『인격 교육의 실제』(양서원).

Lickona, T., Schaps, E., & Lewis, C. (2007) *Eleven Principles of Effective Character Education* (Washington, DC: Character Education Partnership).

Long, J. (2000) 'Spirituality and the Idea of Transcendence', *International Journal of Children's Spirituality*, 5 (2), pp. 147-161.

Longinus, D. (1964) *On the Sublime* (ed) D. A. Russell (Oxford: Clarendon Press).

Loomis, S. R. & Rodriguez, J. P. (2009) *C. S. Lewis A philosophy of Education* (NY: Palgrave Macmillan).

Luke, A., Carrington, V. & Kapitzke, C. (2003) 'Textbooks and Early Childhood Literacy', in J. Marsh (ed) *Handbook of Early Childhood Literacy* (London: Falmer), pp. 249-257.

Maag, J. W. (2004) *Behavior Management: From Theoretical Implications to Practical Applications* (2nd edn) (London: Wadsworth/Thompson Learning).

MacDonald, G. (1883) 'The Imagination: Its Function and Its Culture' in *The Imagination and Other Essays* (Boston: D. Lothrop Company).

Macedo, S. (1990) *Liberal Virtues: Citizenship, Virtues and Community in Liberal Constitutionalism* (Oxford: Clarendon Press).
Marshall, B. & Wiliam, D. (2006) *English in the Black Box* (London: KCL).
Martin Luther, Letter to Eoban Hess, 29 March 1523, *Werke*, Weimar edition, *Luthers Briefwechsel*, III, 50; Cited in Leland Ryken, (2008) 'The Bible as Literature and Expository Preaching', in *Preach the Word*, ed. Ryken, L. and Wilson, T. A. (Good News Publishers/Crossway Books) p. 38.
McCrum, R. Cran, W. & MacNeil, R. (1987) *The Story of English* (New York: Viking Penguin).
McGrath, A. (2001) *In the Beginning: The Story of the King James Bible and How it Changed a Nation, a Language and a Culture* (London: Hodder and Stoughton).
McGuinn, N. (2004) 'Romantic Words and Worlds' in Stevens, D. and McGuinn, N., *The Art of Teaching Secondary English: Innovative and Creative Approaches* (London: Routledge Falmer).
McLaughlin, T. H. (2000) 'Citizenship Education in England: The Crick Report and Beyond', *Journal of Philosophy of Education* 34 (4), pp. 541–570.
McLaughlin, T. H. (2005). McLaughlin, T. (2005) 'The Educative Importance of Ethos', *British Journal of Educational Studies*, 53 (3), pp. 306-325.
METRO (newspaper), Friday, June 1, 2012.
Mill, J. S. (1914/1910) 'On Liberty' in Utilitarianism, *Liberty & Representative Government* (London: J. M. Dent & Sons).
Miller, L. (2008) *The Magician's Book A Skeptic's Adventures in Narnia* (New York: Back Bay Books).
Milton, John (2003) 'Of Education' in *Complete Poems and Major Prose*, M. Y. Hughes (ed), (Indianapolis: Hackett).
Morris, A. (2005) 'Diversity, Deprivation and the Common Good: Pupil Attainment in Catholic Schools in England', *Oxford Review of Education*, 31 (2), pp. 311-330.
Morris, E. E. (ed) (1895) Milton, John, *Tractate of Education* (London: Macmillan), xxiii.
Myers, Doris T. (1994) *C. S. Lewis in Context* (Kent, Ohio: The Kent State University Press).
Newbolt Committee (1921) *The Teaching of English in England* (London: HMSO).
Nicolson, A.(2011) 'The Bible of King James' in *National Geographic*, 220 (6), pp. 36-61.
Nye, R. (1998) *Relational Consciousness: a Key to Unlocking Psychological Facets of Children's Spirituality*, Paper presented at the International Seminar on Religious Education and Values, 13-16, July 1998.
Obama, B (2009) President Obama's Inaugural Address, *New York Times*, [http://www.nytimes.com/2009/01/20/us/politics/20text-obama.html].
Ofsted (2004) *Promoting and evaluating Pupils' Spiritual, Moral, Social and Cultural Development* (London: HMSO).

Orwell, G. (1950/1948) 1984 (Signet Classic). 『1984』(민음사).
Osler, A. and Starkey, H. (2005) *Citizenship and Language Learning: International Perspectives* (Stoke on Trent: Trentham).
Peshkin, A. (1986) *God's Choice: The Total World of a Fundamentalist Christian School* (Chicago: University of Chicago Press).
Phillips, M. (2002/1996) *All Must Have Prizes* (London: Time Warner Paperback).
Pike, M. A. (2002) 'Aesthetic Distance and the Spiritual Journey: Educating for Morally and Spiritually Significant Events Across the Art and Literature Curriculum', *International Journal of Children's Spirituality*, 7 (1), pp. 9-21.
Pike, M. A. (2003a) 'The Bible and the Reader's Response', *Journal of Education and Christian Belief*, 7 (1), pp. 37-52.
Pike, M. A. (2003b) 'Belief as an Obstacle to Reading: The Case of the Bible?', *Journal of Beliefs and Values: studies in religion and education*, 24 (2), pp. 155-163.
Pike, M. A. (2003c) 'From Personal to Social Transaction: a Model of Aesthetic Reading in the Classroom', *Journal of Aesthetic Education*, 37 (2), pp. 61-72.
Pike M. A. (2003d) 'The Canon in the Classroom: Students' Experiences of Texts from Other Times', *Journal of Curriculum Studies*, 35 (3), pp. 355-370.
Pike, M. A. (2004b) 'Aesthetic Teaching', *Journal of Aesthetic Education*, 38 (1), pp. 20-37.
Pike, M. A. (2004d) 'The Challenge of Christian Schooling in a Secular Society', *Journal of Research on Christian Education*, 13 (20), pp. 149-166.
Pike M. A. (2005) 'Citizenship Education and Faith Schools: What Should Children in Christian Schools Understand and Appreciate about a Liberal and Secular Society?', *Journal of Education & Christian Belief*, 9 (1), pp. 35-46.
Pike, M. A. (2006) 'From Beliefs to Skills: The secularization of Literacy and the Moral Education of Citizens', *Journal of Beliefs and Values: Studies in Religion and Education*, 27 (3), pp. 281-289.
Pike, M. A. (2008) 'Faith in Citizenship? On Teaching Children to Believe in Liberal Democracy', *British Journal of Religious Education*, 30 (2), pp. 113-122.
Pike, M. A. (2009) 'Religious Freedom and Rendering to Caesar: Reading Democratic and Faith-Based Values in Society, Schools and Citizenship Education', *Oxford Review of Education*, 35 (2), pp. 133-146.
Pike M. A. (2009b) 'Judeo-Christian Sources of Character Education: Learning from England's Most Academically Improved Academy', *Journal of Research in Character Education*, 7 (1), pp. 25-40.
Pike, M. A. (2010) 'Transaction and Transformation at Trinity: Private Sponsorship, Core Values and Christian Ethos at England's most Improved Academy', *Oxford Review of Education*, 36 (6), pp. 749-765.
Pike M. A. (2010b) 'Christianity and Character Education: Faith in Core Values?', *Journal*

of Beliefs & Values: Studies in Religion & Education, 31 (3), pp. 311-321.
Pike, M. A. (2010c) 'A Tale of Two Schools: Comparing and Contrasting Jacobus Fruytier Scholengemeenschap in The Netherlands and Bradford Christian School in England', The Journal of Beliefs and Values: Studies in Religion and Education, 31 (2), pp. 181-190.
Pike, M. A. (2011a) 'Ethical English Teaching: Learning Democratic Values or Living by the Tao?', Changing English: Studies in Culture and Education, 18 (4), pp. 351-359.
Pike, M. A. (2011b) 'Human Rights, Citizenship and Religious Education' in L. P. Barnes (ed) Debates in Religious Education (London: Routledge).
Pike, M. A. (2011c) 'Ethics and Citizenship Education' in Debates in Citizenship Education, J. Arthur, & H. Cremin, J. Arthur (eds) (London: Routledge).
Pike M. A. (2011d) 'The Value of Christian-Ethos Schooling for Secular Students', Journal of Research in Christian Education, 20 (2), pp. 1-17.
Pike, M. A. (2012) 'The Trees of Knowledge and Life Growing Together' in The Educational Vision of C. S. Lewis: Why Medway and Stevens are Almost Right About Enlightenment and Romantic Values in English, Changing English: Studies in Culture and Education, 19 (2), pp. 249-259.
Postman, N. (1992) Technopoly: The Surrender of Culture to Technology (New York: Alfred Knopf). 『테크노 폴리』(궁리).
Pring, R. (2005) 'Are Faith Schools Justified?' in R. Gardner, J. Cairns, & D. Lawton (eds) Faith Schools Consensus or Conflict? (London, Routledge Falmer).
The Quran (2008/2004) trans. M. A. S. Abdel Haleem (Oxford: Oxford World's Classics).
Rawls, J. (1993) Political Liberalism (New York: Columbia University Press).
Reimer, K. S. & Furrow, J. L. (2001) 'A Qualitative Exploration of Relational Consciousness in Christian Children', International Journal of Children's Spirituality, 6 (1), pp. 7-23.
Richards, I. A. (1929) Practical Criticism: A Study of Literary Judgement (London: Routledge & Kegan).
Richmond, L. (2012) 'Liberal Education and Book Learning' in J. C. Davis & P. G. Ryken (eds.) Liberal Arts For The Christian Life (Wheaton, Illinois: Crossway).
Rogers, B. (2000) Behaviour Management: a Whole-School Approach (London: Paul Chapman Publishing).
Ryken, L. (ed) (2002) The Christian Imagination (Colorado Springs, Colorado: Shaw Books/Water Brook Press).
Sachs, J. (2005) 'How to Build a Culture of Respect' Demos lecture, 18 May [http://www.chiefrabbi.org/speeches/demos2005.htm].
Sayers, D. L. (1963) 'The Lost Tools of Learning' in The Poetry of Search and the Poetry of

Statement (London: Victor Gollancz).

SCAA (1995) *Spiritual and Moral Development* (London: HMSO).

Scruton, R (2005) 'Shameless and Loveless', *The Spectator* (16 April 2005) [http://catholiceducation.org/articles/sexuality/se0121.html].

Scruton, R. (2006/1986) *Sexual Desire* (London: Continuum).

Shortt, J. and Smith, D. (2004) 'Editorial: Pedagogy as Method, Ecology and Home', *Journal of Education and Christian Belief*, 8 (1), pp. 3-5.

Selden, A. (2012) Seldon, A. (2012) 'We need to Fix Britain's character flaws' in *The Daily Telegraph*, 15 May 2012 [http://www.telegraph.co.uk/culture/9267396/We-need-to-fix-Britains-character-flaws.html].

Skinner, B. F. (1971) *Beyond Freedom and Dignity* (Indianapolis, Indiana: Hackett Publishing Company Inc). 『자유와 존엄을 넘어서』(탐구당).

Smith, D. (2001) 'Spirituality and Teaching Methods: Uneasy Bedfellows?', in R. Best (ed) *Education for Spiritual, Moral, Social and Cultural Development* (London & New York: Continuum), pp. 52-67.

Smith, D. & Shortt, J. (2001) 'Editorial: Hallowing the Curriculum?', in *Journal of Education and Christian Belief*, 5 (1), pp. 3-7.

Spears, P. D. & Loomis, S. R. (2009) *Education for Human Flourishing: A Christian Perspective* (Downers Grove, Illinois: IVP Academic).

Spillane, J. P., Halverson, R. & Diamond, J. B. (2004) 'Towards a Theory of Leadership Practice: A Distributed Perspective', *Journal of Curriculum Studies*, 36 (1), pp. 3-34.

Stables, A. (2005) *Living and Learning as Semiotic Engagement: A New Theory of Education* (New York: Edwin Mellen).

Stables, A., Morgan, C. & Jones, S. (1999) 'Educating for Significant Events: The Application of Harre's Social Reality Matrix Across the Lower Secondary. School Curriculum', *Journal of Curriculum Studies*, 4 (31), pp. 449-461.

Stacey, J. (1964) *John Wyclif and Reform* (London: Lutterworth).

Stern, J. (2009) *The Spirit of the School* (London: Continuum).

Sydney, Sir Philip (1954/1583) 'A Defense of Poetry' in *The Renaissance in England: Non-Dramatic Prose and Verse of the Sixteenth Century*, H. Rollins & H. Baker (eds) 605-24 (Lexington: D. C. Heath).

Taba, H. & F. Elzey Freeman (1964) 'Teaching Strategies and Thought Processes', *Teachers College Record*, 65, pp. 524-534.

Tankard, P. (2007) 'Didactic Pleasures: Learning in C. S. Lewis', *Narnia VII: An Anglo-American Literary Review*, 24, pp. 65-86.

Taylor, C. (1989) *The Sources of the Self: The Making of the Modern Identity* (Cambridge, MA: Harvard University Press).

Teachers' Standards (2012) (London: HMSO).

The Unanimous Declaration of the Thirteen United States of America, 1776 [http://memory.loc.gov/cgibin/query/r?ammem/bdsdcc:@field(DOCID+@lit(bdsdcc02101)].

Theissen, E. (1993) *Teaching for Commitment: Liberal Education, Indoctrination and Christian Nurture* (Montreal: McGill-Queen's University Press).

U.K. Parliament (1998) *Human Rights Act 1998*, Right to Education, Schedule 1 The First Protocol, Part II, Article 2.

United Nations (UN) (1948) *Universal Declaration of Human Rights* (New York: General Assembly of the UN).

Van der Elst, P. (1996) *C. S. Lewis: A Short Introduction* (London/New York: Continuum).

Van Leeuwen, M.S. (2010) *A Sword Between the Sexes? C. S. Lewis and the Gender Debates* (Grand Rapids, MI: Brazos Press).

Vaus, W. (2004) *Mere Theology: A Guide to the Thought of C. S. Lewis* (Downers Grove, Illinois: IVP). 『C. S. 루이스의 신학』(지식과사랑사).

Vygotsky, L. (1978) *Mind in Society* (Cambridge, MA: MIT).

Wachlin, M. G. (1997) 'The Place of Bible Literature in Public High School English Classes', in *Research in the Teaching of English*, 31, (1), pp. 7-49.

Walford, E. J. (2012) 'Learning to Perceive through Visual Art' in J. C. Davis, & P. G. Ryken (eds), *Liberal Arts For The Christian Life* (Wheaton, Illinois: Crossway).

Ward, M. (2008) *Planet Narnia* (Oxford: Oxford University Press)

Williams, Donald T. (2006) *Mere Humanity G.K. Chesterton, C. S. Lewis, and J. R. R. Tolkien on the Human Condition* (Nashville, Tennessee: Broadman & Holman Publishers).

Wilson, A. N. (1991) *C. S. Lewis: A Biography* (London: Flamingo).

Wordsworth, D. (1897) *Journals of Dorothy Wordsworth Vol 1* (ed) William Knight [http://www.archive.org/stream/journalsofdoroth027709mbp/journalsofdoroth027709mbp_djvu.txt].

Wordsworth, W. (1799/1988) 'The Prelude', in S. Gill (ed) *William Wordsworth* (Oxford: Oxford University Press).

Wright, A. (2000) *Spirituality and Education* (London: Falmer, Routledge).

성구 찾아보기

창세기
1:27 *46, 149*
1:22, 28 *123*
2:7 *70*
4:16 *123-125*
6:4 *123-125*
18:19 *54*

레위기
18:22 *114*
19:18 *123*

민수기
12:10 *123*

신명기
6:4-9 *54*

사사기
12:6 *123*

사무엘하
1:19 *123*

열왕기상
19:12 *123*

시편
8:2 *123*
84:7 *123*

전도서
3:1 *123*
9:11 *122*

이사야
2:4 *123*
35:1 *18*
40:30-31 *232*
64:6 *49*

예레미야
2:12 *123*

에스겔
4:10 *129*

마태복음
5:13 *129*
5:38 *129*
6:9-13 *126-128*
6:20 *123*
7:6 *129*
10:6 *129*
15:14 *129*
16:3 *129*
21:13 *129*
21:16 *123*
22:21 *123*
22:37 *150*
26:15 *129*

마가복음
7:8 *57*

누가복음
4:18-19 *50*

요한복음
14:6 *123*
4:7-26 *189*
4:14 *52*

사도행전
17:6 *123*
17:17 *150*
26:25 *150*

로마서
1:26-27 *114-115*
2:15 *65*

고린도후서
12:7 *123*

갈라디아서
3:28 *150*

에베소서
2:8-9 *49*
5:22-25 *112*
6:12 *80*

베드로후서
1:2-8 *67*

요한계시록
21:1-5 *231-232*
21:6 *52*
22:17 *52*

찾아보기

ㄱ

가슴 위축(atrophy of chest) 24, 38, 46
『가웨인 경과 녹색의 기사』(Sir Gawain and the Green Knight) 135
가치(values)
  변화(changing) 29
  정의(definition of) 195
  정당하게 가르칠 만한(legitimate to teach) 29
  가정, 학교, 교실의(of homes, schools, classrooms) 35
  체계(system of) 37
  토대 교육(underpinning education) 26
  핵심(core) 47
  훌륭한 성품의 기초(basis of good character) 23
가치 선택(choosing 'values') 32-33, 171
가치의 원천[source(s) of value] 66
가해 학생(집단 따돌림, bullies, bullying) 172, 194, 211-218
감정(emotions, moods) 33, 42, 49, 59, 73
개별화(differentiation) 17, 174
개신교(protestant) 64, 138
개인의 최선(최고의 결과, personal best) 23, 43, 52, 200, 219-223
『개인적 이단: 논쟁』(The Personal Heresy: A Controversy) 99
객관적 진리(objective truth) 29, 36, 38, 46, 149
거듭나다(regenerate) 145
거세(geldings) 66
게티스버그 연설(Gettysburg Address) 123
결단력(determination) 23
결혼(marriage) 68, 103, 108-114, 231
경외(reverence) 162
『경외의 영역으로』(Into the Region of Awe) 77
경제적 삶(economic life) 150
고대 영어(Old English) 18-19
고백적 기독교 교육(confessional Christian education) 55-59
고통(pain) 57
공인 영역 성경[Authorized Version (Bible)] 123-131, 138-140
공정한(just) 20, 27, 32, 41
과제(assignments) 37
교리(creeds) 84
교리(신조, 기독교 교리, Christian doctrines) 25, 56, 89, 147, 165
교만(pride) 49-50, 162
교사[teacher(s)]
  '선지자'와 '제사장'으로서의(as 'prophet'

and 'priest') 199
가치(value) 35, 36
건전한(건강한, healthy) 199-200
바람직한 행동 교육(teaching decent behavior) 28-29
성품(character of) 194-196
소명(vocation) 199-201
수준 설정(pitch) 192
신념(beliefs of) 114
악의적인(malevolent) 196-199
언어 사용(use of language) 189-191
영감을 주는(inspirational) 200
전문가(expert) 26, 190
주입에 관한 우려(fear of indoctrination) 34
진실성(trustfulness) 205
책임(책임감, responsibilities) 31-32, 189, 204
카리스마(charisma of) 195
학생 평가(assessing students) 201-202
호의적인(benevolent) 188-189
교사 행동 규범(Code of Conduct for Teachers) 115
교수(professor) 25
교육 과정(curriculum) 17-19, 90-103, 177-179, 201
『교육론』(Of Education) 91
교육학(pedagogy) 187-188, 203
교회(church) 39, 57, 63, 69, 97, 115, 132-140, 162
구속(redemption) 50
구원(salvation) 51, 83, 170
구텐베르크, 요하네스(Johanness Gutenberg) 87
국가(State) 151, 229, 231
국가 공동 실험 연구소(N.I.C.E) 54, 215
국가 권력(power of state) 157-165
「국제 아동 영성 저널」(International Journal of Children's Spirituality) 72
굼파스(Gumpas) 53
권위(권위자, authority) 39, 53, 133, 152, 153, 169, 188, 217-221
『그 가공할 힘』(That Hideous Strength) 16-17, 25, 54, 105, 111-112, 153, 161, 214-215, 227-228
그리브스, 아서(Arthur Greeves) 50
그리스도(Christ) 26, 47-61, 65, 69, 79-85
『그리스도인의 행동』(Christian Behaviour) 23, 47
근본적 질문(ultimate questions) 194
근접 발달 영역(ZPD: Zone of Proximal Development) 193
글랜저, 페리(Perry Glanzer) 64-65
긍정적 태도(positive attitude) 32
긍휼(compassion) 47, 74
기도(prayer) 56
기독교(Christianity) 21, 26, 56-57, 59, 65-69, 96, 102, 121, 147-167
기독교화(Christianization) 146
기득권층(기성 교회, The Establishment) 64, 132-138, 150, 170, 225
기본 덕목(cardinal virtues) 25-27, 49-50
기적(miracles) 49, 55
『기적』(Miracles) 59, 71, 79, 158
기풍(에토스, ethos) 47-66, 148, 185, 221-229

ㄴ

나니아(Narnia) 10, 12, 15, 19, 25-28, 52-29, 83, 92-97, 131, 188-189, 196, 202, 215, 233, 234
『나니아 사람들』(The Narnian) 83
나이, 레베카(Rebecca Nye) 72
나치(Nazi) 73
남색(pederasty) 102
『납득할 만한 이유』(Compelling Reason) 17

낭만주의 운동(Romantics) 74
「내셔널 지오그래픽」(National Geographic) 18-19
『네 가지 사랑』(The Four Loves) 111
네 가지 표시(four signs) 56
노예(slaves) 52-53, 101-102, 150-151
노예 제도(slavery) 38, 148, 233
'녹색 책'(The Green Book) 37-39, 46, 66, 234
논리(논리적, logic) 189, 193
『농부 피어스의 환상』(Piers Plowman) 135
뉴먼, 존 헨리(John Henry Newman) 90
뉴볼트, 헨리 존(Henry John Newbolt) 76, 90
뉴욕시(New York City) 29
느낌(feelings) 36, 42, 49, 58, 73, 111

ㄷ

다수(majority) 102, 117, 148, 149, 158, 175, 178, 227
다시 태어남(re-born) 58
다양성(diversity) 33, 153, 232
다양한 문화(different cultures) 29
다우닝, 데이비드(David Downing) 77
다원주의(pluralism) 32-33, 36, 63, 149, 227-229
『단어 연구』(Studies in Words) 17, 89-90
단호한 훈육 방법(assertive discipline techniques) 211
달라이 라마(Dalai Lama) 78
대서양(Atlantic) 84
대성경(Great Bible) 138
대인 관계 기술(interpersonal skills) 218
대중 문화(popular culture) 39
『대학 교육의 범위와 본질』(On the Scope and Nature of University Education) 90
대화(conversation) 191
덕(덕성, arête) 89, 222
도(Tao) 28-31, 33, 226

도덕 교육(moral education) 17, 23-29, 33, 63,
도덕 법칙(moral code) 73
도덕률(자연법, Moral Law) 28-29, 33, 67, 70, 154, 228
도우, 필립(Philip Dow) 36
도제식 교육(apprenticeship model) 191
독일의(독일어, German) 81, 136
동성애(homosexuality) 114-117
듀이, 존(John Dewey) 157-158
드라마(drama) 74
디고리(Digory) 20, 57, 94, 196-198
디지털화(digital texts) 39
디킨스, 찰스(Charles Dickens) 122

ㄹ

라이트, 앤드루(Andrew Wright) 71
랭글런드, 윌리엄(William Langland) 135
렉치오 디비나(lectio divina) 121
렌(Len) 164
로고스(logos) 221
로마(Rome) 102
『로미오와 줄리엣』(Romeo and Juliet) 108
롤라드파(Lollards) 132
롱기누스(Longinus) 41
루미스, S. R.(S. R. Loomis) 146
루비콘강(Rubicon) 49
루시퍼(Lucifer) 162
『루이스가 나니아의 아이들에게』(Letters to Children) 17, 202
루이스의 개종(conversion of Lewis) 83
루터워스(Lutterworth) 134
리더십(leadership)
  가치(values) 223
  분산적(distributed) 219-220
  설득력 있는(rhetoric/persuasive skills) 221
  성품 중심의 학교에서의(of a school of character) 209-220

학업에서의(of academics) 173-174
리비스, F. R.(F. R. Leavis) 76, 81
『리어 왕』(King Lear) 174
리처드, I. A.(I. A. Richard) 75
리치먼드, 리사(Lisa Richmond) 101
리코나, 토머스(Thomas Lickona) 31, 65, 110-111
리펜슈탈, 레니(Leni Riefenstahl) 73

ㅁ

마르틴 루터(Martin Luther) 91, 137, 152
『마법사의 조카』(The Magician's Nephew) 15, 19-20, 55, 94, 196-198
『마지막 전투』(The Last Battle) 15, 57, 225, 233, 234
마호메트(Mohammed) 66, 115
『말과 소년』(The Horse and his Boy) 15, 91
말렌딜(Maledil) 77
매체(media) 62, 63, 71, 110-111, 158, 227
매클로플린, 테런스(Terence McLaughlin) 159, 221
매튜 성경(Matthew's Bible) 138
맥도널드, 조지(George MacDonald) 97
맥베스 부인(Lady Macbeth) 82
메시아(Messiah) 123
몸을 파는 사람(prostitute) 69
목표(aims)
   기독교적 양육의(of Christian nurture) 59
   시민 교육의(of Citizenship education) 159
   자유 교육의(of liberal education) 152
   종교적 목적(religious) 230
   학교 교육의(of education and schooling) 16, 43, 52
목회(pastoral care) 48
무신론자(atheists) 61, 83
문(door) 10, 21-27, 53, 99-100, 188, 198
문학(literature) 75-76
문학으로서의 성경(Bible as literature) 120

문화(culture) 66, 123
문화적 변화(cultural change) 145
미국 독립 선언서(Declaration of Independence) 148
미국 또는 아메리카(America) 29, 65, 84, 132, 139, 160, 229-230
미국의 점수(American grading) 205-206
미라즈(Miraz) 215
미적인(aesthetic) 73, 93-103, 121, 195
민주 교육(democratic education) 169-181
민주주의(democracy) 33, 89, 102, 149, 157-166
『민주주의와 교육』(Democracy and Education) 157-158
믿기로 선택(choice to have faith) 49, 60
믿는 자(believers) 59
밀턴, 존(John Milton) 91, 122

ㅂ

바보 만들기(dumbing down) 169-181
바울(Apostle Paul) 67-69, 82, 152
바이런 경(Byron, Lord) 122
반종교적(anti-religions) 60
『반지의 제왕』(The Lord of the Rings) 15
반칙(foul) 28
배드먼(Badman) 160
배움의 집(house of learning) 187
버니언, J.(J. Bunyan) 131
버크, E.(E. Burke) 41
법률 제도(legal system) 30
법치(Rule of Law) 147
벨버리(Belbury) 54
볼린, 캐런(Karen Bohlin) 34
부드로, 윌리엄(William Boudreau) 108
부분적 발화(Initiation-Response-Feedback) 189
부처(Buddha) 65
분별(prudence) 27

분산적 리더십(distributed leadership) 220
불일치(disagreement) 68
브라우닝, 로버트(Robert Browning) 122
브라운, 고든(Gordon Brown) 160
브리그하우스, 해리(Harry Brighouse) 60-61
블랙, 폴(Paul Black) 203
비계(scaffolding) 190-191
비고츠키(Vygotsky) 190
비옥한 초승달 지대(Fertile Crescent) 19

ㅅ

사랑(관대함, charity) 49, 69, 92, 164-165
사막[desert(s)] 19, 20, 73, 196
사막에 물 대기(irrigating deserts) 20, 72, 196
『사목』(Cura Pastoralis) 90
사악[하다](diabolical) 80
『사자와 마녀와 옷장』(The Lion, the Witch and the Wardrobe) 15, 25, 115, 187, 196
사회적 소외 계층(social disadvantage) 48
사회 계약(social contract) 159
사회 정의(social justice) 148
사회·경제적 지위(socio-economic status) 48
상상(imagination) 75, 96
"상상의 기능과 문화"(The Imagination: Its Function and Its Culture) 97
『새벽 출정호의 항해』(The Voyage of the Dawn Treader) 15, 52, 57, 94, 97, 203
새 창조(New Creation) 54
샌드허스트, B. G.(B. G. Sandhurst) 60
생명의 힘(life force) 78-79
『생쥐와 인간』(Of Mice and Men) 174
"서곡"(The Prelude) 74
서양 문화(Western culture) 146
선의(eunoia) 222
선전(propaganda) 73
선택(choice) 17, 28, 34-37, 59-60, 83, 109, 149-155, 178-183, 211-212, 231

설바(Sulva) 105
성(sex) 64-70, 102-105, 230-235
성경(Bible) 55, 91, 108, 119-141, 152
성경(경전, Scripture) 57, 91-92, 117, 152
『성과 사랑, 올바르게 결정하기』(Sex, Love and You: Making the Right Decision) 110
성교육(sex education) 68, 106-118
성병(STDs) 68, 109
성실(diligence) 32
성적 관습(sexual practices) 68
성취(attainment) 48, 174
성품 교육의 특질 기준(Character Education Quality Standards) 223
『성품의 죽음』(The Death of Character) 63-64, 67
세계 인권 선언(Universal Declaration of Human Rights) 62
세례(baptism) 58
세속적인(secular) 60, 68, 117, 121, 149, 154
세이어즈, 도로시(Dorothy Sayers) 15, 90
셰익스피어, 윌리엄(William Shakespeare) 108, 122-125, 138
셸리, P. B.(P. B. Shelly) 122
속물근성(snobbishness) 50
수동적 학습자(passive learner) 192
수사(수사학, rhetoric) 29, 89, 220-224
수월성(excellence)
　교수법의(in teaching) 19, 185, 187-206
　교육 과정의(in curriculum) 177-179
　리더십의(in leadership) 209-224
　학업의(in attainment) 17, 172-183
수잔(Susan) 25-26, 189-195
순결(chastity) 110
순전한(mere) 15, 18, 19, 28, 67, 200, 228, 234
『순전한 교육』(Mere Education) 18-20
『순전한 기독교』(Mere Christianity) 15, 28, 67
숨(공기, breath) 72, 95, 200, 234

숭고(sublime) 41-42
쉐마(Shema) 56
슈워츠코프 주니어, 노먼(Norman Schwarzkopf Jr.) 221
슐라이어마허, 프리드리히(Friedrich Schleiermacher) 74
스미스, 앤(Lady Anne Smith) 106
『스코틀랜드 여행기』(Recollections of a Tour in Scotland) 40
스크루테이프(Screwtape) 172
『스크루테이프의 편지』(The Screwtape Letters) 15
스크루톤, R.(Roger Scruton) 68
스키너, B. F.(B. F. Skinner) 211
스타인벡, 존(John Steinbeck) 174
스터독, 마크(Mark Studdock) 54, 111-114, 153, 215-216, 227-228
스터독, 제인(Jane Studdock) 111-114, 161, 218
스턴, 줄리안(Julian Stern) 72, 222
스테이블스, 앤드루(Andrew Stables) 149
스팅(Sting) 71
스피어스, P. D.(P. D. Spears) 146
습관적 행동(habitual behavior) 33-36
시(poetry) 74, 95-96, 123
시각 예술(visual arts) 97-101
『시대 구분』(De Descriptione Temporum) 147
시드니, 필립 경(Sir Philip Sydney) 96
시민(시민권, citizenship) 89, 102, 131
　교육(education) 171
시민 공화주의(civic republicanism) 102
『시의 변명』(A Defence of Poesie) 96
『시편사색』(Reflection on the Psalms) 92
신뢰성(reliability) 45
신자(believers) 152
『신학대전』(Summa Theologica) 67
『실낙원 서문』(Preface to Paradise Lost) 17
실천적 지혜(phronesis) 222-223

실험실 관점(laboratory outlook) 112
실험 학교(Experiment House) 210, 214
심리(심리학, psychology) 96, 189-194, 211-214, 225

ㅇ

아널드, 매슈(Matthew Arnold) 75-76
아라비스(Aravis) 92
아량(magnanimity) 31
아름다움(beauty) 73-81
아리스토텔레스(Aristotle) 43, 89-92, 102, 222
아브라함(Abraham) 55-56
아서, 제임스(James Arthur) 35
아슬란(Aslan) 26, 55-58, 83, 215, 235
아퀴나스, 토마스(Thomas Aquinas) 67, 70
아테네(Athens) 102, 152
악마(demon) 82
악마(devil) 71, 81
앤 불린(Ann Boleyn) 137
앨몬드, 브렌다(Brenda Almond) 12, 160, 229, 231-232
앨버타 숙모(Aunt Alberta) 98
앨프리드 대왕(King Alfred) 90
양도할 수 없는 권리(inalienable rights) 38
『어린이 영적 세계의 탐구』(Spirit of the Child) 72
어린이의 자존감(dignity of child) 12
어머니(mothers) 38
『언어의 통제』(The Control of Language) 40
『언어학』(The Study of Language) 37
에로스(eros) 111
에이즈(AIDS) 68
엘리엇, T. S.(T. S. Eliot) 76, 122
엘리트(The Elite) 101, 132-135, 150, 225
엘리트주의(meritocracy) 174
엘슈타인, 진 베스케(J. B. Elshtain) 38
영감(inspiration) 54, 200

영국(대영제국, Britain) 16, 29, 60, 139, 231-232
영국 공군(RAF) 84
『영국은 얼마나 세속적인가?』(How Heathen is Britain?) 60
영성(spirituality) 71-84
『영성과 교육』(Spirituality and Education) 71
영원한(eternal) 49-50, 67, 75, 233
영적(spiritual) 114
영적 불평등(spiritual hierarchy) 163
예술(arts) 74-76, 89-93, 97-105
오든, W. H.(W. H. Auden) 93
오스틴, 제인(Jane Austen) 145
오웰, 조지(George Orwell) 112
『옥스퍼드 영문학사』(Oxford History of English Literature) 17
『옥스퍼드 인용사전』(Oxford Dictionary of Quotations) 122
올바른 판단(good judgement) 31
옷(덮개, clothes) 161-162
외다리(Monopods) 215
용(dragon) 59
용기(courage) 26, 44, 206
용서(forgiveness) 45
워즈워스, 도로시(Dorothy Wordsworth) 40
워즈워스, 윌리엄(William Wordsworth) 74, 122
원리에 입각한 지식(principled knowledge) 193
웨버, 앤드루 로이드(Andrew Lloyd Webber) 127
위계적 리더십(hierarchical leadership) 220
위대한 노크(Great Knock) 191
위클리프, J.(J. Wycliffe) 132-134
윌리엄, 딜런(Dylan William) 203
윌리엄스, 도널드(Donald Williams) 67, 82
윌슨, A. N.(A. N. Wilson) 83
유대교(Jewish-Judeo) 48, 67-69, 110, 126, 147, 151

유대교-기독교 유산(Judeo-Christian heritage) 147
유럽 인권 조약(European Convention on Human Rights) 62
유럽의 개종(conversion of Europe) 146
유스터스(Eustace) 57-59, 83, 94, 97-98, 119, 170, 210, 217
육체(body) 25, 53, 73, 81, 96, 162
육체의 욕구(sensual appetites) 32
육체의 죄(sins of the flesh) 69
윤리(ethics) 16, 37-43, 68, 93, 154, 211, 222
『은 의자』(The Silver Chair) 15, 54-56, 119, 170, 209-210, 217
은혜(grace) 51
음악가(musicians) 73
음행(fornication) 108
의례적 지식(ritual knowledge) 193
의례적 질문(ritual questions) 190
의연함(fortitude) 27, 31, 44
『이상한 나라의 앨리스』(Alice in Wonderland) 173
이슬람(Islam) 151
이슬람교도(Muslim) 115-117
이야기(story) 95
인간에 대한 신념(doctrine of man) 166, 214, 226
인간의 존엄(human dignity) 38, 147, 213
『인간 폐지』(The Abolition of Man) 17, 24, 25, 28-29, 37, 40, 67, 72, 150, 169, 196, 212-213, 214, 215, 225, 232
『인격 교육론』(Educating for Character) 32
『인격 교육의 실제』(Character Matters) 31-32, 111
인내(patience) 176
인도(India) 151
인지 작용(reasoning) 191
인터넷(Internet) 34, 106-108

일관성(consistency) 44-45
"잃어버린 학습 도구"(The Lost Tools of Learning) 15
잉글랜드 대헌장(Magna Carta) 147

ㅈ

자극(stimulus) 190-192
자기 가치(self-worth) 52
자기 의를 내세우는 사람(prig) 69
자기 의를 내세움(self-righteousness) 69
자비(mercy) 30
자아 존중감(self-respect) 50
자연법(도덕률, Natural Law) 28-29, 33, 67, 70, 154, 228
자유(freedom) 53, 60, 89, 131-140, 148, 160-166, 212-213, 232-235
자유(liberty) 119-120, 131-140, 147-151, 159, 229
자유 교육자(liberal educator) 147
자유 민주주의(liberal democracies) 147
자유 학습(liberal learning) 89-103
자유 3학(trivium) 89
자유 4과(quadrivium) 89
『자유와 존엄을 넘어서』(Beyond Freedom and Dignity) 212
자유주의(liberalism) 101-103, 121, 147
자유주의 가치(liberal values) 158
자율성(autonomy) 35, 59, 65, 153
잠재력(potential) 44
장학사(school inspector) 217-218
저주(damnation) 85
절제(self-control) 106-108, 113, 228
정서(sentiments) 20, 25, 33, 42, 73
정직하지 못함(dishonesty) 221
정치(politics) 17
정치적 자유주의자(political liberal) 147
제네바(Geneva) 138
제네바 성경(Geneva Bible) 138

제임스 1세(James I) 138-140
제2차 세계대전(Second World War) 16
조건 형성(conditioning) 211-212, 229
조작(속임수, manipulation) 113, 196-199, 216
조작자(Conditioners) 150, 225-229
종교개혁(Reformation) 152
종교개혁자(Reformer) 51
주관성(subjectivity) 42
주기도문(The Lord' Prayer) 128-130
주입식 교육(indoctrination) 34-36, 61-62
중국(China) 151
중립성(neutrality) 36, 39-40, 46, 90, 109-110, 229
중세 영어(Middle English) 18
지능(IQ) 173
지도(map) 71, 84
지적인 덕목(intellectual virtue) 35, 221
진실성(integrity) 32
'진짜' 질문(real questions) 189
진취성(initiative) 32
진화(evolution) 79, 213
질투심(envy) 169
짝 과제(paired work) 191

ㅊ

창조자(Creator) 67, 74, 94, 160
책(저서, 텍스트, books) 16, 29, 33, 38-39, 72, 98, 114, 121, 134-136, 202
책임(책임감, accountablility) 47, 203, 219, 226
『천국과 지옥의 이혼』(The Great Divorce) 164, 195
『천로역정』(The Pilgrim's Progress) 123, 131-132
청소년(adolescents) 34
초서, 제프리(Geoffrey Chaucer) 135
초자연적(supernatural) 71, 72

추측(가정, assumptions) 19, 37, 62, 72, 109,
　148, 159, 232
축구(football) 27, 124
친절(kindness) 30, 176
『침묵의 행성 밖에서』(Out of the Silent Planet)
　16

ㅋ

카리스마(charisma) 195
칸트(I. Kant) 41
칼뱅(Calvin) 152
캐스피언(Caspian) 15, 53, 57, 94, 215
『캐스피언 왕자』(Prince Caspian) 15
캑스턴, J.(J. Caxton) 18
『캔터베리 이야기』(The Canterbury Tales) 135
커버데일, 마일스(Miles Coverdale) 137-138
케네디 대통령(President J. F. Kennedy) 16
코라 린 폭포(Cora Linn waterfall) 41
코리아킨(Coriakin) 215
코플리, 테렌스(Terence Copley) 61
콜리지, 새뮤얼 테일러(Samuel Taylor Coleridge)
　40-41
쿵쿵다리(Dufflepuds) 215
크롬웰, 토머스(Thomas Cromwell) 137-138
크리스털, 데이비드(David Crystal) 124-130
크리프트, 피터(Kreeft, Peter) 146
큰 영혼(Big Ghost) 164
키츠, 존(John Keats) 122
키케로(Cicero) 67, 222
키플링, J. 러디어드(J. Rudyard Kipling) 122
킹, 우르술라(Ursula King) 78
킹과 케틀리(A. King and M. Ketley) 37-41
킹제임스 성경(King James Version Bible)
　123-130, 138-140
『킹제임스 성경이 낳은 영어』(Begat: The King
　James Bible and the English Language) 124

ㅌ

타락(the Fall) 76, 161
「타임즈 교육 증보판」(Times Educational Supplement) 115
탐욕(greed) 162
테니슨, 알프레드 경(Lord Alfred Tennyson) 122
테야르 드 샤르댕(Teilhard de Chardin) 78
테일러, C.(Charles Taylor) 42
『템페스트』(The Tempest) 124
토라(Torah) 56
톨킨, J. R. R.(J. R. R. Tolkien) 15, 83, 93
툼누스(Mr. Tumnus) 189
티센, 엘머(Elmer Thiessen) 59, 62
틴들(Tyndale) 129-138
틸리야드, E. M. W.(E. M. W. Tillyard) 99

ㅍ

파블로프(Pavlov) 211
파이크, 루크(Luke Pike) 228
파이크, 리디아(Lydia Pike) 92
파이크, 젬(Jem Pike) 53
파토스(pathos) 221
『페렐란드라』(Perelandra) 16, 77-78, 82, 94
페번시, 루시(Lucy Pevensey) 25, 57-59, 94,
　97-99, 188-190, 194
페번시, 수잔(Susan Pevensey) 25-26,
　188-194
페번시, 에드먼드(Edmund Pevensey) 25-26,
　57, 97-98
페번시, 피터(Peter Pevensey) 25, 57,
　188-194
편파적(partisan) 65-66
편향(bias) 40, 60, 109
평가(assessment) 17, 19, 150, 170, 201-207
　절대 평가와 상대 평가(criterion-referenced
　　and norm-referenced) 205-207
　정확한 평가의 중요성(importance of accu-

racy) 181-182
학습을 돕는(for learning) 203-204
평균(average) 172, 178, 182, 202
평등(equality) 102, 147-165, 169-174
포괄적 자유주의자(comprehensive liberal) 147
포로(captives) 52
포르노그래피(pornography) 100, 106-108
폴, 질(Jill Pole) 56-57, 119, 170, 209-210, 217
폴리(Polly) 20, 57, 94, 196-197
풀먼, 필립(Philip Pullman) 83
프랑스어(French) 136
프랭크(Frank) 55-57
프링, 리처드(Richard Pring) 61
플라톤(Plato) 102
플러머(Mrs. Plummer) 198
플레지(Fledge) 57
플로리다(Florida) 181

ㅎ

『하나 된 지구의 영』(The Spirit of One Earth) 78
하위 창조 이론(sub-creation, theory of) 93
학교 교육(schooling)
 국·공립(state public) 17, 63, 70
 기능(function of) 40
 목표(goal of) 146
 새로운 창조 속의(in new creation) 54
 중요한 활동으로서(as an instrumental practice) 35
 을 통해 성품을 발달시킴(character through) 24
학교 교육의 민주화(democratization of schools) 166, 170-172, 182, 209
학교 교육에 관한 신념(beliefs about schooling) 40
『학교 영성』(Spirit of the School) 72

학교 위원회(school council) 171
학생의 과제 평가(marking student's work) 201-206
합리성(이성, rationality) 148, 152-154
합리적 선택이론(rational choice theory) 153
해방으로서의 기독교 교육(Christian education as liberation) 52-55
해변(beach) 84-85
행동(behaviour) 23, 27, 33, 38, 45, 47, 51, 73, 105-108, 113, 153, 159, 170
행동주의(behaviorism) 211
행복(happiness) 32
『향연』(Symposium) 102
헌터, 제임스(James Hunter) 63-68, 70
헤이, 데이비드(David Hey) 72
헨델, 게오르크(George Handel) 123
헨리 8세(Henry VIII) 137
『현대 영성』(Modern Spiritualities) 79
호머, 폴(Paul Holmer) 36
『호빗』(The Hobbit) 15
"홈스쿨링의 현황과 문제 재고"(Review of Elective Home Education) 160
회개(penitent) 145
회복(restoration) 45
후기 기독교(post-Christianity) 145-147, 154
훈육(discipline) 23, 65, 89, 170, 201
흙(dust) 72, 99, 227
히긴스, 크리스(Chris Higgins) 43
힌두교(Hindu) 151

1차 세계(primary world) 93
2차 세계(secondary worlds) 93

옮긴이 송은정은 한국외국어대학교 영어학부 통번역과와 동대학 통번역대학원 한영과(번역 전공)를 졸업하고, 현재 전문 번역가로 일하고 있다.

C. S. 루이스의 순전한 교육

초판 발행_ 2017년 7월 21일
초판 3쇄_ 2024년 4월 5일

지은이_ 마크 파이크
옮긴이_ 송은정
펴낸이_ 정모세

펴낸곳_ 한국기독학생회출판부
등록번호_ 제2001-000198호.(1978.6.1)
주소_ 04031 서울시 마포구 동교로 156-10
대표 전화_ (02)337-2257 팩스_ (02)337-2258
영업 전화_ (02)338-2282 팩스_ 080-915-1515
홈페이지_ http://www.ivp.co.kr 이메일_ ivp@ivp.co.kr
ISBN 978-89-328-1484-1

ⓒ 한국기독학생회출판부 2017

책값은 뒤표지에 있습니다.
무단 전재와 복제를 금합니다.